論理のスキルアップ
実践クリティカル・リーズニング入門

Critical Reasoning:
A Practical Introduction, 2nd edition

アン・トムソン [著]
Anne Thomson

斎藤浩文＋小口裕史 [訳]
Translated by Hirofumi Saito and Hirofumi Oguchi

春秋社

謝　辞

　ロースクール入試の問題は、ロースクール進学適性試験委員会（LSAC。アメリカ合衆国ペンシルベニア州ニュータウン）の許諾に基づいて利用しました。これらの問題は、1981年から86年までの間に、ロースクール進学適性試験（LSAT）に出題されたものです。

　新聞ないしは雑誌に掲載された記事の使用許諾を与えてくださったことに対して、*The Independent*/Syndication、*The Guardian*、*The Observer*、News International Syndication（©Melanie Phillips/Times Newspapers Limited, 10 September 2000）、A. M. Heath and Co.（ジャネット・デイリーの記事について）、トーマス・バーロウ、リチャード・ドーキンス教授、アンソニー・グレイリングとジェフリー・マイロン、P. A. J. ワディントン、そして*Police Review*に感謝いたします。出版前に許諾を得てから記事を使用すべく相当の努力をしましたが、著作権保持者が突き止められなかったり、確実な返答がいただけなかったりした場合もありました。著者および出版社は、もしも何か過誤や見落としがあった場合は、そのすべてに対して謝罪いたします。また、お知らせいただければ、出版社は、できる限り早い機会に状況を是正するよう努めます。

　同僚（あるいは「クリティカル・シンカー」の同志たち）であるロイ・ヴァン・デン・ブリンク・バジェン、ジョン・バターワース、ニック・エヴァリット、アレク・フィッシャー、そしてナイジェル・ウォーバートンにも感謝いたします。また、この第２版の準備を助けてくれた、Routledgeのトニー・ブルースとシヴォーン・パティンソンにも感謝いたします。

　本書は、夫のアンドリュー、息子のマークとニール、そして彼らの妻のエリカとターニャに捧げます。家族の生活を喜びに満ちたものにしてくれてありがとう。

アン・トムソン

論理のスキルアップ──目次

謝辞	i
はじめに	ix

第1章　推論を分析する ………………… 1

推論を見分け、結論を見定める　1

要約：それは論証だろうか？　11

  練習問題1　論証とその結論を見定める　12

理由を見定める　14

  練習問題2　結論を支える理由を述べる　20
  練習問題3　理由を見定める　20
  練習問題4　論証の諸部分を見分ける　23
  練習問題5　仮定について考える　26

仮定を見定める　27

  練習問題6　他の人の仮定を見定める　40
  練習問題7　論証の中の仮定を見定める　41
  練習問題8　練習問題5にもう一度取り組む　43

第2章　推論を評価する ………………… 44

論証の諸部分　44

理由と仮定が真であるかどうかを評価する　46

要約：証拠または権威の信頼性　50

結論への支持を評価する　52

  例題1：テレビ上の暴力　58
  例題2：豊かさと健康　60
  例題3：豊かさと健康──ある関係　63
  例題4：鉱物資源の枯渇　65

| 練習問題9　欠陥を特定する | 71 |

さらなる証拠を評価する　73
| 練習問題10　さらなる証拠を評価する | 75 |

説明に疑問を持つ　80
練習問題11　代わりの説明を提示する	84
練習問題12　説明を見つけ出し、評価する	85
1　女子は成績がよいが、男子は見放されていると感じている、と調査によって明らかに	86
2　交通事故による死者の数が戦後最少	87
3　涙を流す聖母マリア像の奇跡の正体を、科学が暴露	89

評価のスキルの要約　90
練習問題13　スキルを磨く	91
1　「テレビ──わが国の刑務所で役に立つ力」からの抜粋	91
2　「経済的観点からの、麻薬合法化の擁護」からの抜粋	92
3　「子供にとって携帯電話よりも大きな危険がある」からの抜粋	94

第3章　含意を理解する　96

結論を引き出す　96
| 練習問題14　結論を引き出す | 99 |
| 練習問題15　含意を評価する | 99 |

論証の含意を理解する　103
| 練習問題16　相似論証を見定める | 105 |
| 練習問題17　原則を適用し評価する | 110 |

第4章　言語使用における2つのスキル　111

明確さと厳密さをもって言語を使用する　111
| 練習問題18　単語または語句の意味を明確にする | 114 |

論証を要約する　　　　　　　　　　　　　　　　　　　　　　116
　　例題1：喫煙者に対するニコチンの影響　　　　　　　　　　117
　　例題2：芸術への補助金　　　　　　　　　　　　　　　　　119
　　　練習問題19　要約を書く　　　　　　　　　　　　　　　122

第5章　推論のスキルを磨く　　　　　　　　　　　　　　　126

　推論を提示する長めの文章　　　　　　　　　　　　　　　　127
　推論の評価に関する2つの例題　　　　　　　　　　　　　　　130
　　例題1：科学対神学　　　　　　　　　　　　　　　　　　130
　　例題2：犯罪の減少した世の中が期待できる5つの理由　　　137
　要約：論証を評価する　　　　　　　　　　　　　　　　　　150
　　　練習問題20　評価を練習するための、長めの文章10篇　　149
　　　　1　泣く赤ん坊とコリック　　　　　　　　　　　　　149
　　　　2　スポーツは私たちにとって悪いものだというよい知らせ　152
　　　　3　麻薬合法化という滑りやすい坂　　　　　　　　　154
　　　　4　けしからん学校　　　　　　　　　　　　　　　　156
　　　　5　善良さと強欲さ──グローバル資本主義に反対するデモがどんなに騒々しくても、企業倫理は強制できない　　　159
　　　　6　生者のために死者をリサイクルすべきである　　　162
　　　　7　彼らは間違っている　グリーンピースの行為は、破壊行為であり、必要な科学研究を阻害するものでもある　　165
　　　　8　ネットなしでもやっていけるがシャンプーはやっぱり必要だ　169
　　　　9　問題の心臓部へ──赤ワインを飲むことが長生きのために役立つだって？それは誤謬である、とトーマス・バーロウは言う　172
　　　　10　法律は殺人者になってはならない──双生児の一方を救うべきである　175
　　　練習問題21　あなた自身で論証を構成するための主題　180

練習問題解答例 183

第1章
- 練習問題1　論証とその結論を見定める　184
- 練習問題3　理由を見定める　186
- 練習問題4　論証の諸部分を見分ける　190
- 練習問題7　論証の中の仮定を見定める　197
- 練習問題8　練習問題5にもう一度取り組む　202

第2章
- 練習問題9　欠陥を特定する　207
- 練習問題10　さらなる証拠を評価する　210
- 練習問題11　代わりの説明を提示する　216
- 練習問題12　説明を見つけ出し、評価する　218
- 練習問題13　スキルを磨く　220

第3章
- 練習問題14　結論を引き出す　233
- 練習問題15　含意を評価する　233
- 練習問題16　相似論証を見定める　237
- 練習問題17　原則を適用し評価する　240

第4章
- 練習問題18　単語または語句の意味を明確にする　241
- 練習問題19　要約を書く　242

第5章
- 練習問題20　評価を練習するための、長めの文章10篇　246

訳者あとがき 271
参考文献およびさらに進んで学びたい人のための文献 275

はじめに

　拝啓　マーティン・ケリーによれば、イアン・ウィンフィールド博士はネス湖の水産資源が怪物を養えるほど多くはなく、したがって怪物など存在しないのだ、と述べているそうです（「ネス湖の漁業」3月28日）。博士は原因と結果を混同しています。
　私の見解では、水産資源が少ないのは怪物がそれを食べ続けているからだということは、明らかです。(Peter Stanton, Letters to the Editor, *The Independent*, 31 March 1995)

　拝啓　ジェームズ・バリントンの投書（12月31日付）を読みましたが、キツネ狩りと魚釣りとの対比には納得がいきません。釣れた魚のほとんどが、食用にされるか、リリースされるかのどちらかであることを理由にして、残虐スポーツ反対同盟は釣りに反対する運動をしているわけではない、と論じています。そうすると、もし、キツネ狩りの獲物が後でシチューにされるなら、反対同盟はキツネ狩りに反対する運動をやめるだろう、ということになるのでしょうか。(Patricia Belton, Letters to the Editor, *The Independent*, 4 January 1994)

　本書は、ネス湖の怪物が存在するかどうかを問題にするわけでもなければ、キツネ狩りが魚釣りより残酷かどうかを問題にするわけでもない。上に挙げた2つの引用の共通点は、それらがともに推論の事例であるということである。最初の引用はおそらく皮肉だろうが、それでもなお推論なのである。本書の狙いは、読者が推論を理解し評価する能力を伸ばす手助けをすることである。
　推論は人間の日常的な活動のひとつである。われわれはみな、行うべきことが何であるか、なぜそれを行うべきなのか、あるいは、他の人が言ったことを信じるべきがどうか、また信じるべきだといえる理由は何か、などといったことを考える。安っぽいテレビドラマにおいても推論のさまざまな事例

を見ることができる。たとえば、シングルマザーとなった女性が、子供の父親に育児を手伝わせるのは、それによって自らのキャリアを継続させることができるからである。娘がドラッグをやっているに違いないと考える両親は、それが娘の行動に対して与えることのできる唯一もっともらしい説明であるから、そう結論するのである。また、虐待されていた妻が夫を殺したのは、怒りにまかせてであるのか、それとも自己防衛のためであるのか、あるいは彼女が心神耗弱状態にあったことによるのかを、判事たちは苦悩しつつ判断しようとするのである。

　ある辞書によれば、推論は「事実や証拠などから結論を引き出す行為ないし過程」と定義されている。われわれすべてが、この意味での推論を行っていることは明らかであるから、本書の目的は、読者にいまさら推論の仕方を教えることではない。むしろ、よい推論を行っているかどうかということにいつも注意を払っているわけではないことに気づき、冴えた頭で批判的(クリティカル)に推論を練習する、そんな機会を与えることなのである。この種のアプローチにおいては、事実や証拠から引き出されている結論が本当にそれらから導かれるのかどうかを判断する手助けが与えられる。その手助けは、自分自身で結論を引き出そうとしている場合と、他人の推論を評価しようとしている場合の両方において、働く。しかしながら、「批判的(クリティカル)」という言葉が用いられているからといって、他人の推論を評価しようとする場合、そのどこが悪いのかを指摘するということばかりにこだわる必要はない。批判的(クリティカル)な評価というのは、ある人の推論において、どこがよくて、どこが悪いのかを判断することをともに含むのである。

　よい推論を行うということは、自然界であれ人間界であれ、世界を理解し、世界と関わっていくことを欲するすべての人々にとって、価値のあるスキルである。科学者は、自然現象の諸原因を理解するためによい推論を行わなければならない。また、政治家は、正しい政策を採用するためによい推論を行うことが必要である。しかし、推論を、科学者や政治家だけのものとすることはできない。なぜならわれわれすべてが、彼らが語っていることや、彼らがわれわれに指示していることが正しいのかどうかを知りたいと思っているからである。したがって、よい推論を行うことはわれわれすべてにとっ

て重要なスキルなのである。

　クリティカル・リーズニングが主として関わっているのは、人の考えや行為に理由を与えることであり、自分や他人の推論を分析し評価することであり、また、よりよい推論を工夫して作り上げることである。これらの作業の共通点は、際立った一群のスキルにある。それらは、たとえば、理由と結論を見分けるスキル、述べられていない仮定を見出すスキル、結論を引き出すスキル、証拠を値踏みし言明を評価するスキル、結論が正当化されているかどうかを判断するスキル、などである。そして、これらすべてのスキルの背後にあるのは、明確に、かつ、識別力をもって、言葉を使う能力である。

　他の種類のスキルと同じように、推論のスキルも練習によって向上し、磨きがかけられる。クリティカル・リーズニングをスポーツの試合になぞらえて考えるなら、それは、一群の特定のスキルとともに、それらスキルを試合の中で実際に適用していく能力もまた含むものとして見ることができる。たとえば、テニスにおいて、プレーヤーは、ボールにドライブをかけたり、ボレーで打ち返したり、サーブしたり、といった、いくつかの特定のストロークに長けていることが要求される。しかし、試合に勝つためには、これらのスキルを適切な仕方で組み合わせて、対戦相手の動きに応じていくこともまた、できなければならない。

　推論の「試合をする」際には、結論を導いたり証拠を評価したりといった、基本的な諸作業に長けている必要がある。しかし、誰か他の人に対して効き目のある推論を行うためには、それらのスキルのうちいくつかをまとめて用いることが必要だろうし、他の人の推論の進め方に応じていくこともまた必要である。たとえば、目新しい証拠を誰かに提示されたとき、それがわれわれの論証にどのような影響を与えるのかを判断できなければならない。テニスのコーチは選手たちの能力を向上させるため、彼らに特定のいくつかのスキルの練習をさせるとともに、練習試合を行わせる。試合において、選手たちは、それらのスキルを活用しつつ適切な戦略を選ぶことを覚えなければならないのである。

　この本は読者に、推論で用いられる特定のいくつかのスキルを練習する機会を提供している。また、それらのスキルを活用することで推論の「試合を

する」機会もまた提供している。各々の章において、特定のスキルに焦点が当てられ、そのスキルが練習できるような短い推論を含む文章が用意されている。一部の練習問題への解答例が本の最後に載せてあるので、スキルがどれくらい向上したか、読者は自分でチェックできるだろう。そして、分析と評価のための長めの文章によって全体的な能力をさらに伸ばすことができる。スキルがうまく発揮できるようになると、文章の分析や評価の能力も向上し、それは「推論の試合」における上達に繋がるのである。

　本書の練習問題は、大方において、読者自らの推論に焦点を当てることを求めているというより、他の人によってなされた推論を理解し、分析し、評価するトレーニングを提供するものである。そうなっていることには2つの正当な理由がある。まず、われわれは推論の構造を例示する必要があり、それは例文を提示することによってのみ行えるからである。次に、推論の問題点を認識するという課題は、自分自身の推論についてよりはむしろ他人の行った推論についてのほうが容易に行えるからである。他人の推論を評価するスキルを向上させて、同じ批判の基準を自分自身の推論に対しても適用しようとすることは、読者自身がよい推論を作り出す能力を発展させるための重要な一歩となるのである。さらに、中には、ちょうど教室でそうするように、パートナーとともに取り組むことが勧められている練習問題がある。それらによって、あなたは、自分の考えや自分が出した結論についてきちんと理由を述べることの必要性に気づくことができるだろうし、また、批判や質問に答えるトレーニングをすることもできるだろう。最後の練習問題では、あなた自身で、よりよい推論を工夫して作り上げるスキルを練習できるような、いくつかの主題が挙げられている。

　よい推論ができるという能力が日常生活において重要であるということは既に述べた。それはたとえば、政治家がその政策について述べる理由を理解したり、裁判で提示される証拠を理解したりするために重要なのである。また、学校であれ、大学であれ、学問研究のほとんどあらゆる科目において、それに取り組むためには適切に推論する能力が要求される。しかしながら、大部分の科目は、学生が自らの思考過程について考えることを促すような仕方では教えられていない。したがって、たとえば地理学について推論がうま

くできるようになったとしても、そのことによって他の分野でも適用できるスキルを身につけたのだということを認識できないことがありうるのである。本書において、専門的な知識は要求されない——推論を含む文章の主題は、新聞で議論され、一般の人々にも理解可能な、一般的な関心事である。しかし、本書によって、あなたは、推論の本性について考えさせられるだろう。そして、どんな主題に関する推論についてもこの批判的で分析的な仕方で扱う傾向を身につけることになるだろう。言い換えれば、これらの推論スキルは、あらゆる分野に応用することができる。学生がこれらを身につければ、彼ら自身の専門分野を含む広い範囲の主題についての推論において、助けられることになるだろう。そして、筋道の通っている議論の扱いを練習することは、学生が小論文を書くことの役にも立つ。なぜならおよそどんな主題についても、よい小論文を書くための必要条件は、考えを、明確で一貫性のある、しっかりと論じられた仕方で提示することだからである。

　本書の基礎となる考えは、クリティカル・シンキングとして知られる学問分野に関係しているが、そのことは、広く用いられているクリティカル・シンキングの教科書『ワトソン-グレーザーのクリティカル・シンキング評価』の著者の一人であるエドワード・グレーザーの、次の文章の引用からもわかる：「クリティカル・シンキングにおいては、どんな考えでも、また知識と目されるものでも、それを支持する証拠や、そこから導かれる更なる諸帰結に照らして精査する一貫した努力が要求される。」（Glaser 1941：5）　クリティカル・シンキングの伝統は、哲学と教育学の双方から由来するものであり、合衆国において生まれた。アメリカにおける主唱者は、ジョン・デューイ、エドワード・グレーザー、スティーヴン・ノリス、ロバート・エニス、リチャード・ポール、そしてマイケル・スクリヴンである。また、英国で、クリティカル・シンキングと最も密接に結びつく名前は、アレク・フィッシャーである。この主題についてもっと学びたいと思った読者のために、巻末の文献表の中に、いま挙げた人々の著作の詳細がある。

　本書によってクリティカル・シンキングのA／Sレベル試験のための学習が可能である。この試験において評価されるスキルは、本書が伸ばすことを目的としているスキルと非常に密接に関連している。したがって、本書は試

験合格のためにもたしかに目覚しい効果があるのだが、だからといって、試験合格という目的のためのスキル向上を助けるに過ぎないものとは考えて欲しくない。本書で学習することによって得られる効果は、それをはるかに超えて、読者が、その人生のあらゆる局面で出会うであろう推論について、適切に扱うことを可能にしてくれるのである。

第1章

推論を分析する

　推論の評価に着手するには、まずそれを理解することが必要であり、その推論が確立しようとする見方を受け入れさせるために提示されているさまざまな理由を把握することもまた必要である。したがって、この章で焦点を当てるスキル——推論を見分け、結論や理由や仮定を明らかにするスキル——は、最も基本的な能力に関わるものだと言える。(次章で光を当てる)推論の評価に含まれる重要なスキルはこれら基本的な能力に依存している。

推論を見分け、結論を見定める

　推論は、当然のことながら、言語によって表現される。しかし、言語によってなされるすべてのコミュニケーションが推論を含むわけではない。したがって、まず、われわれは推論が行われていることを教えてくれる言語上の特徴を取り出すことができなければならない。言語の使用目的は多岐にわたる。たとえば、ジョークを言う、誰かのことを侮辱する、事実に関する情報を伝える、情景や人物について描写する、物語を語る、気分を表現する、ある行いをした理由を説明する、質問をする、命令をする、等々。これら言語の用法のほとんどが共通に持つ特徴は、それが他人に何かを伝える試みであるということである。

　ときにわれわれは、ある言明が正しいことを受け入れるように、他人を説得したいと思うかもしれない。そのための1つの方法が、言明を支持する理由や証拠を提示することだ。そして、それこそが論証の本質である。最も単純な論証の例というのは、ある言明を信じている人が、同じ見解を採用する

ように他人を説得しようとして理由を提示するときに現れる。もう少し複雑な場合においては、他人の推論についての判断や評価が目指されるかもしれない。さらには、自分や他人の行った推論について推論をする、ということもあるだろう。しばしば、自分のしていることが、論証を提示するなどというたいそうなことだとは考えもせずに、われわれはみなこのように言語をあやつっている。たとえば、誰かが次のように発言する場合を考えてみよう。

　彼は、自分で言うより年を取っているにちがいない。自分では42歳だと言っていたが、少なくとも30歳にはなる娘がいるのだ。

この例では、「彼は、自分で言うより年を取っているにちがいない。」という結論に対して、理由が与えられている。したがって、この単純でありふれたコミュニケーションの一場面は、論証なのである。
　ごく単純な論証の例をさらにいくつか見てみよう。これらの例を読んで、話し手がどの言明をあなたに受け入れさせようとしているか（結論）、そしてどの言明が結論を受け入れる理由として提示されているかを考えてみてほしい。

　バスが遅れている。故障をしたに違いない。

　あの鳥は、つぐみではありえない。胸が赤くない。

　就職面接では、自信があるように振舞うべきである。雇い主は、公の場で自信を持って話すことができる人を求めている。

　子供は、小さいときに言語を学び始めれば、ずっと早く習得できるし、より流暢に話せるようにもなる。だから、子供をバイリンガルにしたければ、生まれたときから、2つの言語で語りかけてやるべきである。

　彼女は、デートの場所に現れなかった。明らかに彼のガールフレンドにはなりたがっていない。もし彼と真剣に交際をしたいならば、デートをすっぽかすは

ずはないだろう。

「論証を表示する」ことば

　推論を表す表現は、非常に複雑なものにもなりうる。しかし、推論が行われていることを示す比較的単純な言語的手がかりが存在する。結論を提示しているということを示すためにいくつかの特徴的なことばが用いられるのだ。最もよく用いられるのが、「だから」「したがって」などであろう。たとえば、本節の最初の論証は、次のように書き換えることができる。

　　彼は、自分では42歳だと言っていたが、少なくとも30歳にはなる娘がいる。だから、彼は、自分で言うより年を取っているにちがいない。

「それゆえ」とか「かくして」といった語句も「だから」や「したがって」と同じような働きをする。そのほか、たとえば「……であるにちがいない」「……ではありえない」といった語句も、結論の存在を示すことがある。上の、もとの形の論証では、「……であるにちがいない」ということばは、提示されている理由によって、われわれがその結論を導くように強制されている、ということを示すために用いられていた。「……（で）はありえない」という語も同じように働くことがある。たとえば、論証の結論は、次のように表現されえただろう：「彼が、自分で言っているほど若いということはありえない。」また、論証においては、何かを推薦するということがしばしば起こるので、「……であるべきだ」という語も、話し手が結論を提示していることを示しうる。このことは、上の例のうち２つにおいて示されている。３番目の例では、就職の面接で、自信を持っているようにみせることが勧められており、４番目の例では、赤ん坊に２つの言語で話しかけることが推奨されている。これらすべての「結論表示」語は、論証におけるこの役割以外の用法も持っているので、文章に現れていたからといって、論証が提示されていることの保証には必ずしもならない。しかしながら、それらは、文章が論証を含むかどうかを判断する際には、有用なものなのだ。

論証表示語なしの論証を見分ける

　論証を含む文章が全く論証表示語を含まないこともありうる。そのようなものを論証として見分けるためには、文章中の言明どうしの関係をしらべて、言明のうちのいくつかが結論を表現する言明を支えていると考えられるかどうか見積もることが必要になる。たとえば、次の文章は論証と考えることができる：

　　喫煙の危険性を知ることだけでは、喫煙をやめるのに十分ではない。住民の3分の1はいまだにタバコを吸っている。喫煙が肺がんと心臓病の原因となることはみんな知っているはずだ。

この文章は明らかに、住民の3分の1が喫煙しているということを統計的事実として提示し、また、みんなが喫煙の危険性を知っているはずだということを明白な真理として提示している。そして、これらの理由を、危険性を知ることは喫煙者に喫煙をやめさせるためには十分ではない、という結論を支えるために用いようとしている。

　結論表示語の唯一の候補──すなわち「……はずだ」という語──は、結論ではなく、理由を述べる文のうちの1つに現れている。しかしながら、最後の文が結論ではないことははっきりとわかる。なぜならそれに対する証拠として適切なもの（たとえば、人々に喫煙の危険性について知らせるための教育プログラムがあった、というようなこと）など何ひとつとして提示されていないのだから。また、この例においては、一番最初の例と同様に、結論が文章の最後に現れているわけではない、ということにも注意しておこう。理由を最初に書き、「だから」や「そこで」によって導入される結論を最後に置くことによって論証を「整える」ことはできるにしても、一般には結論は文章中のどの位置にでも現れうる。

　以上、論証の結論がどれであるかを見定めるために探すべき次の2つのものについて考えてきた。

1　結論表示語
2　それに対して理由が提供されているように見える主張

　結論を見定めることは、同時に、その文章を論証か、論証を意図したものであると見定めることでもある。結論表示語を見つけることによって結論を特定したならば、その文章の書き手は論証を提示しようとしていると考えるのが理にかなっている。先にわれわれは、あることの正しさを他の人に説得し信じさせる、という特定の目的を持った言語使用の一様式として、「論証」という語を導入した。しかしながら、書かれた文章が論証を提示しているかどうか判断しようとしているとき、われわれは書き手がその文章を書いた目的を言い当てようとしているとばかりは限らない。それらひとまとまりの言葉がどのように働くのかを解釈しようとすることもできるのである。結論を見定めるための第2の方法、つまりそれに対して理由が提供されているように見える主張を探すという方法によって実行されるのは、このことである。もしある文章が、1つの結論を支えるための一連の理由として書き直せるものならば、それは論証と解することができるのであり、たとえ、書き手がそんな風に強く意図していなかったとしてもそうなのである。

　しかしながら、文章が論証であるかどうかを決定しようとするとき、まずその文章の目的を考えるというのは、最初のステップとしてしばしば有効である。「この文章がわたしに受け入れさせよう、信じさせようとしている主要な論点はなんだろうか」と自問してみよう。そして、主要な論点を表現していると考えた文にアンダーラインを引こう。次のステップは、文章の残りの部分が主要な論点を支える（一連の）理由を含んでいるかどうかを調べることである。この段階では、それらの理由が決定的なものであるかどうかあまり思い悩まなくてもよい。論証の評価を試みるのはまだ先である。それらの理由が主要な論点と関連があるかどうか、そしてそれを支持するかどうかを考えればよいのであって、批判的に見る必要はない。それらは、主要な論点が正しいことを立証するために必要な、適切な種類の証拠や推論を提供しているだろうか。もしそれらの点に確信がもてるのであれば、あなたは論証の結論を特定できたのであり、したがって、その文章が論証であると決定し

たことになる。一連の理由を先に述べ、「だから」「したがって」ということばとともに、見定めた結論を続ける、といった形に論証を書き換えて、整理することが好ましいかもしれない。

結論を見定める

　本節では、以上のようなおすすめの方法を実際に試してみるために、いくつかの例を見ていこう。

　　奇跡の新薬アモトリールは予見されなかった悲惨な副作用を引き起こした。市販されるまでのテストが注意深く行われていれば、これらの副作用による問題は防げたはずである。したがって、新薬は、その副作用の十分な研究がなされないまま、一般の使用が許可されるべきではない。

この論証では、結論が率直に述べられている。そのおかげで、分析しやすい文章になっている。「したがって」が最後の文を導入していることにすぐ気づくだろう。そこで受け入れるべきものとして導かれている結論は、

　　新薬は、その副作用の十分な研究がなされないまま、一般の使用が許可されるべきではない。

このことに対して与えられる理由は、アモトリールが売り出される前に注意深くテストされていたら悲惨な副作用によって生じた問題を防ぐことができただろう、というところにある。この例の場合、どのような主張がなされているのかがはっきりしているため、論証を整理する必要はないだろう。そして、薬の副作用は十分研究しない限り見つけ出すことができないということと、深刻な副作用がないということを可能な限り確信できるのでないなら売り出すというリスクはとるに値しないということを仮定する限り、この論証で述べられている理由は結論をよく支持しているのである。

　もう1つ例を挙げておこう。

ダイエットをする人は体重が減る。パヴァロッティはダイエットをしたはずはない。彼は体重が減っていない。

この例の場合、「だから」とか「したがって」などという結論表示語は存在しない。しかし、「はずはない」という表現が存在している。それは結論の存在を示すために用いられているのだろうか？　その表現が現れている文が、文章全体で確立しようとしている主要な論点であるかどうかを考えなければならない。文章はパヴァロッティがダイエットしたはずがない、ということを説得しようとしているようにみえる。もし、次のように並べ替えれば、明らかな論証を手にすることになるだろう。

　　ダイエットをする人は体重が減る。パヴァロッティは体重が減っていない。したがって、彼はダイエットをしたはずはない。

これがこの文章の最も自然な読み方である。
　しかし、仮に、この文章がわれわれに受け入れさせようとしている主要な論点が、パヴァロッティの体重が減っていないということだと考えて進んでみよう。そうすると、論証は、次のようになるだろう：

　　ダイエットをする人は体重が減る。パヴァロッティはダイエットをしたはずはない。したがって、彼は体重が減っていない。

これは、2つの点において、不自然な読み方である。まず第1に、2番目の文の「ダイエットをしたはずはない」という語句は、それがもし、パヴァロッティがダイエットできなかった、ということを伝えようとするものだとすると、不自然な使い方だといえるだろう。そして第2に、「ダイエットをしたはずはない」という語句を、「ダイエットできなかった」に置き換えたとしても、最初の2つの文は結論を確立するのには不十分である。というのは、パヴァロッティは、ダイエット以外の何らかの方法、たとえば運動をすることで体重を減らしたかもしれないのである。さらにパヴァロッティが体

重を減らしていないということを確立するために用いなければならない種類の証拠は、彼がダイエットしたかどうかについての証拠ではなく、現在の体重に比べて過去の体重がどれくらいであるかということについての証拠なのだ。

「だから」とか「したがって」という結論表示語がない例をもう1つ見ておこう。

> 鉄道旅行を、旅行者にとって、より魅力的なものにしなければならない。現在はあまりにたくさんの車が走っており、環境と人間の安全が脅かされている。鉄道旅行はより安くするべきだ。みんな道路の混雑が少なくなってほしいとは願っているが、自分で道路を走ることができるという便利さも手放したくはない。何か新しい動機づけなしには、人々が車をやめて鉄道を用いるようにはならないだろう。

このひとまとまりの推論がわれわれに受け入れさせようとしている主要な論点は何であろうか。この推論は明らかに、車利用から列車利用への方針転換を行うことがよいことだという理由に基づいて、その方針転換を人々に行わせる手法を提案することに関するものである。この文章は次のようにまとめられるだろう。

> 大量の車が走ることは環境にも人間の安全にもよくないが、一方で何か新しい誘因なしには人々が車をやめて鉄道を用いるようにはならないだろうから、鉄道旅行をより魅力的なものとする必要がある。したがって、鉄道旅行はもっと安くするべきだ。

「べきだ」という語が結論に現れていることに注意しよう。どの文が結論であるかは、この語のおかげで、見て取りやすくなっている。この論証がどのようなものであるか、よりはっきりと見えるようになったこの段階で、それが果たしてよい論証であるかどうかを問うことができるだろう。たとえば、自動車旅行者が鉄道を利用しにくいとしたら、それは鉄道旅行にかかる費用

のせいだろうか、それとも鉄道旅行が自動車旅行ほど便利ではないせいだろうか。鉄道運賃を引き下げることはほんとうに変化をもたらすのだろうか。望ましい帰結をよりよく達成するためにもっと他の方法はないだろうか。論証を整理することで、その評価を始めるときにどのような問いを問う必要があるか、見て取りやすくなるのである。

文章が論証を含んでいるかどうか判断する

文章の主題によっては、その文章が実際には論証を含んでいないときにも、一見したところ論証を含んでいるように見えることがある。次の2つの文章を見よ。一方は論証として解することができるが、他方はそうではない。

> 警察に報告される犯罪件数は増加している。全体的な犯罪発生率は上昇していないかもしれない。これまで、大多数の人によって犯罪であるとみなされるもののうち、警察に報告されるものは、その4分の1に過ぎなかったのである。

> 大部分の犯罪は21歳未満の者によって行われる。しかし21歳未満の者のほとんどは犯罪者ではない。また、21歳以上の者の中にもくりかえし罪を犯すものがいる。

最初の文章について、主要な論点は何かと問うてみよう。この文章は、警察に報告される犯罪件数が増加していることをわれわれに信じさせようとしているのであろうか。しかし、そのことに対する証拠は提示されていない。ただ事実として述べられているだけである。それでは、これまで、大多数の人によって犯罪であるとみなされるもののうち、警察に報告されるものはその4分の1に過ぎなかった、ということをわれわれに信じさせようとしているのであろうか。これについても証拠は与えられていない。それならば、全体的な犯罪発生率が上昇していないかもしれないという主張に対しては、証拠が提示されているだろうか。その可能性があることを示す情報は与えられていると言えよう。犯罪の報告が増えているという事実によってわれわれは犯罪全体が増加しているのではないかとの疑いを抱くかもしれない。しかし、

犯罪とみなされるもののたった4分の1しか報告されない傾向にあったと告げられたとき、もしこの傾向が変化したせいで犯罪とみなされるものがより多く報告されるようになっているとすれば、全体的な犯罪発生率は結局のところ上昇していない可能性もある、ということがわかるのである。この論証は次のように書くことができるだろう。

> これまで、大多数の人によって犯罪であるとみなされるもののうち4分の1しか警察には知らされなかった。したがって、警察に報告される犯罪件数が増加していたとしても、全体的な犯罪発生率は上昇していないかもしれない。

次の点に注意しておこう。この文章のもとのヴァージョンでは、われわれがリストアップした「論証表示」語は全く含まれていない。しかし、それにもかかわらずそれは論証なのである。

それでは次に、2番目の文章を見てみよう。それがわれわれに信じさせようとしていることは何なのだろうか。この文章は犯罪統計に関して3つのことを述べている。それらは真だとして主張されているのであるから、ある意味で、それら3つすべてが、この文章がわれわれに信じさせようとしていることなのだと言える。しかし、どの言明も他の言明を支持していない、という意味では、この文章には唯一の主要な論点と呼べるものはない。3つの言明のうちひとつを結論として扱う3通りの可能な方法を書き出してみることによって、そのことを自分自身で確かめてみてほしい。結局この文章の場合、同じ主題について3つの情報が含まれているが、それらは推論の過程によって結び付けられてはいないのである。しかし提示されている情報の種類のゆえに、すなわちこれが統計に関する文章であるがゆえに、われわれは最初それを論証だと考えたくなる。なぜなら、統計の利用は論証における常套手段だからである。そこで、われわれは次のことに注意しなければならない。論証とは単に情報を提示するということなのではない。むしろ、情報あるいは理由に基づいた結論を提示するということなのである。

要約：それは論証だろうか？

　文章が論証であるかどうかを評価しようとするためのステップをまとめておこう。

1. 結論表示語、すなわち、「だから」「そこで」「にちがいない」「ではありえない」「のはずだ」というような語を探す。
2. 結論表示語がない場合、文のそれぞれについて次のように問うてみる。「文章の残りの部分は、わたしがこの文を信じるための理由となる何らかの情報を与えてくれるだろうか？」もし、この問いに対する答えが「いいえ」なら、この文は結論ではない。答えが「はい」ならば、この文は結論である。
3. 文章中のどの文も結論ではないならば、この文章は論証ではない——結論なきところに、論証なし。もし文章中のひとつの文が、残りの部分に含まれる理由に支持される結論であるならば、この文章は論証である。
4. 文章中に結論を見つけたなら、結論を「だから」に続けて最後に置く形で文章全体を書き直してみよ。この書き直した文章を頭から読んで、意味が通るかどうかをチェックせよ。もし意味が通るなら、その文章が論証であるという確信を得ることができる。

この段階では、文章中に含まれている理由が正しいかどうか、あるいは、それらが結論に完全な支持を与えているかどうか、といったことは、気にしなくてよい。

練習問題1　論証とその結論を見定める

以下の文章の各々について、

　(a) それが論証であるかどうかを見定め、
　(b) もし論証であるなら、その結論は何であるかを述べよ。

1　ペットは人にとってよいものである。研究の結果、ペットを飼っている人は、そうでない人に比べて、うつや高血圧になりにくいことがわかっている。

2　猫の糞からうつるある病気は、妊娠している女性が感染した場合、流産を引き起こすことがある。猫を飼っている人はおそらくほとんどがこの病気に対して免疫を持っている。うさぎは、リステリアやサルモネラを蔓延させる。

3　正しくつづることができる子供はたいてい視覚的な記憶に優れている。正しくつづるのが苦手なものは注意深く語を見るということを学んでこなかったのである。読む練習をしても、必ずしも彼らの助けにはならない。

4　洪水から川沿いの農地を守るために、何百万ポンドという公金が費やされている。そんな土地での農作物の生産はやめさせて、その代わり、いま使われているお金の一部を補償金として農民に与えるべきだ。そうすれば、無駄金を使わずにすみ、環境にもよい。なぜなら、もし川が溢れそうなときに溢れさせてやれば、その氾濫原はやがて野生生物が多く住む湿った草地や森林になるからである。

5　今年、英国のいくつかの地域では大風の影響がきわめて大きかった。最も雨が少なかった月は1月、2月、そして3月であった。7月はとても雨が多く、平均気温は昨年の7月を下回った。

6 北米野生生物連盟は、絶滅危惧種のための年間を通じた監視を支援しているが、ハクトウワシの目撃が1978年から1979年の間に35％増加した、との報告を行った。1979年の観察によれば、1万3127回のハクトウワシの目撃が報告されており、1978年からは3400回増えている。このことはハクトウワシの数がかなり増えていることを示している。（米国ロースクール進学適性試験、1981年）

7 商店街などでは、防犯カメラの存在によって犯罪が抑えられることが明らかにされてきた。しかし防犯カメラが完全な成功を収めているというわけではない。法を遵守している市民は自らの活動のすべてが監視されることは望まないし、犯罪者たちは、カメラのない場所で、結局のところ同じ程度に罪を犯すかもしれない。

8 制限速度を下げて、その制限がきちんと守られるようにより一層努力することで、交通事故を減らすことができる。しかしそれは、安全に運転している大多数の人々に不便を感じさせることになり、現在の制限速度で安全運転ができない不注意なドライバーの問題を解決するための方法としては、受け入れられないだろう。

9 ビクトリア朝時代には、筋肉の痙攣や月経痛、リューマチなど、あらゆる種類の病気の治療に大麻が用いられていた。現在では、たとえ医薬としての目的のためであってさえ、大麻の使用は不法である。多発性硬化症の症状を改善するために有効であることが明らかになったのではあるが。

10 社会史学者の中には1914年から1918年の間の戦争〔第一次世界大戦〕が、英国における女性の地位を向上させたと主張するものがいる。なぜなら、彼女らは、自尊心を傷つけられるような家事労働を離れて、軍需工場で働き、したがって独立心や自尊心を得ることができたからだという。しかしながら、これらの工場における労働は、熟練を要さず、反復的で危険なものであり、労働者に自信をもたせるような環境であるとはとても言えないものであった。そして戦後、女性労働者は、帰還兵のた

めに仕事を譲るようにと告げられたのである。多くの女性がふたたび家事労働へと戻っていった。したがって、現実は、一部の社会史学者の主張とは全く異なるものであったのだ。

(練習問題1の解答は184–186頁にある。)

理由を見定める

　理由はいろいろな仕方で用いられる。たとえば、論証の結論を支えるため、推奨したことがらに支持を与えるため、ある出来事が起こったのはなぜか、あるいは、ある人がある特定の仕方で振舞ったのはなぜかを説明するため、など。この節では、論証の結論を支えるという理由の用い方に焦点を当てることにする。

　論証表示語を持たない論証においてその結論を見定めることができたならば、われわれはその論証における諸理由がどのようなものであるのかをすでにある程度知っていると言えそうである。なぜなら、結論を見定めるためには、文章のどの部分がその結論を支えていると考えられるか——すなわち、どの部分が理由であるかについて、すでに判断していなければならないはずだからである。練習問題1を解く際にあなたが行っていたのはまさにこのことである。しかし、論証表示語の存在によって結論を見定めた場合には、理由を見定めるために文章をもう一度よく見ることが必要になるだろう。

　その際、たとえば、「なぜなら」「というのは」「だから」といった、理由の存在を示す特徴的な語を見つけることもあるだろう。たとえば、パヴァロッティについての先の論証は、次のように読むことができる：

　ダイエットをする人は体重が減る。パヴァロッティは体重が減っていないのだからダイエットをしたはずはない。

この例において、「だから」という語は、「パヴァロッティは体重が減っていない」という文が、彼がダイエットしたはずはない、という結論のための理由として提供されていることを示している。たとえば「このことの理由は……」という語句のように、ある種の語句は、理由が提供されていることを明示的に語るような仕方で用いられる。また、「まず第１に、そして２番目に……（など）」といった語句によって、理由が列挙されることもある。

　論証においては、理由として仮説的ないしは条件的な言明が用いられることも多い。そういった言明は、「もし」という語で始まり、あることについて、何か他のことが正しかったり生じたりするという場合に（という条件の下で）、それもまた正しかったり生じたりするということを述べるものである。たとえば、「もし眼鏡をかけないで読書をしたら、頭痛がするだろう。」というように。「もし」という語で始まる文があったら、その文が結論のための理由のひとつとして提示されているのかどうか考えてみるとよい。理由として提示されているのはその言明全体である、ということを心に留めておくことは重要である。その言明を２つの理由に分解しようと試みるべきではない。また、ときには論証は仮説的な言明を結論として持つこともあるので、仮説的言明が必ず理由として提示されていると決めてかかることはできない。「結論表示」語と同じく、これらの「理由表示」語は、理由を導入するという以外の仕方で用いられることもあるので、理由表示語があるからといって、理由が提示されているということは保証されない。しかし、有用な手がかりにはなるだろう。しかしながら、そのような語や語句をいっさい見つけられず、文章の意味を理解することに頼る必要が生ずる場合もある。そのような時は次のように自問してみるとよい。「この結論に支持を与えるためには、どんな種類の理由を提示すればよいだろうか。」そして、文中にそのような理由が提示されているかどうかを見るのである。

　すでに述べた仮説的な言明に加えて、さまざまな種類の言明が理由として働きうる。それらは、たとえば、常識に属することがらや一般になりたつ原則、実験結果の報告、統計などであり、そのすべてが共通に持つ特徴は、正しいものとして主張される、ということである。論証で提示される理由のすべてが、その論証の内部で支持を与えられるわけではない。言うなれば、論

証は、どこかに出発点を持たなければならない。それゆえ、すべての論証において、少なくとも1つは、支持が与えられていない基本的な理由が提示されなければならないのである。そこで、論証を提出する人はしばしば、明らかに正しいか、正しさを他の人が容易にチェックできるようなことがらを出発点としてとる。しかしながら、いつでもそうであるとは限らない。実際には論争の余地のある言明が、基本的な理由として提示されている場合もある。さらに、論証自体に論争の余地があることを隠すという目的のため、そのような言明に支持が与えられていないこともあるのだ。したがって、次章で議論される推論の評価においては、提示されている基本的な理由がそもそも真であるのかどうかもまた考える必要がある。

論証の構造

論証における理由は、さまざまな形で組み合わせられる。ときには、結論を支持する理由がたった1つしかない場合もある。たとえば：

  パヴァロッティは前よりやせた。だからたぶんダイエットしているんだろう。

先のパヴァロッティについての論証では、理由は2つであった：

  理由1：ダイエットをする人は体重が減る。
  理由2：パヴァロッティは体重が減っていない。

これら2つの理由が組み合わされて、次の結論を支持する：

  パヴァロッティはダイエットをしたはずがない。

どちらの理由もそれだけでは、結論を支えるのに十分ではないだろう。論証においてこのように用いられる理由の数は、2つに限られているわけではない。論証において、その結論を支えるためには、3つ、4つ、あるいはいくつもの理由が組み合わされて働くことが必要とされる場合もある。

しかしながら、2つ以上の理由が存在するとき、それらが組み合わされて結論を支えるのではなく、それぞれ独立に結論を支えるものとして提示されている場合もある。たとえば：

> タバコの広告は、若者に喫煙を始めることを促すのだから、禁止するのが正しい。しかし、たとえ広告が若者に影響を及ぼさないとしても、それは喫煙者に彼らの習慣が社会的に受容されうるものだという間違った印象を与えるので、やはり禁止するのが正しいと言えるだろう。

この場合には、タバコ広告を禁ずるのが正しいという結論は、広告が若者に喫煙を始めさせてしまう効果を持つという主張と、広告が喫煙者に喫煙習慣が社会的に受容可能であると考えさせてしまう効果を持つという主張とのいずれかによって支持されうる。パヴァロッティについての論証とは異なり、この論証をしている人は、2つの理由を両方とも提示することが必要であるとは考えていない。2つの理由のうちいずれかが正しいと示されさえすれば、この論証はその結論を確立する、と主張するだろう。しかし論証において、いくつか組み合わされて結論を支えるような理由が提示されている場合は、論証の評価において、すべての理由の正しさを評価することが必要となる。

今見てきた2つの例において、一方では組み合わされて働く理由が、他方では独立した理由が提示されていた。しかし論証のなかには、もろもろの理由が組み合わされて結論を支えるのか、それともそれぞれの理由が結論を独立に支えるのか、検討する余地が生ずるものもある。次の例を考えてみよう：

> 韓国に駐留する4万人のわがGIは、腐敗した政権を支えている。彼らの帰国の結果生ずるドルの節約は、連邦政府の突出した赤字を大いに減少させる効果があるだろう。朝鮮戦争は30年前に終わっている。いまやわれわれの軍を撤退させるべきときなのだ。（James B. Freeman, *Thinking Logically*, p. 165）

この場合、最初の3つの文のそれぞれは最後の文に現れている結論に対する

理由を提示している。それらはすべて、軍を撤退させるべきだという主張に対するかなり強い理由なので、この論証の著者は、それらの理由が独立して結論を支えているとみなしている。他方で、それらの理由が組み合わされて働けば、結論に対してさらにずっと強い理由を与えることになるのである。われわれはこの論証をいずれの仕方で解することもできる。しかし、このような場合には、すべての理由が真である場合、独立した理由より、組み合わされた理由を提示するほうが、論証はより強くなると判断できるということは覚えておきたい。

　一般に、論証は上記の例などよりはるかに込み入ったものになりうる。ある結論に対して理由が提示され、その結論がこんどは、それ自身で、ないしは他のいくつかの理由とともに、更なる結論を導くために用いられることもある。そのような場合において、中間結論と主結論を区別することが有用である。以下に中間結論を持つ論証の例を挙げよう。

　　親になろうとしている人々の多くは、娘より息子がほしいと思っている。したがって、もし子供の性別を選べるならば、結果的に人口全体の中で、男性のほうが女性より多くなってしまうだろう。人口において男性が優位になることによって、深刻な社会問題が生じそうである。そこで、子供の性別を選ぶことを可能にするような技術の利用は認めるべきではない。

この論証の主結論は、「そこで」という語で示されている：

　　子供の性別を選ぶことを可能にするような技術の利用は認めるべきではない。

これに対して直接（組み合わされて）与えられている理由は：

　　もし子供の性別を選べるならば、結果的に人口全体の中で、男性のほうが女性より多くなってしまうだろう。

　　人口において男性が優位になることによって、深刻な社会問題が生じそうであ

る。

　これら2つの理由のうち、最初のものは「したがって」という語が示すように、それ自身結論であり、それは次の基本的な理由から導かれている：

　　親になろうとしている人々の多くは、娘より息子がほしいと思っている。

　したがって、この文章の分析はつぎのようなことを明らかにした。まず、最初の文が基本的な理由であり、2番目の文に表されている中間結論を支えている。その中間結論は、3番目の文で提示されているもう1つの理由と組み合わされて、最後の文における主結論を支えているのである。残念ながら、すべての論証において、その理由と結論がこのような明らかな順序で配置されているわけではない。だから、基本的な理由が常に最初に現れ、中間結論は真ん中に、主結論が最後に現れる、ということを、当然であると考えることは決してできないのである。
　これまで、論証において提示されている理由を見定めるための2つの重要なアプローチについて述べてきた。まず第1に、ある特定の結論に対して、どのような種類の理由が支持を与えることができるのかを問うことであり、第2に、文章中の理由が相互にかかわりあう仕方を分類しようと試みることである。論証の分析に着手するためには、その主題についての詳細な知識が必要であると思われるかもしれない。たしかに、主題になじみがあればあるほど、その論証の構造を明らかにすることがたやすくなるのは疑いない。しかし、ほとんどの人は、多くの話題について、新聞や教科書で出会うさまざまな論証を理解できるようになるのである。以下の練習問題によって与えられるような種類のトレーニングによって、その力を伸ばすことができるだろう。

練習問題2　結論を支える理由を述べる

以下の作業を誰か他の人と交互に行う。まず、あなたが信じるに足るよい理由があると思う単純な主張を考えてみよ。(たとえば、遊んでいる子供のそばを車が時速30マイル〔約50キロ〕で走ることによって交通事故死が起こりやすくなる、という理由で、住宅地では時速30マイル未満の速度制限が課せられるべきだと考えるかもしれない。)そして、あなたの相手に、あなたの「結論」がどういうものかを伝えよ。(この例の場合は、「住宅地での速度制限は時速30マイル未満であるべきだ」)あなたの相手はその結論に対する理由を提示しようとしなければならない。あなたの考える理由には思い当たらないかもしれないが、他のよい理由が見つかるかもしれない。この練習問題であなたがトレーニングしているのは、考えられるさまざまな理由について、その関連性と強さについて考える、ということである。最も強い理由を見つけることはできないかもしれないが、明らかに関連性があり、結論に対して、中立であるとか反対であるとかではなく、一定の支えを与えるような理由を提示しようと努めなければならない。

練習問題3　理由を見定める

この練習問題は、与えられた「結論」に対する理由が何であるかを見積もるトレーニングである。各問題において、結論に対する理由として適切なものを選び、なぜそれが正しく、他が誤った答えであるのかを述べよ。その理由それ自身が正しいかどうかを気にする必要はない。もし、それが正しいとした場合に、結論を支えるかどうかのみを考えればよいのである。

1　結論：献血者は、血液を提供したことに対して報酬を支払われるべきである。

　(a) 行政にとって献血事業は高くつくものである。
　(b) 血液を提供する人々はたいてい他人を助けたいと思うからそうするのである。

(c) 献血者は不足しているが、報酬を支払うことでより多くの人々が献血することになるだろう。

2 結論：ある仕事に対して働き手を選ぶときに、雇い主は、応募者の持つ技術ではなく、性格に基づいて、決定を下すべきである。

(a) 性格は時がたてば変わるかもしれないが、技術は時代遅れになってしまう。
(b) 技術を教えるのは簡単だが、性格を変えるのは難しい。
(c) 技術の中には誰でも身につけられるわけではないものが存在するが、性格ならば誰でもよいものを身につけられる。

3 結論：肌の色の薄い人々は日光にさらされるのを避けるべきだ。

(a) 太陽からの紫外線は、薄い色の肌に皮膚がんを生じさせる原因となる。
(b) 肌の色の濃い人は、日光にさらされても害はない。
(c) 肌の色の薄い人は、日焼けを避けるために日焼け止めクリームを使うことができる。

4 結論：家屋に断熱材を導入することは、長い目で見れば経済的になりうる。

(a) 断熱材を使った家は、暖めるためにより少ない燃料があればすむ。
(b) 断熱材を導入した家においては、空気がより暖かだった。
(c) ある種の断熱材は、家を湿らせてしまう。

5 結論：犯罪を減少させるためには、若年の犯罪者への罰として刑務所に入れるという手段を用いるべきではない。

(a) 若年の犯罪者には、刑務所において仕事に役立つ技術を教えることができる。
(b) 刑務所が混みすぎていることへの対策として新しい刑務所を建設することには多大な費用がかかる。
(c) 刑務所での一定期間の服役という罰が下された若年の犯罪者は、再び

罪を犯す可能性が高い。

6 結論：サムが殺人を犯したはずはない。

　(a) サリーは殺人を犯すチャンスもあったし、また動機もあった。
　(b) サムが殺人を犯すことで得ることは何もない。
　(c) サムは被害者が刺殺されたとき、現場から数マイル離れたところにいた。

7 結論：菜食主義の食事は健康によいのかもしれない。

　(a) 菜食主義の食事には、何種類かの重要なビタミンが欠けている。
　(b) 菜食主義の食事には、心臓病の原因となる動物性脂肪が含まれていない。
　(c) 菜食主義の食事には、健康によいと考えられている魚の油が含まれていない。

8 結論：親が子供にポリオワクチンを接種させることは、強くすすめられるべきである。

　(a) 親の中にはポリオワクチンに重大な副作用のリスクがあると考えるものがいる。
　(b) もし、人々がかなり高い率で、ポリオに対するワクチンを受けていなければ、数年ごとにポリオが大発生するだろう。
　(c) ポリオに感染するリスクは非常に低い。

9 結論：おぼれて死ぬのは、泳げない人よりも泳げる人のほうが多い。

　(a) 泳げない人は、泳げる人より、危険なウォータースポーツを避けようとするだろう。
　(b) ボートの上で休日を楽しむときに救命胴衣をつけていなかったという理由で、多くの溺死事故が起こっている。
　(c) もし海や川に投げ出されれば、泳げる人でさえパニックに陥るだろう。

10 結論：チューインガムの中には歯に悪いものがある。

　(a) チューインガムの中には、ソルビトールで甘みがつけてあるものがあるが、ソルビトールは歯を腐蝕する酸の中和を助ける作用がある。
　(b) チューインガムの働きで、歯の間にはさまっている砂糖の粒子が取り除かれることがある。
　(c) チューインガムの中には、砂糖で甘みがつけてあるものがあるが、砂糖は、虫歯を引き起こす。

（練習問題3の解答は186–190頁にある。）

練習問題4　論証の諸部分を見分ける

以下の各論証について、主結論と理由を見つけよ。また、中間結論があるかどうかを述べよ。さらに、理由が、組み合わされて結論を支えるのか、それとも、それぞれ独立に支えるのかを述べよ。

1　博物館や美術館への入場を有料化することに反対する十分な理由などというものはない。何しろ、劇場へ行ったり、コンサートを聴いたりするのにもお金を払わなければならないのだ。

2　ロンドンにある王立自由病院の精神科医たちの研究は、うつ病にかかっている約70名の患者を2つのグループに分け、その治療を比較するものであった。一方のグループでは、患者は12回の心理療法を受けさせられ、他方のグループでは、かかりつけの医者によるお決まりの診療が行われた。以来9か月にわたってすべての患者に目覚しい改善が見られたが、その改善の進み方や程度において両グループ間で差はなかった。したがって、心理療法とかかりつけの医者とのおしゃべりとは、その効果においてかわりがないのである。

3　公共の場所で喫煙する人は人口の3分の1を占めるが、彼らはその残りのわれわれを不快にしている。さらに、受動喫煙ががんを引き起こすのだから、彼らはわれわれの健康を危険にさらしているとも言える。だからこそいまや公共の場での喫煙を禁止すべきなのである。

4　薬について動物で実験したのでは、人間への安全性を評価するために必要な情報は得られない。なぜなら動物は人間と違いすぎているからである。このことの証拠としては、動物実験で安全であるように見えた薬の中に、人間には害を及ぼすものがあったということや、アスピリンやペニシリンが猫にとっては毒であるということが挙げられる。

5　ヨーロッパ諸国の出生率は非常に急速に低下している。これが意味するのは、人々がいくら長く生きても、結局のところ人口は減少し、年老いていく人々を支える労働年齢の人々はどんどん少なくなっていく、ということである。定年を引き上げるか、若者の仕事における生産性を向上させるかしなければならない。

6　運転者に対して、大麻のような麻薬のための検査を導入することが検討され、その許容値はゼロに設定することが考えられている。そうすると、血中にごく少量の大麻成分があるだけで、人は起訴されてしまう、ということになるだろう。大麻成分は血中に4か月はとどまるので、問題なく運転できる人の中にも起訴される人が出てきうるのだから、これは不当であろう。したがって、麻薬検査が導入される場合、許容値はゼロに設定するべきではない。

7　地球温暖化が起こりつつあるのは明らかである。しかし、それが、化石燃料を燃やすことで二酸化炭素の濃度を高めていることによるのかどうかは確言できない。現在のように大量の燃料が消費されるようになるよりずっと前に、地球は、より温暖な気候と、より高濃度の二酸化炭素の時代を経験しているのである。

8 喫煙に関連する病気は、実際には、しばしば言われるほど国家の損失となっているわけではない。もし誰もタバコを吸わなければ税収入は大幅に減少するだろうし、喫煙者の多くは健康給付や退職給付を十分に受け取る前に死んでしまうのである。

9 動物の臓器を人間に移植することは許されるべきではない。そういった移植を行うには費用がかかり、動物の病気が人間に感染するという危険性も排除できない。移植可能な臓器の不足解消は、より多くの人々にドナーカードを持つように説くことによって可能になるはずである。人間の臓器こそが、人間に、より大きな生存の可能性を与えるに違いない。

10 ［もし動物を殺すことが彼らの権利を侵害することだとすれば、］たくさん生まれた子犬のうちの何匹かをわれわれの都合で殺すことや、19個で十分なときに20個のカキをあけることは決して許されないし、さらには、夏の晩、あわれな蛾が火に飛び込んで死んでしまわないためには、単なる楽しみのためにろうそくに火をともすことすら許されないだろう。いや、散歩をすれば道すがら多くの虫たちと衝突するのは避けられないのだから、本当に重要な仕事でもなければ出歩くことすらしてはならないのである。以上のような考えはたしかにすべて子供じみたものだ。しかし、どこかで境界線を引くなどということは決してできそうにないから、私は、人間は理由なく動物たちに死を課する絶対的な権利を有しているが、それは苦痛のない死である場合に限るのであり、何らかの苦痛を与えることになる場合は特別な正当化が必要となる、と結論する。(Lewis Carroll, 'Some popular fallacies about vivisection', in *The Complete Works of Lewis Carroll*, Nonesuch, 1939, p. 1072. ——強調は原文)

(練習問題4の解答は190–196頁にある。)

練習問題5　仮定について考える

ここでは、新聞記事からとった少し長めの論証を含む文章を見ることにする。1992年から2000年まで合衆国大統領であったビル・クリントンが、妻以外の女性と持ったとされる性的な関わりのゆえに非難されるべきか否かを論ずる文章である。記事は、クリントンとモニカ・ルインスキーとの関係——その件について、クリントンは宣誓にもかかわらず虚偽を述べたのだが、最終的には認めることになった——の数年前に書かれたものである。次の点を指摘しておくことで、文章の理解は容易になるだろう。

- 著者は2番目の文で「三段論法」という語を用いているが、その用い方は正確ではない。三段論法は、ある定まった論証の形式のことである。しかし、ここで著者が三段論法としているのは単なる仮説的な言明にすぎない。
- 最初の段落で、著者はかつての合衆国大統領リチャード・ニクソンに言及し、「アメリカの国民は、昼間彼がどこにいるか確信を持つことはできなかった。」と述べている。これは、ニクソンが信頼できない政治家であったという、一般に流布している見方への言及である。彼のあだ名は「ずるいディッキー」であった〔ディッキー（ないし、ディック）はリチャードの愛称〕。

さあ、文章を読んで、主結論が何であるかを述べてみよ。そしてその主結論のために必要な仮定をリストアップしてみよ。

　政治家のセックスライフを問いただすことに対して、通常2つの正当化が与えられる。まず1つ目は、こうるさい次のような三段論法である。「もしある男が彼の妻を欺くならば、彼の国もまた欺くだろう。」しかしジェリー（ジェラルド）・フォードとジミー・カーターは、多くの人が言うことには、夫としてはしっかりしていたが合衆国大統領としては頼りなかった。〔夫人の〕パット（パトリシア）・ニクソンにしても毎晩ディックがどこ

にいるのかは知っていたのだと思う。問題はアメリカ国民が昼間ニクソンがどこにいるのかを確実には知りえなかったことだったのだ。逆に、神がたぐいまれな政治的精神を与えたもう男たちには、同時に過剰なまでのテストステロンも与えられているということは、悲しくも明白な事実である。

為政者たちに好奇の目を向けることへの言い訳の2番目は、指導者とは明に暗に国民の模範であり、したがって、彼自身の規範的ふるまいからの逸脱は、言行不一致になる、というものである。しかしビル・クリントンは、合衆国のこれまでの他の多くの政治家と異なり、自分が完全に道徳的な人生を送っている、などとは決して言わなかった。

そして、もし、合衆国がその指導者たちに性道徳の厳格な基準を適用しようと望むのなら、ケネディのパラドックスにきちんと配慮しなければならない。1か月前ダラスで、わたしは、JFK暗殺30周年の瞬間に泣きながら十字を切る人々を見た。もしケネディが生きていてくれたなら、と彼らは言っていたが、それは何百万というアメリカの中年の人々が毎日口にしていることだろう。彼らは奪われてしまった偉大さを礼賛するカルト集団を形成しているのだ。しかしもしJFKが生きていたら、彼はスーパーの雑誌に毎週のように愛人問題で載り、こき下ろされることになるだろう。またもし彼が80年代に大統領に立候補したならば、ニューハンプシャーの先まで行かないうちに、最初の女性問題でのつまずきがテレビで報道されただろう。

したがって、狙撃者たちには、ビル・クリントンを［そのセックスライフを理由にして］撃つことなかれ、と告げなければならない。（Mark Lawson, *The Independent*, 30 December 1993 を一部改変）

仮定を見定める

ここまで、論証の最も基本的な2つの要素——すなわち理由と結論——について議論してきた。しかし、論証というものを完全に理解するためには、論証が依存している仮定について押さえておかなければならない。

「仮定」を定義する

　論証の文脈において「仮定（assumption）」という語で何が意味されているかを明らかにするために、まず、日常の会話において、「仮定」について語ることでわれわれが何を意味しようとしているのかを考えてみよう。昼食前に郵便局に行くつもりだ、とあなたが私に告げたとする。私が「車で行きなさい、歩くと時間がかかりすぎるから」と言うと、あなたは「きみは歩くと時間がかかりすぎると仮定しているが、それは間違っている」と答えるかもしれない。この例であなたは、私が直前に述べたことを引き合いに出して、私が間違っていると言っている。それゆえ、「仮定」という語の日常的な用法は、明示的に主張されているが真ではない、あるいは真でないかもしれないものだということになるだろう。通常用いられる「仮定」という語の意味は、それが真であるという強い証拠がないままにわれわれが保持している信念、というくらいのものである。すなわち、その語は、「知られていること」と「単に信じられていること」の区別を示すようなもの、ということになる。

　もし「仮定」という語をこのように解すると、「仮定」は論証の理由や結論——それらは述べられてはいるが真であるかどうかはわからない——のことを指すこともできると考えられるかもしれない。しかしながら、論証分析に携わっている人々は、論証における理由と結論と仮定を区別するのが普通である。われわれもここで、この区別を受け入れたい。さらに言えば、われわれのその語の使用は、「知られていること」と「単に信じられていること」の区別を示すようなものではない。

　推論における仮定について議論するために、「仮定」という語を、すでに認められているが述べられてはいないことがら——すなわち、明示的ではなく暗黙的なことがら——を意味するものとして用いよう。仮定は述べられないという事実から、それが理由とは異なるものであることがわかる。論証の仮定には、それが真であるという強い証拠がある場合もあれば、ない場合もあるだろう。そしてこれは、理由と仮定に共通の特徴である。

　論証を評価するという文脈で、措定（presupposition）という語が仮定の

代わりに用いられることがある。しかし「措定（presupposing）」は「想定（supposing）」と混同される可能性があるので、仮定という語のほうがよいだろう。論証において「x が真であると想定せよ」という指示があるとき、たいていは x が真であるとは述べられていないし、仮定されてもいない。その場合、単に x が真であることからどのようなことが導かれるのかを調べているだけなのであり、しかもそのような調査は、x が偽でなければならないということを示すまさにそのために用いられることがしばしばあるのである。したがって、「想定」という語が論証の中に現れていることが、仮定が行われていることを示すものだと考えてはならない。実際、「仮定」という語は、述べられていないものを指すために使っているので、この意味での仮定が論証の中に現れていることを示すために用いられる特別なことばはないのである。

　以上で明らかにされた「仮定」の意味において、論証は多くの仮定を持っている。われわれが出会う論証の各々について、非常に多くの共有されている背景的情報が存在する。たとえば、それによって論証が表現されている言語の意味であるとか、提示されている理由を支えるための一般的な知識であるとか、である。仮定があまりにも議論の余地のないものであるために、それらを明示化することに興味がわかないような場合もあるだろう。しかしながら、あやしい仮定に基づいているのではないかと疑いたくなる場合もある。そのようなときに論証の評価を行うためには、その仮定が何であるかを正確に表現することが重要なのである。

　ことばの意味に関する仮定、類比的なあるいは比較可能な状況に関する仮定、そして与えられた説明の適切性に関する仮定に関しては、後ほどさらに述べることにする。この章では、論証の中で仮定が働く仕方のうち、以下の２つの重要なものに焦点を当てたい。まず最初は、論証における基本理由に支持を与える働きである。そして、２番目は論証の中の隙間を埋めるステップとしての働きである。すなわち、結論を確立するために述べられている理由に加えられなければならない付加的な理由として働いたり、理由によって支持されると同時にそれ自身主結論を支持するような中間結論として働いたりするのである。これら仮定の２つの用法について、例を見ながら探ってい

第 1 章　推論を分析する　29

こう。

基本理由の背後にある仮定

　以下の論証（4頁において、結論表示語がない論証の例として扱ったものを少し改変した）は、最初の意味での仮定の使用例である。すなわち、それは論証の基本理由の1つを支持するものとして意図されている。

　　住民の3分の1はいまだにタバコを吸っている。喫煙が肺がんと心臓病の原因となることはみんな知っているはずである。ゆえに、喫煙の危険性を知ることだけでは、喫煙をやめさせるのに十分ではない。

この推論はその結論に対して2つの基本理由を提示している：

　　理由1：住民の3分の1はいまだにタバコを吸っている。
　　理由2：喫煙が肺がんと心臓病の原因となることはみんな知っているはずである。

このような論証において、基本理由は十分に確立された事実、ないしは簡単に検証できる種類の事実についての主張であるかもしれない。理由1はそのような性質のものであるようにみえる。すなわち、それは信頼に足る統計に裏打ちされた一般に受け入れられている事実であるか、さもなくば、論証の作者が統計に関する誤りを犯しており、喫煙するのが住民の3分の1ではないか、のいずれかであるように思える。しかし、理由1に関連した仮定が理にかなっているかそうでないかについて煩わされる必要はない。なぜなら、われわれは正しい数字に関して確証を求めることができるだろうし、そもそも正確な数字は結論を確立するためにはそれほど重要ではないからである。住民のいくらかがいまだに喫煙をしているとすれば——それが正しいことはわれわれの経験が教えてくれるのだが——そして、なおかつ理由2が真であるとすれば、そのとき理由1は理由2と組み合わされて結論に支持を与えるのである。

しかしながら、理由2は理由1ほど明らかに事実的な主張であるとは言えない。この言明に支持を与えるものは何であろうか？「……はみんな知っているはずである」という主張は人々がこの主題についてよく知っているということを期待する理由が潜在的にあることを示唆している。その明らかな候補は、——テレビや新聞、医院や病院の待合室に貼ってあるポスターなどによって——喫煙が健康におよぼす危険性が十分に広報されていたということである。しかし、危険性に関して広報されていたという疑いようもなく正しい主張から、更なる主張——みんながその危険性について知っているはずであるという主張——へと進むことは、すべての人がこの情報を受容したという仮定、つまりすべての人がそこに理解されるべく込められているメッセージを理解することができ、それらのメッセージが真であることを受け入れたという仮定に依存しているのである。

こういう仮定をするのは、理にかなっているように思えるが、次のように指摘してそれに異を唱えようとする人がいるかもしれない。すなわち、なかには、広報キャンペーンが展開されているにもかかわらず、統計が決定的なものではないということを理由にして、喫煙と不健康との因果的連関の存在を信じない人がいるかもしれない。たとえあなたがこの仮定は疑いの余地のあるものだとみなさないとしても、この例で示されているのは、われわれが、論証で提示されている基本理由の背後にある、議論の余地があるかもしれない仮定を見定めようと試みることができるということである。そのような仮定を見定めることは、次の章でさらに議論される推論の正しさの評価と明らかに密接に関連している。

基本理由の背後にある仮定の例をもう1つ挙げておく。以下の文章をとりあげよう：

> 人間のすべての活動がリスクを包含しているのだから、労働災害というものも決してなくなることはない。しかし、事故の発生件数を大きく減少させることは可能である。そのための最も確かな方法は、事故を起こす工場や設備を持つような雇用者に対して、罰金やさらには投獄という方法でペナルティを課すことである。そのような方策は、個々のケースでは不公平を生むかもしれない

が、より安全な職場を確保するためには有効だろう。

さらに先を読む前に、この文章が推奨していることが何であり、それはなぜなのかを自分で考えてみてほしい。

　この文章は労働事故を起こす工場や設備を持つような雇用者に対してペナルティを課すことをすすめている。それが事故の数を減らす最もよい方法だというのがその理由である。ここで述べられていない明らかな仮定は、ペナルティを課すという脅しが雇用者の振る舞いに影響を与える、という仮定である。しかし、そのほかにも仮定がある。もし、現在起こっているような事故を防ぐということが雇用者の力量を超えているのだとしたら、ペナルティが存在しても事故の数は減らないかもしれないからである。したがって、この論証では、雇用者が事故を防ぐための処置を講ずることができる、ということもまた仮定されているのである。

　これらの仮定は、組み合わされて、ペナルティという脅しが事故を減らすのだという主張を支持するための理由として働く。そして、いずれももっともな仮定だと言えるだろう。しかしながら、これらの仮定を認めても、結論はまだ強すぎる。なぜなら、ペナルティの導入が、事故の減少を達成する最も確実な方法であるという考えを支持することがらは何も述べられていないからである。そこで、事故の数を減らすことにおいて、他のどんな方法もこれほどには効果的ではないのだという、更なる仮定が存在すると言える。この仮定は他の仮定より議論の余地が大きい。なぜなら、たとえばむしろ雇用者に奨励金を与えることによって適切な行動をとらせることが可能であるかもしれないからである。

述べられていない理由ないしは結論としての仮定

　二番目のタイプの仮定は、論証の内部の隙間を埋めるために必要な仮定である。提示されている理由だけでは十分に結論が支えられないときに付加的な理由として必要になることもあるし、理由と結論の間のミッシングリンクとして必要になることもある。前者の例を次に挙げる：

単語のリストを思い出す際に時間経過が及ぼす影響を調査するために設計されたテストにおいて、被験者が思い出せる単語の数は、10秒経過の場合よりも30秒経過の場合のほうが少なかった。したがって、60秒経過の場合、被験者は30秒経過の場合よりさらに少ない単語しか思い出せない、と予想できるだろう。

先へ進む前に、ここで何が仮定されているのか自分で考えてみよ。見つけた仮定をすべて書き出してみること。

　この論証では、被験者が思い出せる単語数は30秒経過の場合より60秒経過の場合のほうが少ないと予想される、という結論に対して、たった1つの理由しか与えられていない。その理由というのは、10秒経過の場合より30秒経過の場合のほうが少ない単語しか思い出されなかったという証拠である。しかしこの証拠が結論を支持するのは、30秒経過後も思い出す能力は低下し続けるということが正しい場合に限られる。したがって、この論証は、結論を導き出すためにこの仮定に依存している。もし、この仮定が明示されていなくとも、われわれは、与えられた証拠から明らかに導かれるものとして、よろこんで結論を受け入れるかもしれない。また、この仮定が見出されたあとでも、それをもっともらしい仮定であると考えるかもしれない。しかしながら、被験者が、60秒経過後も30秒経過後とちょうど同じ数の語を思い出せるということは十分可能なのである。それは、そのとき記憶されている単語数が何とか記憶の中で保持できる数である、というような理由によるのかもしれない。慎重な心理学者は、適切な追加のテストを行うことなしに確固とした結論を導き出すつもりはない、と言うだろう。

　次に、理由の1つが述べられていないままになっている例をもう1つ挙げよう：

タバコの広告が禁じられたら、タバコ会社はみな広告費に費やすはずだったお金を使わないですむことになるだろう。そこで、タバコ会社はお互いに競争するために、タバコの価格を下げるだろう。したがって、タバコ広告を禁ずることは、喫煙を増加させることになりそうである。

先を読み進む前に、この文章の推論について考えてみよ。それがわれわれに受け入れさせようとしている結論は何であろうか。どのような基本理由が提示されているだろうか。中間結論はあるだろうか。論証の、述べられていない段階を見出せるだろうか。

まず、論証は次の基本理由から始まる：

> タバコの広告が禁じられたら、タバコ会社はみな広告費に費やすはずだったお金を使わないですむことになるだろう。

ここから、次の結論（中間結論）が導かれる：

> そこで、タバコ会社はお互いに競争するために、タバコの価格を下げるだろう。

そして主結論が導かれる：

> したがって、タバコ広告を禁ずることは、喫煙を増加させることになりそうである。

もし、タバコの価格の低下が、購入されて吸われるタバコの数になんら影響を与えないとすれば、中間結論から主結論は導かれないだろう。したがって、この1ステップにおいて、ある仮定が横たわっているのがわかる。それは、もしタバコがもっと安かったら、喫煙者はより多くタバコを吸うし、非喫煙者も喫煙者になるかもしれない、という仮定である。結論は、「喫煙を増加させる」ということで何が意味されているのかを正確に述べてはいないので、その仮定が次のいずれであるのか、あるいはもしかするとその両方であるのか、確実には言えないだろう：

> もし、タバコがもっと安かったら、喫煙者はより多くタバコを吸うだろう。

もし、タバコがもっと安かったら、より多くの人がタバコを吸うだろう。

しかしながら、明らかに、これらの仮定のうち少なくとも1つは、結論を支えるために必要なのである。そしておそらく、これらの仮定は両方とも疑わしい。ともかく、この例は、中間結論と組み合わされて、論証の主結論に支持を与えるような仮定の例である。

推論によっては、中間結論は述べられないままになっていることもある。ある警官が上官に対して、アートギャラリーで盗みをはたらいた犯人のことを報告している次のような場合を想像してみよ：

強盗は、非常口から逃げたに違いありません。犯人はすでに建物の中にはいませんが、建物から逃げるところは目撃されていません。それにすべての出入口には守衛が配置されています。

警官が実際に述べてはいないが導こうとしているのは、どのような中間結論だろうか。そして、それは筋が通った結論だと言えるだろうか。

警官は、3つの理由を挙げているが、それらは、組み合わされて、強盗が非常口から逃げたに違いないという結論を支えることが意図されている：

理由1：犯人はすでに建物の中にはいない。

この理由は、強盗が建物から逃げたという主張を支持する。しかし、

理由2：犯人が逃げるところは目撃されていない。そして、
理由3：すべての出入口には守衛が配置されている。

もし、理由3が、非常口からでなければ誰にも見つからずに逃げられないという中間結論を支持する、と仮定するのでなければ、これらの理由から、強盗が非常口から逃げたに違いないと結論することはできないだろう。この仮定は、理由1および2と組み合わされて、結論に強力な支持を与える。しか

しながら、この仮定そのものに議論の余地がある。守衛が十分に注意をしていなかったのかもしれないし、強盗を強盗と見抜けなかったのかもしれない。また、1階の部屋の窓から誰にも見つからずに逃げることが可能だったかもしれない。

　これまでの例で、仮定を見出すことがしばしばその仮定の正しさを問題にすることにつながり、さらに、もっと証拠や情報が得られない限り、その論証についての判断を留保することにもおそらくはつながっていくことを見てきた。ときには、仮定を見出してみると、それを正しいと考える理由が何も見当たらず、したがって、その論証が不健全なものであると判断せざるを得ないような場合もある。次の例を考えてみよ：

　　テレビにおける暴力描写は視聴者の行動に何の影響も及ぼさない、と言う人々もいる。しかしながら、もしテレビで流されるものが行動に影響を及ぼさないとするならば、テレビ広告は、視聴者に商品を買わせるという影響もまったく持ち得ないことになるだろう。しかし、テレビ広告に影響力があるのは周知のことである。したがって、テレビにおける暴力が行動に影響を及ぼさないなどということはありえない。

この文章で、述べられていない仮定を見出せるかどうか考えてみよ。そして、その仮定の問題点を指摘せよ。
　一見したところ、この論証はもっともらしい論証であり、多くの人々は、それが結論を確立することに成功していると認めたくなるだろう。しかし、この論証をどのように解釈するにせよ、それは疑わしい仮定に基づいている。1つの解釈の仕方は、この論証が、テレビにおける暴力描写と、テレビにおける広告が重要な点で——実際、一方が視聴者の行動に影響を及ぼすならば、他方もまた視聴者の行動に影響を及ぼす、と結論づけることを許すという点で——似通っているという仮定によりかかっているとみなすことである。しかし、論証において言及されているそれらの間の共通点は、両方ともテレビで流されるものだということだけなのである。
　たとえば、いずれも劇的であること、そして視聴者が後にそれらを思い出

せるほど強い影響を及ぼすことなど、いくつかの点で、それらはたぶん似ていると言えるだろう。しかし、おそらく、それらの間の違いこそが、視聴者の行動への影響における違いに結びついているのだ。暴力描写のある番組は、暴力を売ろうとしているわけでも、暴力を視聴者にとって魅力的なものに見せようとしているわけでもない。大部分の人の、暴力に対する自然な反応は、それを是認するというものではない。それに対して、広告に描かれているライフスタイルについては、人々はしばしばそれを是認し切望するのだ。したがって、これら2つが、視聴者の行動に及ぼしうる影響という観点から類似しているという仮定は、疑わしい。

　文章の可能な解釈としては他に2つあるが、そのいずれも、疑わしい仮定に基づいている。テレビ広告が視聴者の行動に影響を及ぼすということにもとづいて、暴力の描写を含めテレビで流されるすべてが、行動に影響を及ぼすに違いない、と示唆されているのかもしれない。その場合、テレビの出力がもつ1つの側面が行動に影響を及ぼすならばすべての側面がそうであるに違いない、というのが疑わしい仮定である。あるいはまた、広告の例はテレビで流されるある種のものが行動に影響を及ぼすことを明らかにしている、と示唆されているのかもしれない。その場合、結論を導く際に、テレビで流されるある種のものが行動に影響を与えるならば、テレビで流れる暴力はまさにその種のものの1つにちがいない、という非常にあやしい仮定が用いられている。

　この論証が結論に対する強い支持を与えるものではない、ということを発見したとしても、それは結論が偽であることを確立するわけではない。テレビで流される暴力は視聴者の行動に影響を及ぼすかもしれない。しかしもしそうだとすると、そのことは、この論証によっては確立することができない真理なのである。他の人々の推論における誤りを見出す能力は、価値のあるスキルであり、次の章でより詳しく議論される。

　上で論じられた例は、特定の論証の主題に関連した特定の仮定についてのものであった。しかし、論証の文脈全体を形づくりながらも、明示的になっていないような仮定も存在する。そのような仮定がある場合、文脈になじみのない人は、論証を理解するのがより難しくなる。次の文章について考えて

みよ：

> 粉にしたサイの角は媚薬のような性質を持っていると主張されてきた。しかし、その効果について研究している科学者は、人間の神経系に影響を及ぼすような化学物質を見つけ出すことはできなかった。また、何を食べさせるか知らせないで、100人の人に粉末のサイの角を食べさせ、別の100人には粉末の米を食べさせる、という仕方で実験が行われた。サイの角を食べた人より米を食べた人のほうがはるかに多く、性的興奮が増進されたように感じると報告した。このことはサイの角がおそらく媚薬的性質を持ってはいないということを証明している。

実験の記述において、そしてそれが何を証明したかについての主張において、この論証は粉にした米が媚薬ではないということをわざわざ述べたりはしていない。しかし、もし次のように論証しているのならば、われわれは、それを当然のこととみなしていることになる：

> もしサイの角が媚薬的な性質を持っているのなら、媚薬的な性質を持っていないことが知られている米の粉を食べたあとよりも、サイの角の粉を食べたあとのほうが性的興奮が増す、と多くの人が報告するだろう。しかし、そんなことはこの実験では起こらなかった。したがって、サイの角は媚薬的な性質を持っていない。

この手の実験が行われる仕方——サイの角が与えられる人々と比較するために対照群の人々を利用することや、自分が何を食べているかを被験者に知らせないことによって無関係な心理学的効果を除去しようとすること——になじみのある人は、上の結論がなぜ導けるのか容易にわかるだろう。また、粉末の米が媚薬ではないという、述べられていない仮定が存在することも理解できるだろう。

　しかし、実験という状況になじみのない人は、いったい何が行われているのかを理解することが難しいと感じるかもしれない。もちろん彼らも、粉末

の米の媚薬的な性質については何も語られていない、ということには気づいており、次のように推論するかもしれない：

> 粉末の米は、媚薬的な性質を持っているかもしれないし、持っていないかもしれない。もし米が媚薬的性質を持っているとするならば、この実験からは、サイの角が媚薬的性質を持っていないのか、それとも、米の粉よりも弱い媚薬的性質しか持っていないだけなのか、はわからない。またもし米が媚薬的性質を持っていないとするならば、実験は、サイの角が媚薬的性質を持っていないということを示したことになる。なぜなら、もしサイの角が媚薬的性質を持っているならば性的興奮の増進を報告する人の数も、粉末の米を食べていた人よりもサイの角を食べていた人のほうが多くなるはずだからである。

しかし、これは込み入った推論であり、もとの論証を読む人は、このような推論を思いつくよりはむしろ、どちらの物質についても媚薬的性質を持っているかどうかが全く知られていないような状況を想像するかもしれない。その場合、実験が示すように思われるのはどちらの物質も媚薬的性質を持つということであり、ただ、その性質は粉末の米のほうがサイの角よりずっと強いのだ、という具合に結論することになるだろう。したがって、彼らは、論証の結論——もし粉末の米が媚薬ではないと仮定するならば、それは証拠から導き出せる適切な結論なのだが——が間違っているとみなすだろう。

　そこで、これは、論証のおかれている状況、すなわちその背景的な仮定の全体になじみがない人には見定めることがいっそう困難になるような、述べられていない特定の仮定を持った論証の例となる。このことは、論証がおかれている文脈を理解することの重要さを示している。そしてまた、実験的証拠を引き合いに出す論証に関して、ある種の問いを問うことの価値をも示している。その問いとは、たとえば、異なる人々の集団の間で行われる比較の目的がどのようなものであるのか、とか、ある一群の仮定の下で、他の一群の仮定の下で導きうるのとは異なるどのような結論が導きうるのか、というような問いである。

　われわれは、語や句の意味に関する仮定についてはほとんど述べてこなか

第1章　推論を分析する

った。それらについては、第５章で、ずっと詳しく議論することになるだろう。以下の練習問題によって、あなたは仮定を見つけ出すスキルを鍛えることができる。

練習問題６　他の人の仮定を見定める

他人が依拠している仮定を見つけだすことよりも、自分自身の推論の背後にある仮定を見つけだすことのほうが、難しいこともある。この練習問題は、あなた自身の推論の中に、述べられてはいないが、他の人が疑いを挟みたくなるような信念がありうるということをもっと認識してもらうことを目指している。たとえば、あなたは、警察が地方や郊外において歩いてパトロールすることにもっと時間を割くべきだ、という意見をもっているとしよう。そして、そう思う理由として、あなたは犯罪がそれらの地域で増えていることを挙げたとしよう。あなたが次のような仮定を持っていることを誰かが指摘するかもしれない：町の通りや小道に警官がいることによって、罪を犯す可能性のある人が実際に罪を犯さないようにすることができる。

　この練習問題は、誰か他の人と一緒に取り組んでみよ。以下のリストから、あなたが同意する言明を選び、相手にそれを信じる理由をひとつだけ述べる。あなたの相手は、あなたの見解が依拠している、述べられていない仮定を見つけ出そうとしなければならない。

1　公共の場所でタバコを吸うことは禁じられるべきだ。
2　ボクシングは野蛮なスポーツだ。
3　狐狩りは許されるべきだ。
4　雑魚つりは無意味な暇つぶしだ。
5　年をとればとるほど、人はより賢明になる。
6　免許を取ったばかりのドライバーは高速道路走行を許されるべきではない。

7　家庭生活のパターンは最近変化した。
8　学校には性教育を行うことが求められるべきだ。
9　高速道路が新たに作られすぎている。
10　国営の富くじをつくるというのはよい考えだ。

この練習問題は、あなた自身が選んだ話題で、さらに続けることができる。一般的な興味を引くが、それについて人々があまりお互いに同意しないような話題を選ぶこと。

練習問題7　論証の中の仮定を見定める

以下の文章の各々について、述べられていない仮定を見つけ出し、それらが基本理由の背後にある仮定であるのか、付加的な理由として働いている仮定なのか、それとも、中間結論として働く仮定なのか、述べよ。

1　男性は、女性に比べて、心理学者が「目的指向的運動スキル」と呼ぶもの、すなわち一般に言うところの「ダーツ遊び」が得意である。これは脳における生まれつきの生物学的な違いによるのではなく、男の子を育てるときにそのスキルを訓練する機会が多いことによるのだ、としばしば主張される。しかし、生まれつきの違いというものもあるに違いない。というのも3歳の男の子でさえ、同じ歳の女の子と比較して、的当ては上手なのだから。

2　親が子供の性別を選ぶことができるようにすると、深刻な社会的コストが生ずるかもしれない。まず、女性のパートナーを見つけられない男性の割合がより高くなるだろう。また、暴力事件の90％は男性によって起こされているのだから、暴力事件の件数も増えることになるだろう。

3　長い期間同じ家にすんでいると、その近隣地域との強い関わりが生まれて

くる。だから、家の価格が下落しつづけていることは、有益な結果を生むかもしれない。中流階級の人々が、街の破壊行為や交通の混雑、近所の騒音などに反対し、よい学校を熱心に求めるようになるだろう。

4　もしお金が盗まれていたとしたら、誰かが警報システムを切ってあったに違いない。なぜなら、お金がなくなれば警報が鳴り、わたしは簡単に目を覚ますはずだからだ。だから、犯人は警報システムを設置したセキュリティ会社の社員に違いない。

5　はしかを根絶するための戦いがかなりの成功を収めたので、多くの医師は実際のはしか患者を診たことがない。皮肉なことに、このことが、はしかにかかるごく少数の人々を以前よりも危険な状態にしているのである。この病気には深刻な合併症があり、症状が他のいくつかの病気と類似しているため、過去に診た経験がないと診断を下すことが難しいのだ。(米国ロースクール進学適性試験、1984年12月)

6　たくさんタバコを吸う人は、吸わない人に比べて、心臓発作や心臓病による死亡の発生率がはるかに高い。喫煙者にアテローム性動脈硬化が多いのはニコチンのせいであると考えられてきた。しかし、現在では、本当の犯人は一酸化炭素であると見られている。実験において、数か月にわたって一酸化炭素の作用を受けていた動物には、アテローム性動脈硬化と区別ができないような動脈壁の変化がみられるのである。(米国ロースクール進学適性試験、1985年3月)

7　たとえそのあとすぐ亡くなるにしても、また息を吹き返すにしても、死に瀕している患者は、しばしば、この上なく美しい場所を見た、平和と歓喜の強い感情を抱いた、すでに死んでいるはずの愛する人々と会った、などと報告することがある。これらの経験は、死後の生が存在するということを明らかに示唆している。死後の生の存在に疑いを抱く人は、そういった現象が麻薬や脳の器質性障害によって引き起こされる意識状態の変容と類似しているという理由で、それらは死に先立つ脳内の変化によって起こっ

ている現象に過ぎない、としばしば主張する。しかしこういった反論は成り立たない。なぜなら、こういう経験が報告されている患者のほとんどは麻薬を使っていなかったし、脳障害になっていたわけでもなかったのである。（米国ロースクール進学適性試験、1985年10月）

8 合衆国の都市人口の伸びは、農家の人々により多くの食糧を生産させるよう、いやましにプレッシャーをかけた。農家の人々は、労働軽減のための技術を導入することによってこれに応じ、その結果、人口がさらに都市へと移動することになった。結果として、かつて国の政治における最も有力な圧力団体であった農業従事者層は、その政治的影響力を失うこととなったのである。（米国ロースクール進学適性試験、1983年2月）

9 人間は、野生の植物種を保全する力も、破壊する力も持っている。ここ50年の驚くべき薬の数々は野生植物に由来するものである。それらの植物が存在しなければ、医学は現在のように進歩することはできず、多くの人間の命が失われていただろう。したがって、野生の植物種を保全することは医学の将来にとって重要なのである。

10 30年前に外国で休暇を過ごす英国人の数は、現在休暇のために海外旅行する人々の多さと比べて、非常に少なかった。外国旅行は、高価なものであり、いままでもずっとそうだったはずである。そこで、いまの英国の人々は概して、30年前より多くのお金を使えるようになったと言えるだろう。

（練習問題7の解答は、197–202頁にある。）

練習問題8　練習問題5にもう一度取り組む

練習問題5（26–27頁）の文章をもう一度読んで、結論と理由、それに述べられていない仮定を見つけよ。前に練習問題5の答えとして書いたリストと、今回見つけた述べられていない仮定のリストを比べてみよ。

（練習問題8の解答は、202–206頁にある。）

第1章　推論を分析する　43

第2章
推論を評価する

―――――――――――――――――――論証の諸部分

前章で扱った最重要点を思い出そう。

1　論証は、結論を支持するひとつの理由または複数の理由を提示する。
2　結論は、
　　・想定された事実を述べる（たとえば、「酒を飲んだ後で車を運転するのは危険である」）。
　　あるいは、
　　・勧告する（たとえば、「あなたは車を運転すべきではない」）。
3　論証では、「だから」または「したがって」という語とともに、結論を導入する場合がある。「だから」または「したがって」という語を含まない場合もある。
4　結論は、論証の最後にある言明だとは限らない。結論は論証のどこにでも現れうる。
5　論証には、述べられていない仮定があることもありうる。すなわち、論証の中では明示的に述べられてはいないが、結論を引き出すために論証が依存しているような、ある種の情報あるいは観念があることがありうる。
6　論証は、多種多様な構造を持ちうる。たとえば、
　　・1つの理由が結論を支持している。

- 2つ以上の理由が組み合わされて、結論を支持している。
- 2つ以上の理由があり、それぞれが独立に結論を支持している。

あるいは、

- 1つの理由または複数の理由が中間結論を支持していて、その中間結論が今度は単独で、または他の理由とともに、主結論を支持するために用いられている。

　われわれは、ある文章における明示的な推論と暗黙の推論の両方をひとたび理解すれば、その推論がよいものであるかどうか評価することができるのである。この評価には2つの問いが含まれている。

- 理由（および、述べられていない仮定があればその仮定）は真であるのか。
- 主結論（および、中間結論があればその中間結論）は、与えられた理由から導かれるのか。

論証がよいものであるためには、どちらの問いに対する答えも「イエス」でなければならない。この点を、簡単な例を挙げて示そう。最初の例はこうである：

　　定期的にスポーツジムで体を動かしている人は誰でも、よく発達した筋肉がついている。だから、メルによく発達した筋肉がついていないならば、彼女が定期的にジムで体を動かしていることはありえない。

　もしも理由が偽であるならば、すなわち定期的にスポーツジムで体を動かしている人は誰でもよく発達した筋肉がついている、ということが真ではないならば、よく発達した筋肉がついていない誰かが定期的にスポーツジムで体を動かしてはいないということを、この論証では確立できない。ゆえに、次のことは明らかである。すなわち、われわれは、結論を受け入れるべきかどうか知るためには、理由が真であるかどうかを知る必要がある。この例の場

合には、理由が真であるならば、よい論証になるだろう。というのは、理由が結論を支持しているからである。

これとは対照的に、次の例では、理由は結論を支持していない。

　定期的にスポーツジムで体を動かしている人は誰でも、よく発達した筋肉がついている。だから、メルによく発達した筋肉がついているならば、彼女は定期的にジムで体を動かしているに違いない。

この例では、たとえ理由が真であっても、結論は確立されない。というのは、理由が確立するのは、定期的にスポーツジムで体を動かしている人はすべて、よく発達した筋肉がついているということだけであって、それ以外の人によく発達した筋肉がついていないということは確立されないからである。この例は、2番目の問い、すなわち結論は与えられた理由から導かれるかという問いも、論証を評価する際には決定的に重要であることを示している。

────── 理由と仮定が真であるかどうかを評価する

共通の知識

　自分が出会うすべての論証の中で提示されるさまざまな理由について、それらが真であるかどうかをすべて知る立場にいる人などいないであろうことは明白である。そうはいっても、われわれはみな、共通の知識の恩恵にあずかっている。すなわち、われわれの多くは自分の仕事や研究の特殊な分野に関しては詳細な知識を持っており、また、自分にあまりなじみがない主題については、正しい情報を提供してくれると信用できる人は誰なのか、だいたいわかっているのである。

　この共通の知識のおかげで、以前に検討したような短い論証の多くを評価するのがだいぶはかどる。たとえば、30頁では次の論証において、複数ある理由のうち最初のものを評価するのは容易だった：

住民の3分の1はいまだにタバコを吸っている。喫煙が肺がんと心臓病の原因となることはみんな知っているはずである。ゆえに、喫煙の危険性を知ることだけでは、喫煙をやめさせるのに十分ではない。

住民の3分の1が今でも喫煙しているという主張がどれほど的確なのか、われわれにはわからないかもしれない。けれども、非常に多くの人が今でも喫煙しているということをわれわれは知っている。なぜならば、非常に多くの人が喫煙しているところをわれわれは自分の目で見ているからである。そして上の論証は、喫煙の危険性を知っていながらも喫煙を続ける人々がいることを立証しさえすればよいのである。第2の理由、すなわち誰でも喫煙がもたらす影響を知っているに違いないという理由のほうが、評価しにくい。この理由が、喫煙の危険性に関する広報をすべての人が受容したという仮定に依存していることは、すでに見た通りである。
　この点を確かめるひとつの方法としてはおそらく、喫煙者が喫煙は健康にとって危険なものだと思っているかどうかを知る目的で、喫煙者に聴き取り調査を行うことが挙げられるだろう。多くの喫煙者がそう思っていないことが明らかになれば、結論に疑問を投げかける、さらなる証拠をひとつ提出したことになるだろう。（さらなる証拠を評価することについては、後の節でもう少し述べるつもりである。）
　ときにはわれわれは、言明が真であるかどうか判断するために、その言明について確かなことを言えるという意味で権威を持っている他人に頼ることが必要になる。それは、ある場合には、言明が真であると確信することが、その言明が述べていることを直接経験することに依存しているのに、そのような経験がわれわれには欠けているからかもしれない。たとえば、われわれが陪審員となって、ある犯罪の目撃者の証言を吟味しなければならないような場合がそうである。このときわれわれは、どのようなことが生じたのかについて直接の経験を持っておらず、その出来事についてふたりの目撃者が食い違うことを述べるのを聴くことになるかもしれない。もうひとつ、権威を持っている他人に頼らねばならない場合がある。それは、専門的素養に依存する知識が必要なのに、われわれ自身にはその素養が欠けているという場合

である。たとえば、われわれは、あることの正しさを立証するものだと科学者が主張するところの実験を、自力で行うための専門的素養を欠いているがゆえに、科学の権威に頼らなければならないことがある。他人が持つ権威に頼れば何事についても決して誤ることはないだろう、と請け合うことはできない。だが、他人によって誤った方向へ導かれる危険を最小限に抑えるために、われわれはいくつかの基準を用いることができる。

権威の信頼性

　あなたに対して、知人のひとりが嘘をついたことがあるとしよう。すると、その知人の発言を真であるとして受け入れることについてあなたは、自分に対して一度も嘘をついたことがないと信じている人の発言の場合よりも、ずっと用心深くなるだろう。たとえば、女性との交際について、いつもうまくいっていると誇張して話す男性が、昨夜クラブで何人もの女性に声をかけられたとあなたに話したら、疑いたくなることだろう。常習的な嘘つきは、発言が信頼できない人の明白な例である。ある人が権威者として信頼できるかどうか判断するときには、その人の発言が正しくない可能性について、よく考えてみなければならないのである。

　もちろん、常習的な嘘つきでない人でも、場合によっては他人をだますことがある。その場合、嘘をつくのは、真実を語ることによってきわめて多くのもの、たとえば金、敬意ないし名声を失いそうな形勢にあるからなのかもしれない。ゆえに、たいてい本当のことを言うとわかっている人でも、信頼できるかどうか判断しなければならないとき、および面識のない人について判断しなければならないとき、われわれはこの点を忘れずに考慮すべきなのである。だからといって、人は嘘をつくものだとわれわれは仮定すべきだ、と言いたいのではない。人がいつも嘘をつき、自分の言うことと正反対のことを他人が信じるようになれば、それは自分にとって不都合なことになるからである。しかし、ふたりの人物がもたらした情報が食い違っていて、どちらが真であるのかわれわれ自身が判断しなければならないときには、ふたりのうち一方について、そのひとがわれわれに自分の言い分を信じさせることができれば自分の得になるという状況になっていないかどうか、よく考えて

みなければならない。たとえば、ひとりの大人がふたりの子供のけんかを目にしたとすると、どちらの子供にとっても、相手が先に手を出したという主張が通れば自分の得になる。しかし、三人目の子供がそこにいて、けんかを見てはいたが、ふたりの当事者を知らないのなら、この状況ではその子の証言はふたりの当事者より信頼できるものと見なせるだろう。

　討論の主題について関連する知識を持つ立場にいない人の場合には、たとえその主題について発言したことが真であったとしても、それはただの偶然にすぎないだろう。関連する知識を持つことを妨げる状況は数多くある。ひとつには、討論の主題が高度に専門化されたもので、しかるべき教育ないし訓練を受けた者だけが理解できるものだということがある。たとえば、脳外科の手術に関する信頼できる情報が、医療行為の訓練をまったく受けたことがない人からもたらされることは、期待できないだろう。こういったことこそが、さまざまな知識の分野でわれわれが専門家の言葉に頼らなければならない理由なのである。とはいえ、次の点に留意することは重要である。すなわち、いかに高名であれ、ある分野の専門家であるからといってその専門分野以外の話題についても信頼できるとはかぎらないのである。

　専門家でない人々でも、専門的な主題についての本を読んで、その主題についてわれわれに情報を伝えることができる。ゆえに、専門家でないという理由だけで人を信じないようにする必要はない。しかし、専門家でない人には、その情報源を尋ねるのが賢明だろう。たとえばある人が、今度発売された新車は他のどんなモデルよりも安全面での性能がすぐれているという記事を読んだ、と語る場合、その情報が運転者向けの雑誌あるいは自動車運転者協会から出たものならば、その新車を所有している有名人のコメントを報じたものであるときよりも信頼できると見なすべきである。

　もうひとつ、討論の主題について関連する知識を持つ立場にいない状況を挙げよう。それは、目撃者の証言が決定的に重要なのに、その目撃者はおそらく視力が悪いせいで、あるいはおそらく視界をさえぎられてその出来事をはっきりと見通せなかったせいで、どのようなことが起こったのかはっきり見られなかったであろうような状況である。たとえば、自動車事故の場合、どのようなことが起こったのかについての説明は、視力がよく、事故現場の

すぐそばにいて、しかも視界がいかなる点でも不鮮明でなかった人からは、視力が悪い人、あるいは事故現場から少し離れたところにいた人、あるいは事故を斜めの方向から見ていた人、あるいは林を通して見ていた人と比べて、より的確なものが得られる、とわれわれは期待するだろう。同様な考察を、視覚よりむしろ聴覚に依存する情報の場合にも当てはめられるだろう。

　真実を語ろうとし、しかも関連する知識を持つ立場にいる人だからといって、信頼できるとは限らない。なぜならば、その人の判断の的確さをそこなうような状況がありうるからである。たとえば、感情面のストレス、薬物やアルコールは、知覚に影響を及ぼすことがありうる。ある出来事と同時に起こっている別の出来事に、注意をそらされてしまうこともありうる。たとえば、むずかる子供を車に乗せて運転している親は、同乗者がなくひとりで運転している人に比べて、他人が起こした自動車事故について気づくことが少ないだろう。また、われわれは、起こったことの重要な側面を忘れてしまうことがありうる。とくに、その出来事を誰かに伝えるまでに少し時間が経過している場合はそうである。証拠を集めて評価する人、たとえば科学者や心理学者のような場合、観察と解釈の的確さは、特定の結果を得たいという強い期待、あるいは特定の理論を確証したいという強い望みによって、影響を受けることがありうる。

　複数の人が証言する場合にはときどき、ふたりの（あるいはそれより多くの）人々による出来事の描写が一致することがある。つまり、ある人の言明が他の人の言明を補強するのである。このような状況では、目撃者たちがわれわれを誤った方向へ導こうとしていると考える理由が何もないならば、あるいはひとりの目撃者が他の目撃者たちに影響を及ぼそうとしたと考える理由が何もないならば、われわれは、証言が互いに補強し合ってその信頼性が裏づけられていると見なすべきである。

─────────── 要約：証拠または権威の信頼性

　以下に、証拠と権威の信頼性について自分で問うてみることのできる重要な問いを、要約して掲げておく。

1 　発言しているこの人物が嘘をついている可能性はないか、あるいは関連の
　　ある情報すべてを提供するのを怠っている可能性はないか、それとも誤っ
　　た方向へ導こうとしている可能性はないか。
　　・この人物には嘘をついた前歴はないか。
　　・この人物には嘘をつく理由がないか。
　　（この人物は、私をだますことによって何かとても重要なものを手に入れ
　　るだろうか。）
　　（この人物は、私に真実を語ることによって何かとても重要なものを失う
　　だろうか。）

2 　この人物は、関連のある知識を持つ立場にいるか。
　　・専門知識が問題であるならば、この人物は専門家なのか、それとも専門
　　家から情報を得たのか。
　　・実体験が重要ならば、この人物はその経験をする立場にいたのか。
　　（観察が問題ならば、この人物ははっきりと見聞きしたのか。）

3 　この人物の判断の的確さをそこなう要因が、何かないか。
　　・この人物は感情面のストレスにさらされていなかったか、あるいは現在
　　さらされていないか。
　　・この人物はアルコールまたは薬物の影響を受けていなかったか、あるい
　　は現在受けていないか。
　　・この人物が、他の出来事に注意をそらされていた可能性はないか。
　　・この人物には、あるタイプの出来事あるいは特定の説明のほうを、別の
　　出来事や説明よりも信じようとするような、強い欲求ないし誘因がない
　　か。
　　・ある出来事を実体験したという場合、この人物から得られた情報は、そ
　　の出来事から直接に導かれているか。

4 　この人物の言ったことを補強するような、他の情報源から出た証拠はない
　　か。

結論への支持を評価する

　すでに、与えられた理由から結論が導かれるか、ないしは、結論は理由に支持されているかを判断する練習をいくらかしてきた。その練習とは、練習問題3が含んでいたものである。というのはこの問題は、3つの言明から、結論の理由となりうる唯一のものを選ぶよう求めていたからである。論証の結論が提示された理由によって確立されているかどうかを決定しようとしているときには、練習問題3でおこなっていたことと本質的には同じことをおこなっているのであるが、ひとつだけでなく複数の理由を考慮しなければならないこともある。また、一連の推論を評価しなければならないこともある。この場合、中間結論がいくつかの基本理由から導かれるかどうか、また、その中間結論が今度は主結論を支持するかどうかを判断することも含まれうる。

　理由は、結論に関連があるのでなければ、その結論を支持してはいない。これはきわめて明白であるように思えるかもしれない。というのは、理由が結論で主題とされていることとまったく無関係な話題に関するものであるならば、その理由が結論を支持できると考えることは明らかに間違っているだろうからである。とはいえ、結論に関連があるような理由というときわれわれは、理由は結論と同じ話題についてのものであるということだけを意味しているのではない。われわれが言いたいことは、理由は、もしも真であるならば、結論が受け入れられるかどうかに違いをもたらすということである。この意味での関連性は、関連がある言明は結論を支持しているということを必ずしも意味しない。言明は、関連があっても結論に反するものでありうるからである。その例を見るには、再び20頁の練習問題3にある問いのひとつに注目すればよい。

　結論：献血者は、血液を提供したことに対して報酬を支払われるべきである。

以下の答えのうちどれが、もし真であるならば、上の結論に対する理由にな

りうるか。

(a) 行政にとって献血事業は高くつくものである。
(b) 血液を提供する人々はたいてい他人を助けたいと思うからそうするのである。
(c) 献血者は不足しているが、報酬を支払うことでより多くの人が献血をすることになるだろう。

この問いに対する正解は、(c) である。(c) は、献血者に報酬が支払われるならば献血者不足が改善されうるということを示すことによって、結論を支持している。しかし (a) も、献血者に報酬を支払う勧めに何らかのかかわりがあるという意味では、結論に関連がある。献血事業の運営がすでに高くつくものになっているならば、それは献血者に報酬を支払う勧めを拒否する理由になるかもしれない。したがって、(a) は結論を支持していないばかりでなく、結論に反するのである。

　理由が結論に関連があるかどうかについて考えることは役に立つ、とあなたは思うかもしれない。なぜならば、理由が結論に関連がないことをすばやく見抜くことができれば、その理由が結論を支持していないことがわかるからである。とはいえ、上の例が示しているのは、理由は結論に関連があるという判断は、その理由が結論を支持していることを告げるには十分ではない、ということである。理由はどのような点で結論にかかわりがあるのかということについて、あなたはさらに考えなければならないだろう。

　理由が結論に対して提供する支持の強さは、さまざまに異なりうる。たとえば、45頁の論証では、理由は結論にこれ以上ないほど強い支持を与えている。論証はこうであった：

定期的にスポーツジムで体を動かしている人は誰でも、よく発達した筋肉がついている。だから、メルによく発達した筋肉がついていないならば、彼女が定期的にジムで体を動かしていることはありえない。

この例では、理由が真であるならば、結論は真でなければならない。これほど強い支持を提供してくれないが、それにもかかわらずよい論証もあるかもしれない。現在までの証拠に基づいて未来においてあることが起こるだろうと信じることには、適切な理由がある。あるいは、数多くの例にあてはまると知られていることが、もうひとつの類似の例にあてはまるだろうと信じることには、適切な理由がある。たとえば、ある新しい車は信頼できるだろうと信じるための適切な理由を、同じモデルの他の車はたいてい信頼できるものだったという知識に基づいて、われわれは持つことができるのである。支持の強さの度合いについては正確にはわからない。また多くの場合、理由が結論に強い支持を与えているのか、非常に強い支持を与えているのか、それとも弱い支持しか与えていないのかを評価するためには、論証の文脈についてもっと多くのことを見出す必要があるかもしれないのである。

　論証の強さがさまざまであることに加えて、理由が結論を支持できる仕方もさまざまである。論証は過去の経験を、結論を支持する証拠として提示することがある。論証は類比を用いることもある（すなわち、類似の例にあてはまることに基づいて結論を引き出す）。論証は統計、科学の実験結果、心理学や社会学の研究に言及することもある。論証は結論の根拠をより一般的な原則に求めることもある。このような、あらゆる種類の理由に関して、論証について以下の問いを自分に問うことが役に立つ。

1　理由／証拠は結論に関連があるか。
2　もしそうならば、理由／証拠は、結論を受け入れるための適切な根拠を提供しているか。
3　結論がある行為または方策を勧めている場合、その理由／証拠に基づいて行動するのは理にかなっているか。この問いに答えるためには、以下の点について考える必要があるだろう。
　　・勧められている方策または行為は、望まれている目標を達成する見込みが強いだろうか。
　　・勧められている方策または行為は、望ましくない影響を持たないだろうか。

・その目標を達成するためには、他の、もしかしたらよりよい方法
　　　が、あるか。
　4　論証の中では言及されていないが結論を弱める、あるいは強めるよう
　　　な証拠を他に何か、自分で考えつくことができるか。

以上のことを、2、3の例に対して実践してみよう。まず、次の論証について考えてみる：

> 君は、フェリーに乗るときには、乗り物酔い予防の錠剤ハッピトゥムを服用するべきだ。この錠剤は船酔いの予防にとても効果があるし、君は以前に船で旅行したときにはいつも船酔いになっている。

この例では、理由は、もし真であるならば、結論にきわめて強い支持を与えるということが容易に見て取れる。これまで船旅をすると必ず酔ってしまったのならば、その経験は次のことを示している。すなわち、たとえば有効な薬を服用することによって船酔いを予防することができないのならば今回も酔ってしまいそうだ、ということを示している。ゆえに、ハッピトゥムは船酔いの予防に効果があるという証拠に基づいて行動するのは、理にかなっている。もちろん、上の結論を導くのに不利に働くような、この論証では言及されていないけれども考慮すべきことが、他にあるかもしれない。たとえば、ハッピトゥムが重大な副作用を持つならば、この薬を服用して健康を害する危険を冒すよりも船酔いをがまんしたほうが賢明なのかもしれないのである。あるいは、船酔いと闘うのに効果がありそうで、しかも薬を服用することほど不快ではない技（たとえば、甲板上にとどまって深呼吸すること）があるかもしれない。
　　もうひとつ例を挙げる：

> 移植された臓器に対して身体が示す拒絶反応と闘うことのできる薬が開発された。過去においては、心臓移植手術を受けた患者がその直後に死亡した場合は、たいてい拒絶反応のせいだった。ゆえに、開発された新薬は、心臓移植手

第2章　推論を評価する

術を受けた患者の生存率を高める可能性が大きい。

理由は結論に関連があるだろうか。ある。というのは、心臓移植手術を受けた患者の死がたいてい心臓への拒絶反応によって引き起こされてきたならば、拒絶反応を抑制する薬の使用によって、その薬を用いなければ死亡したであろうと思われる患者の中から、一部の人を生きながらえさせることができる可能性が高いからである。理由は結論に関連があるだけでなく、結論に強い支持を与えている。というのは、新薬を使用しなければ死亡したであろうと思われる患者の中から生きながらえる人が出てくれば、それは生存率がより高いことを意味するからである。もちろん、たとえば新薬が非常に毒性の強いものである場合には、ここに提示されてはいないが結論に反するような証拠があるかもしれない。しかし、新薬の毒性が検査されて相対的に安全であることが明らかになっているという仮定のもとでは、結論は理由によって十分な支持を受けていると見なせるのである。
　さらにもうひとつの例を見てみよう。

> イギリスで、仮免許での運転者のために、現状よりずっと難しい筆記試験を導入することもできるだろう。しかし、そのような試験の導入は彼らの運転技術を向上させないだろうから、若い運転者の事故率がより低くなるという結果をもたらさないだろう。ポルトガルでは、仮免許での運転者はハンドルを握ることが法的に許される前に、5週間に及ぶ学科教習と難しい試験を受けなければならない。しかし、この制度は、新たに運転免許を取得した若い人の事故率が低いという結果をもたらしてはいない。彼らはいったん公道で運転を始めると、すぐに試験のことは忘れてしまう。つまり、試験は、教習者が読み書きできるということを示すだけなのである。試験は彼らの運転能力には関係がない。

この論証では、イギリスで生じる見込みが強いことについての結論を引き出すために、ポルトガルの事例が証拠として用いられている。論証における主要な理由は：

ポルトガルでは、仮免許での運転者はハンドルを握ることが法的に許される前に、5週間に及ぶ学科教習と難しい試験を受けなければならない。しかし、このことは、新たに運転者となった人の事故率が低いという結果をもたらしてはいない。

そして、

〔試験は〕彼らの運転能力には関係がない。

ということが、以下の中間結論を支持するために提示されている：

イギリスで、仮免許での運転者が受ける、現状よりずっと難しい筆記試験〔を導入すること〕は、……彼らの運転技術を向上させないだろう。

この中間結論は、今度は以下の主結論を支持するために提示されている：

イギリスで、仮免許での運転者のために、現状よりずっと難しい筆記試験〔を導入すること〕は、……若い運転者の事故率がより低くなるという結果をもたらさないだろう。

われわれはまず、理由は結論に関連があるのかどうかを問わなければならない。この段階では理由が正しいかどうかを問うているのではないことを忘れてはならない。われわれは、理由が真であると仮定した上で、その理由は結論を支持しているかどうかについて考えているのである。

さて、ポルトガルで実施されている難しい筆記試験は新たに運転者となった人の事故率が低いという結果をもたらしてはいないということ、そしてその試験は運転能力には関係がないということが真であるとしたら、このことはイギリスで同様の試験を実施しても17歳から21歳の運転者の事故率には何の影響も及ぼさないだろうという主張に、関連があるのだろうか。なるほど、ポルトガルの事例は確かに、考慮する価値のあるひとつの証拠ではあろ

第2章 推論を評価する 57

う。というのは、それはイギリスで望まれているような結果をもたらさなかった試験の一例だからである。しかし、この証拠が結論を受け入れ、それに基づいて行動するのに十分な根拠を与えてくれるかどうかについて考えてみると、さらにいくつかの疑問が浮かんでくる。ポルトガル以外の国の事例という証拠はないのだろうか。この年齢層のグループ（イギリスとポルトガル両方の）における事故は、主に運転者の技術力不足のせいだと言えるのだろうか、それとも、たとえば、運転者の無謀な態度のせいなのだろうか。イギリスとポルトガルの間には何か文化的差異があって、その差異によって筆記試験はイギリスの若い運転者の態度に、ポルトガルの若い運転者の態度に与えるよりも大きな効果をもたらすというようなことが言えないだろうか。いずれにせよ、上の論証は証拠不十分なので、結論に非常に強い支持を与えることができないのである。

推論の欠陥を特定する

論証には、結論に何の支持も与えない、あるいはあまりにも弱い支持しか与えないゆえに欠陥があると見なすのが適切であるようなものもある。欠陥は、理由から結論へ移行する際に論理的な誤りが生じていることによるのかもしれない。あるいは、その論証が、あやしい仮定を付け加えてはじめて理由が結論を支持するようなものであることによるのかもしれない。推論の欠陥を特定するスキルは、結論が理由ないし証拠からは導かれないということを見て取れるということであり、その結論がなぜ導かれないのかを述べられるということである。この点を、以下の例題で示す。

―――――――――――――――― 例題1：テレビ上の暴力

第1章で仮定について論じた際、以下のような論証の例を挙げた。

> テレビにおける暴力描写は視聴者の行動に何の影響も及ぼさない、と言う人々もいる。しかしながら、もしテレビで流されるものが行動に影響を及ぼさないとするならば、テレビ広告は、視聴者に商品を買わせるという影響もまったく

持ち得ないことになるだろう。しかし、テレビ広告に影響力があるのは周知のことである。したがって、テレビにおける暴力が行動に影響を及ぼさないなどということはありえない。

この推論の要約を試みれば、次のようになるだろう。

理由：テレビで流される広告は、視聴者の行動に影響を及ぼす。
中間結論：ゆえに、テレビで流されるものは、視聴者の行動に影響を及ぼす。
主結論：ゆえに、テレビで流される暴力は、視聴者の行動に影響を及ぼすに違いない。

中間結論が、テレビで流されるものの・一・部が視聴者の行動に影響を及ぼすということを意味する、と見なせるならば、確かにそれは与えられた理由から導かれる。なぜならば、テレビで流される広告はテレビで流されるものの一部であるからである。しかしながら、このように解釈された中間結論は、意図されたようには主結論を支持しない。なぜならば、暴力は、テレビで流されるもののうち、行動に影響を及ぼさないもののひとつであるかもしれないからである。一方、中間結論はテレビで流される・あ・ら・ゆ・るものが行動に影響を及ぼすということを意味する、と解釈するならば、中間結論は上の理由からは導かれない。なぜならば、テレビで流されるものの一部が行動に影響を及ぼすという事実からは、テレビで流される他のあらゆるものが行動に影響を及ぼすだろうということは導かれないからである。ゆえに、中間結論にどの解釈を与えようと、上の推論はよいものではない。なぜならば、上の推論は、結論を引き出すための適切な根拠を与えていないからである。

上の推論における欠陥はどのようなものであるかを述べるよう求められるならば、次のように表現できるだろう：

テレビで流されるものの・一・部が視聴者の行動に影響を及ぼすという事実は、テレビで流される暴力が視聴者の行動に影響を及ぼすに違いないと考えるための理由として適切ではない。

第 2 章　推論を評価する

あるいは、

> テレビで流される広告が視聴者の行動に影響を及ぼすという事実は、テレビで流されるあらゆるものが視聴者の行動に影響を及ぼすに違いないと考えるための理由として適切ではない。

このように欠陥を述べる能力は、発達させる価値のある重要なスキルである。なぜならば、このスキルは、他の人々に対して、彼らの推論にどこか欠陥があるということを示すのに効果的な方法になりうるからである。上の例で、欠陥を述べたときに基本理由、すなわちテレビで流される広告は視聴者の行動に影響を及ぼすということが真であるかどうかを、われわれは考えていなかったという点に留意してほしい。推論の欠陥を特定できるならば、結論のよりどころとなる主張が真であるかどうかを問題にするまでもなく、その推論が結論を立証しないと言えてしまうことがしばしばある。

　上の例について論じた際、論証を解釈するもうひとつの方法は、こうだった。すなわち、上の論証は、テレビで流される広告とテレビで流される暴力が、関連があり重要なすべての点で共通性がある、あるいは類似しているということを、不当にも仮定している、と見なすことだったのである。論証を評価するときには、類似や比較に気をつけること、さらに比較されている2つのものが、引き出された結論に関連する諸々の点において本当に似ているのかどうかよく考えることが、役に立つ。これは、56–58頁で、ポルトガルとイギリスの運転初心者を対象とする筆記試験についての論証を問題にした箇所から明白である。

―――――――――――――――――――― **例題2：豊かさと健康**

もうひとつ別の例について考えてみよう。

> もしも国が豊かになるにつれて人々はより健康になるとしたら、今や人々は30年前よりも健康であると私たちは思うだろう。しかし、過去30年間にわた

って慢性疲労症候群のような新しい疾患が出現し、しかも私たちは心臓病、脳卒中、がんのような以前からある疾患に、よりかかりやすくなっている。ゆえに、国の豊かさの増大は、人々の健康増進をもたらしてはいない。

論証に欠陥があるかどうか判断したいと思うときに最初にしなければならないことは、結論はどのようなことか、結論に対して提示されている証拠ないし理由がどのようなことかを、より分けることである。だから、読み進む前に、この文章の結論と理由を見定めてほしい。

　結論は、最後の文を導入する「ゆえに」で示されており、次の通りである。

　　国の豊かさの増大は、人々の健康増進をもたらしてはいない。

この結論を支持するために提供されている証拠は、国の豊かさが増大した期間にわたって、新しい疾患が出現し、以前からある疾患がより多く見られるようになったということである。上の推論のより詳細な分析を、以下に示す。2つの流れがある。第1の流れ：

　　基本理由1：過去30年間にわたって慢性疲労症候群のような新しい疾患が出現し、しかも私たちは心臓病、脳卒中、がんのような以前からある疾患に、よりかかりやすくなっている。

これは、述べられていない中間結論を支持するよう意図されている：

　　中間結論：過去30年間にわたって、人々の健康増進はまったく見られなかった。

第2の流れは、次のようなものである：

　　仮定（述べられていない）：国の豊かさは過去30年間にわたって増大した。

これは、次の理由に支持を与えている：

基本理由2：もしも国が豊かになるにつれて人々はより健康になるとしたら、今や人々は30年前よりも健康であると私たちは思うだろう。

次に、中間結論と基本理由2が組み合わされて主結論を支持する。読み進む前に、上記の移行のいずれかに欠陥があるかどうか自問してほしい。中間結論は基本理由1から導かれること、基本理由2は述べられていない仮定から導かれること、主結論は基本理由2を加えた中間結論から導かれることを、あなたは受け入れられるだろうか。

　欠陥を探しているときわれわれは理由が真であるかどうかを考えているのではない、ということを思い出してほしい。ゆえに、「国の豊かさが過去30年間にわたって増大したということは、真なのか」、そして「新しい疾患が出現し、以前からある疾患がより多く見られるようになったということは、真なのか」とは問わないのである。その代わりに、「上の複数の主張が真であるとして、国の豊かさの増大は人々の健康増進をもたらしてはいないという結論に対する適切な支持を、それらの主張は与えているのか」とわれわれは問う。先の主張が適切な支持を与えていないことは明らかである。なぜならば、われわれは人々の健康について多くの情報を与えられていないからである。なるほど、心臓病、脳卒中、がんに以前よりもなりやすくなっているということは、真であるかもしれない。しかし、おそらく「以前からある」疾患のいくつか、たとえば結核や気管支炎は、それほどよく見られるわけではないだろう。おそらく人々は30年前の場合よりも長生きするのであり、また、おそらく人々は、高齢のせいで心臓病、脳卒中、がんに屈するまでは、人生の長い時期にわたっておおむね健康だろう。ここには解釈の問題がある。つまり、「人々の健康」によって厳密にはどのようなことが意味されているのか、という問題がある。「人々の健康」とは、何の病気にもかかっていない時期が一生の中で占める割合が大きいことだと仮定するならば、結論の根拠とする情報は十分ではないのである。

　今やわれわれは、欠陥がどのようなものなのかを簡潔に述べなければなら

ない。

　過去30年間にわたっていくつかの新しい疾患が出現し、以前からある疾患のいくつかがより多く見られるようになったとして、人々がそういった疾患にかかるまでは長期にわたって健康を保つかもしれないということを考えると、人々は30年前より不健康であるという結論は導かれない。

欠陥が生じるのは基本理由1（患者の増加についての主張）から、述べられていない中間結論（人々は現在、30年前より不健康である、というもの）へ移行するところであることに、留意してほしい。また、これが欠陥のある論証であることを立証するときにわれわれは、主結論が誤っていることを立証したのではないことにも、留意してほしい。国の豊かさの増大は人々の健康増進をもたらしてはいないという結論は、真であるかもしれない。この結論が真でありうるのは、まず、上の論証が示そうと試みているように、人々の健康増進がまったく見られない場合である。しかし、この結論は、たとえ人々の健康増進が見られる場合であっても、真でありうる。なぜならば、たとえ国がより豊かにはならなかったとしても、人々の健康増進が生じたかもしれないからである。ゆえに、次の例題3で説明するような仕方で元の結論への反論を目指す人は、欠陥のある論証を生み出していることにもなるだろう。

―――――― **例題3：豊かさと健康――ある関係**

　健康と豊かさとを関係づけるために、次のように推論する人もいることだろう：

　　　　過去30年間にわたって人々の健康増進が見られ、この30年間に国の豊かさが増大した。ゆえに、国の豊かさの増大が人々の健康増進をもたらしたのである。

豊かさの増大が人々の健康増進をもたらしたかどうかという疑問については、もっと証拠がなければ決着をつけることができない。必要とされる証拠

とは、すべての病気についての、人々の罹患率に関する証拠、および、国の豊かさが増さなければ少しの健康増進も生じなかったのかどうかということに関する証拠である。上の論証は、2つの事象が同時に生じたのだからどちらか一方が他方の原因であるに違いないと、何の証拠も示すことなく仮定しているだけなのである。

　このように因果関係（a causal connection）を何の証拠もなく仮定することは、相関関係（a correlation）を発見したときにしばしば行われる。相関関係とは、x が見つかったときにはyも見つかる可能性が高い、もしくは、ある人物または人々が x という特徴を持つときには y という特徴も持つ可能性が高いというような、x と y とのあいだの関係である。たとえば、暴力的な内容のビデオをよく見る子供は攻撃的になる可能性があることにあなたが気づいたとしよう。これは、暴力的な内容のビデオを見ることが原因となって子供が攻撃的になるからであるかもしれない。あるいは、攻撃的な行動をする生来の傾向を持っていることが原因となって、子供が暴力的な内容のビデオを見ることを楽しむからかもしれない。あるいは、たくさんの虫歯がある人は肥満になりやすいということに、あなたが気づいたとしよう。これは、おそらくは第3の要因、たとえば、糖分の多い食べ物を大量に食べることが原因となって、虫歯と肥満という2つの症状が生み出されるからかもしれない。相関関係を発見したときにあなたが気づいたことは、2つの事が同時に生じたということでしかないのである。これは、x が y の原因であるからかもしれない。しかし、y が x の原因であるからかもしれない。あるいは、x も y も他の何かが原因となって生じたからなのかもしれない。あるいは、たんなる偶然の一致なのかもしれない。つまり、x が y の原因であることを、証拠なしにただ仮定するのでは、欠陥のある推論をしてしまったことになる。

　にもかかわらず、相関関係を発見することは的外れな行いではないことに留意することが重要である。というのは、相関関係の発見はしばしば、2つの事象のあいだに因果関係があるかどうかを探究する試みの第一歩となるからである。

────────── 例題4：鉱物資源の枯渇

これは本節で最後の例である。

> 過去においてはつねに、ある鉱物資源の需要が増えると新たな鉱山が発見されてきた。たとえば、ボーキサイトの需要はこの10年間で2倍になったが、埋蔵量はその間に3倍となった。これまで、世界の鉱物資源の総量がその時点でわかっている鉱山の埋蔵量だけしかない、という事態に至ったことは、一度もない。したがってわれわれは、供給される鉱物の量はどの時点においても限られているとわかってはいても、鉱物資源が枯渇する危険は差し迫っていないと確信していられる。

読み進む前に、この論証の結論と理由を見定め、理由から結論へ移行するときどのような点で具合が悪いのか、自分で述べてみてほしい。

主結論は、「したがって」によって明確に示されているように、最後の文である。論証は以下の構造を持っていると見なすことができる：

理由1：過去においてはつねに、ある鉱物資源の需要が増えると新たな鉱山が発見されてきた。

理由2：これまで、世界の鉱物資源の総量がその時点でわかっている鉱山の埋蔵量だけしかない、という事態に至ったことは、一度もない。

この2つの理由が合わさって主結論を支持するよう意図されている：

主結論：したがってわれわれは、供給される鉱物の量はどの時点においても限られているとわかってはいても、鉱物資源が枯渇する危険は差し迫っていないと確信していられる。

第2章　推論を評価する

論証の第2文で提示されている事例が理由1に支持を与えるために用いられていることに、留意してほしい。しかし、この事例が理由1を導く理由であることをわれわれは示したわけではない。なぜならば、ひとつの事例を挙げるだけでは理由1のような一般的主張を立証するには十分ではありえないだろうし、上の論証を行った人がこの事例は一般的主張を立証すると考えている可能性が高いわけでもないからである。この事例は、説明のために用いられている。つまり第2文は、理由1の一部であると見なすだけにして、論証の構造に組み込むことができるだろう。

　上の論証が過去の経験に依存していることは明白であるから、論証の欠陥は、過去においてずっと真であったことは未来においても真であり続けるだろうという仮定である、と述べたくなるかもしれない。しかし、この仮定は数多くの論証、とくに科学法則（たとえば、海面では水は摂氏100度で沸騰するということ）に依存する論証の土台となっているのであって、そのような数多くの文脈においては、この仮定を置くことが理にかなっていないことにはならないのである。

　ゆえに、われわれは上の論証の欠陥をもっと具体的に述べる必要がある。過去のいかなる時点においても、世界の鉱物資源の総量がその時点でわかっている鉱山の埋蔵量だけしかないという事態に至ったことはない、という証拠に基づいて、鉱物資源が枯渇する危険は差し迫っていないと結論づけるべきでないのは、いったいなぜなのだろうか。世界の鉱物資源が有限であると仮定すること、それゆえ鉱物資源が消費され続ければ未来のある時点で枯渇するであろうし、その時点とはいつなのかをわれわれは知ることができない、と仮定することは、理にかなっている。すると、上の論証の欠陥は次のように述べることができる：

　　世界の鉱物資源が有限であると仮定すれば、現在（および未来の任意の時点において）、世界の鉱物資源の総量はわかっている鉱山の埋蔵量だけしかないのかもしれない。

　上の論証については、さらに次の点を指摘できるだろう。上の論証は、関連

があるかもしれない証拠、すなわち鉱物資源が消費される速度が増していく可能性に言及していないのである。

論証に生じうる欠陥の整理

どのようにして論証に欠陥が生じうるのか、われわれは5つの点について見てきた。例題1はテレビでの暴力の影響に関するものだった。論証のひとつの解釈に欠陥があるのは、影響が知られていると主張されているたったひとつの例から（つまり広告から）、テレビの影響についての一般的結論を引き出しているからであった。もうひとつの解釈の欠陥は、不適切な類比ないし比較に依存していることであった。例題2の論証、すなわち豊かさの増大と健康についての最初の論証に欠陥があるというのは、不十分な証拠（古くからある病気のいくつかは以前よりも蔓延しているという証拠）に基づいて結論を導いていて、同時に一方では、関連がある他の証拠（たとえば、いくつかの病気にかかる率の低下、何の病気にもかかっていない時期が一生の中で占める割合など）を探すことを怠っているからである。例題3では、豊かさの増大が人々の健康増進をもたらしたと主張されているが、論証に欠陥があるのは、2つの事象が同時に起こったのだから一方が他方の原因である、と仮定しているからであり、また、人々の健康増進をもたらした原因として考えられる他のものについて考えることを怠っているからである。例題4の論証では、世界の鉱物資源の枯渇は差し迫っていないと結論づけられている。論証に欠陥があるのは、関連がある要因（鉱物資源が有限であるということ、および鉱物資源を消費する速度）を度外視しているからである。

推論においてしばしば現れ、しかもあなたを欺いて、よい推論が提示されていると思わせるような欠陥が、いくつかある。これは、上の例題1の欠陥、すなわちたったひとつの例から一般的な結論を導くことと、例題3の欠陥、すなわち2つの事象の同時性に基づいて因果関係を仮定することにあてはまる。この2つは、一般に「誤謬」と呼ばれる間違いの具体例である。まず誤謬の一覧表を掲げてから推論の間違いを論じていくような本もあるが、本書では、それとは異なるアプローチから始めて、論証それぞれの個別の主題に取り組むことを要求している。発達させる必要のあるスキルとは、個別の

論証において理由から結論に移行する際にどのような不具合が生じているのかを述べる能力なのである。

　論証の欠陥を特定しようとするとき、誤謬の一覧表だけに頼るべきではない。その理由は2つある。第1に、論証の欠陥には、誤謬の一覧表に載っていないものもありうる。たとえば、上の例題4の欠陥がそうである。第2に、誤謬の一覧表だけに頼ると、論証の文脈を見過ごしてしまいがちになり、論証の主題を本来の文脈において理解しようとする余裕を持てずに、推論を進めるのを打ち切って論証を分類してしまいがちになる。

　この留意点は、次の例からさらに明確になるだろう。誤謬の一覧表に普通は載っている分類のひとつに、「滑りやすい坂」の論法（the *'slippery-slope' argument*）がある。これは、ある措置が、またはある政策の導入が、それ自体はたぶん無害なものであっても、避けられずかつ望ましくない道のりの第一歩になってしまう、と主張するような推論のことである。たとえば、ある人はこう論じるかもしれない。大麻の販売と使用を合法化すべきではない。なぜなら、そうすることによってわれわれは、もっと有害な麻薬の合法化に至る滑りやすい坂に立つことになるだろうから、と。この論証に対して満足のゆく批判を与えるには、「滑りやすい坂の論法である、したがって欠陥がある」と言う以上のことが要求されるだろう。つまり、なぜこの個別の場合には、望ましくないと想定される結果が必ずしも生じないのか、という点を述べることが要求されるだろう。これは、滑りやすい坂の論法だと指摘するよりもずっと難しい課題である。なぜならば、法制化は実際に、状況によっては前例として働きうるのであって、それ以上の結果が生じる可能性を高めるような仕方で世論の動向を変えうるからである。

　誤謬の一覧表だけに頼るべきではないとはいっても、分類の基準となる誤謬のいくつかを知っていれば、論証の欠陥を見つけるのに役立つ場合もあるだろうから、2、3の誤謬を付け加えておくことにしよう。

　対人論法の誤謬（the *ad hominem* fallacy）が生じるのは、他人が行った論証の信憑性を下げようと試みるときに、論証自体の欠陥に注目する代わりに、その人物の性格のよくない側面に言及するという場合である。たとえばある人について、あの人は威張りちらす人だと断言することは、その人の推

論は間違っているに違いないと結論づけるには適切な理由ではない。権威の信頼性を扱った節で指摘したように、個人的特徴の中には、他人から得た情報の信頼性について判断する際に重要となるもの（たとえば、誇張する傾向や、一時的または永続的な精神面での無能力）もあるかもしれない。しかし、結論を引き出す人物が嫌な性格だということだけを根拠として、ある特定の結論が証拠として認められるものや真な理由から導かれないと主張するのは、誤謬なのである。

　誤謬のある論証のひとつのタイプに、必要条件と十分条件との混同（confusing *necessary* and *sufficient* conditions）によるものがある。以下に、この誤謬が生じている事例を挙げる。それぞれの場合に含まれる欠陥について正確に述べられるかどうか確かめてみよう。

　　君は体調が悪ければ、5セットマッチのテニスの試合で勝つことはできない。しかし、君は対戦相手よりは体調がよい。だから、君が勝つだろう。

　　宝くじが当たれば、君は金持ちになるだろう。しかし、君は宝くじをけっして買わない。だから、君が金持ちになることはけっしてない。

最初の事例の欠陥は、5セットマッチのテニスの試合で勝つためには体調がよいことが必要であるのだから、相手より体調のよい選手であることは勝利を保証するのに十分である、と仮定していることである。しかし、この仮定は根拠薄弱である。なぜなら、テニスの試合に勝つかどうかは、体調だけでなくスキルにも左右されるからである。2つ目の論証の欠陥は、裕福さを保証するのに十分なこと、すなわち宝くじが当たることを、金持ちになるためには必要なことだと、誤って仮定していることである。

　かかし相手の誤謬（the *straw man* fallacy）を犯していると言われる人の論証は、論敵の視点を誤った仕方で提示することに頼っている。2001年1月に、ジェイムズ・バルジャーという子供を殺した2人の少年の所在についての情報公開を禁止する命令が出された。判事のデイム・エリザベス・バトラー＝スロスは、判決理由を次のように述べた。2人の少年が釈放された後、

その所在が人々の知るところとなれば、殺されるかけがをさせられるという重大な危険にさらされる。また、欧州人権条約は1998年の人権法により今やイギリスの法律の一部となっているが、これにより国は個人の生存権を守る責務がある。判決に対して、ある人が次のことを根拠に異議を唱えたとしよう。すなわち、判決は、殺人者には刑期中に更生した人物になったことに対して報償を与えるべきだ、という見解に基づいている、ということを根拠に。しかしこれは、身代わりのか̇か̇し̇を作り上げることだろう。つまり、かかしというのは、明らかに弱いため打ち倒すことは簡単にできるが、もとの論証を提示した人が信じている、あるいは主張しているものとは異なっているような論証のことである。

　論̇点̇先̇取̇の誤謬（the fallacy of *begging the question*）とは、結論として導かれると主張している、まさにそのことを当然のことと見なしているということによるものである。その例として、次の論証を見てみよう。

　　イエスが神の息子であることを私たちは知っている。なぜならば、イエスがそう言っており、そして、神の息子は嘘をつかないだろうから。

イエスは神の息子であるという結論は、示された2つの理由、すなわちイエスがそう言ったということと、神の息子は嘘をつかないだろうということからは導かれない。つまり、自分は神の息子であると言った人物がほんとうに神の息子であるということを仮定しなければ、すなわち、証明しようとしているまさにそのことが真なのは当然だと見なしてしまわないかぎり、上の結論は2つの理由からは導かれないのである。

　論証にはどのような点で欠陥がありうるのかを、いくつかの点について示してきた。論証の欠陥を特定することに熟達するには、広範囲にわたる主題について、数多くの論証で練習することが役立つ。誤謬の一覧表を用いるのは、論証のどこが欠陥なのかを言い当てるようになることには役立つだろう。しかし、論証には、上に挙げた分類にうまくあてはまらないような欠陥をもっているものもありうることを忘れてはならない。このことが前出の例題4について言えるということは、すでに指摘した。例題4は世界の鉱物資

源の埋蔵量についての例だったが、その欠陥は、論証に関連する要因を指し示すだけで明らかにすることができたのである。次の練習問題に取り組む際には、欠陥を特定するスキルを用いることに専念すればよいということを忘れないでほしい。つまり、この練習問題では、理由が真であるかどうかを気にかけるべきでないのである。以下の点を銘記すること。

1 主結論を見定める。
2 理由を見出し、その理由が主結論をどのようにして支持するよう意図されているのかを明らかにする。
3 論証の各段階において、「この（主または中間）結論は与えられた理由から導かれるか」と問う。
4 なぜその結論が導かれないのか説明する。つまり、たとえ理由が真であるとしても結論は真ではない̇か̇も̇し̇れ̇な̇い̇のはなぜなのか、その理由を考える。そしてこれを、誤謬の名前を述べるだけでなく、論証で問題にされている事柄に言及することによって試みる。

練習問題9　欠陥を特定する

以下の推論における欠陥を特定せよ。

1 バスケットボールのベストチームそれぞれからベストプレイヤーを引き抜いて、新たにひとつのクラブとすれば、ドリームチームをつくれる。すると、バスケットボールの試合は、どこでもファンにとってエキサイティングなものになるだろう。（米国ロースクール進学適性試験、1985年10月）

2 満月の下では、ありとあらゆる種類の犯罪と暴行が、さまざまな人々によって行われている。このことから引き出せる教訓は、明白である。すなわち、満月のときは、誰も信じてはならない、自分自身さえも信じてはなら

ない、ということである。（米国ロースクール進学適性試験、1984年9月）

3　今の若者は、彼らの祖父母と比べてより長く学校教育を受けている。ウィルマは若い。ゆえに、彼女は祖父母と比べてより長く学校教育を受けているに違いない。（米国ロースクール進学適性試験、1982年）

4　マリファナもＬＳＤも有害ではありえない。なぜなら、どちらも医師ががん患者の痛みを緩和するために用いるからである。（米国ロースクール進学適性試験、1982年）

5　青年はしばしば貧血症になる。しかしこれは、よく言われているように食事に鉄分が不足しているせいなのではない。青年が他の年齢層の人々に比べて鉄分をより多く必要としていることの結果なのである。（米国ロースクール進学適性試験、1983年2月）

6　食事が病気の重大な原因であることを、私たちは知っている。食事が原因と考えられる病気の一例として、心臓発作がある。心臓発作は西洋諸国ではよく見られる。食事が異なる国々では、病気も異なる。たとえば、日本で最もよく見られる致命的な病気は、脳卒中と胃がんである。日本食は、西洋の食事と比べて、脂肪分の含有量がずっと少なく、繊維質の含有量がずっと多い。ゆえに、もしも西洋の人々が低脂肪で繊維質が多い日本風の食事を取り入れれば、心臓発作で死亡する可能性は低くなるだろう。その代わり、日本でよく見られる病気、すなわち脳卒中と胃がんで死亡するかもしれない。

7　調理を発明したのは誰なのだろうか。調理には熱が必要とされるのだから、最初の調理人は火を使ったに違いない。最近まで、20万年以上前に火が使われていたという証拠はなかった。しかし今や信頼できる科学的証拠が示すところによると、ホモサピエンスの祖先は40万年近く前に火を使っていた。ゆえに、調理はその時代に発明されたに違いない。

8 　目撃者が言うには、火災が起こったとき店の近くでフレッドを見かけた。しかし、この目撃者がフレッドに恨みを持っていることを私たちは知っており、また、彼は過去において信用できない証言をしたことが知られている。ゆえに、私たちはこの人物が言うことに頼れない。したがって、フレッドは、火災が起こったときどこか他の場所にいたに違いない。

9 　たいていの人は、一所懸命に練習すれば、音楽の天才になれるだろう。天才はインスピレーションというよりむしろ一所懸命な練習が育むものではないか、ということに関心を持った心理学者が、76人の作曲家の生涯を調べた。彼らの大部分は、傑作を書き上げる前に少なくとも10年間の、苦痛にみちた訓練を経ていた。たとえばモーツァルトは、12歳で最初の天才的な曲をつくる以前に、たえず父親から作曲の技法の訓練を受けていた。

10 　貧乏は犯罪の一因だ、と主張する人々がいる。しかし、貧乏であることと罪を犯すこととの間には、いかなる種類の結びつきもありえない。なぜなら、貧乏な人の多くはけっして罪を犯さないからである。

（練習問題9の解答は、207–210頁にある。）

さらなる証拠を評価する

　われわれが誰かに対してある特定の結論を受け入れるよう議論を提示するときしばしば、その相手は「ふむ、しかし……についてはどう思うのですか」と言い、われわれが言及しなかった情報で、しかもわれわれの議論を弱めるとその人が考えているような何らかの情報を提出する。たとえば、喫煙の危険性についての前出の例に関連して、ある人があなたに次のように言うと想像してみてほしい。「喫煙が危険だという知識は、人々に喫煙をやめさせるのに十分ではありえない。なぜなら、健康上のリスクについて非常に多くのことが公表されてきたが、それでもまだ人々は喫煙するからである」と。

そして、喫煙者の信念に関する調査が実施されていたとしよう。すると、上の発言に対してあなたはこう返答するかもしれない。「うむ、しかし、非喫煙者とは違って喫煙者は一般に、喫煙は自分の健康には害がないと信じている、ということを示した調査についてはどう思うのですか」と。すると相手は、この調査結果が自分の結論に対してどのような影響を及ぼすのか考えてみなければならないのである。

　付け加えられた証拠がもたらす影響を評価する能力は、価値あるものである。なぜならば、人々はしばしば、新しい情報を提示することによって、相手に推論が正しいことを証明するよう要求するからである。このような要求に対するひとつの応答は、その新たな証拠が真であるかどうかを疑うことだろう。そしてこれは、すでに言及したスキルのうちのひとつ、すなわち証拠ないし理由が真であるかどうかを評価するスキルを用いるものだろう。もうひとつの応答は、たとえその新たな証拠が真であるとしても結論は弱められない、と言い返すことだろう。これは、すでに論じたもうひとつの重要なスキル、すなわち理由が結論に与える支持力の強弱の程度を評価するスキルを用いるものである。

　もちろん、証拠を評価する際の文脈は、われわれがある結論を弁護しようとしているというものではないかもしれない。また、結論を弁護する文脈であっても、それをいかなる代償を払っても弁護する必要がある、という風に考えるべきではない。そう考えるのは、批判を伴わない思考（アンクリティカル・シンキング）に陥ってしまうことであろう。それはすなわち、たとえ正反対のことを示す証拠に直面してもあることを信じると決意していることなのである。だからわれわれには、付け加えられた証拠は結論を弱めることがあるということを認める用意がなければならない。新たな証拠というものは、時には、討論している状況ではなく、誰かが自分自身の推論を突き崩そうとしている時でもなく、われわれがすでにある主題について何らかの意見を持っており、しかも適切な理由に基づいてそうしていると信じている場合に、その主題に関係してふとしたことで明るみに出ることがある。新たな証拠が問題になっている事柄に関連するとわかったら、われわれは次に、その証拠が以前から持っていた意見を支持するものか、それともそれに反対するものかということをよく考えてみな

ければならない。すなわち、われわれは新たな証拠がわれわれの推論を弱める
のかどうかということだけでなく、新たな証拠がわれわれの推論を強める
のかどうかということもよく考えてみなければならないのである。

練習問題10　さらなる証拠を評価する

この問題は、ある論証に証拠が付け加えられたとき、その証拠が持つ効果を評価する練習のためのものである。以下の、複数の選択肢を持つ問いそれぞれについて、正しい答えを選び、それがなぜ正しい答えなのか説明し、他の答えのそれぞれが正しくないのはなぜなのか説明せよ。

1 　最近の研究により次のことが明らかにされた。すなわち、学校関連のスポーツ活動に参加している学齢期の子供が学校にいる間および学校関連の活動の間にけんかをすることは、学校関連のスポーツ活動に参加していない子供に比べると少ないというのである。そして次のように結論づけられた。スポーツは、それ以外ではけんかを通じて解放されるような、攻撃衝動をみたすに違いない、と。

以下の選択肢のうち、どれが、もし真であるならば、上の文章の中で言及された結論を弱めるのか。

(a) 学校関連のスポーツ活動は、常に大人が監督している。
(b) 学校関連のスポーツ活動の監督者は、参加者が極度に攻撃的にならないようにする。
(c) 学校関連のスポーツ活動に参加している子供は、参加していない子供に比べて、身体的な意味で、より攻撃的である傾向がある。
(d) 子供が学校にいる間および学校関連の活動の間にするけんかは、その約85％が休み時間のうちに起こる。
(e) たいていの学校では、学校にいる間および学校関連の活動の間にけん

かをした子供を、学校のスポーツチームから外す。

(米国ロースクール進学適性試験、1982年)

2 工学部の学生の数は過去5年間にわたってかなり増えたが、近い将来、工学を教える教員が不足するかもしれない。というのは、工学博士号を取得した人こそが最も工学を教える教員となる可能性が高いのだが、その数は増えていないからである。このような結果になるのは、修士以上の学位を持たないエンジニアに高い給料が支払われていることによって、大学院へ進学して研究しようとする動機が弱められているからである。したがって企業は、修士以上の学位を持たないエンジニアの給料を減らすことによって最も多くの長期的利益が得られる、ということを理解しなければならないだろう。

以下の選択肢のうち、どれが、もし真であるならば、上の論証を最も弱めるのか。

(a) 科学を学ぶ大学生の在籍者数は、過去5年間にわたって増えている。
(b) 工学博士号取得者のうち、常勤で教えている人は半分より少ない。
(c) 企業は、修士以上の学位を持っているエンジニアに高い給料を支払っている。
(d) 工学部の在籍者の増加は、企業が支払う高い給料によるものである。
(e) 大学の研究プログラムの多くには、工学研究に関心を持つ企業が資金援助している。

(米国ロースクール進学適性試験、1983年12月)

3 ジョーン：合衆国の重大犯罪を減らすひとつの方法は、ヘロイン中毒者に無料でヘロインを配るっていうイギリスのシステムを採用することよ。
アンナ：それは馬鹿げているわ。自動車泥棒に無料で車をあげるのとまったく同じよ。

以下の選択肢のうち、どれが、もし真であるならば、ジョーンの主張を最も強めるか。

(a) ヘロイン中毒者は、麻薬の影響下にあるときのほうが、麻薬を使うことを楽しみにしているときよりも、暴力的になりやすい。
(b) ヘロイン中毒者にヘロインを供給するのに毎年必要とされる金の総額は、麻薬がらみの犯罪の犠牲となる人が毎年麻薬につぎこむ金の総額より少ない。
(c) 中毒者に麻薬を供給するほうが、彼らが罪を犯したあと刑務所に入れておくよりも、安くすむ。
(d) 中毒者以外の人が起こした重大犯罪の総数は、イギリスとアメリカ合衆国でおおよそ同じである。
(e) 重大犯罪のかなりの数は、ヘロイン中毒者が自分の習慣を続けるために起こしたものである。

（米国ロースクール進学適性試験、1983年10月）

4 　国の自動車協会は、国が毎年行う安全検査に方向指示器の不具合のせいだけで不合格となるのは自動車の総台数のわずか４％なので、今後は方向指示器を検査しないよう勧告している。方向指示器は安全のための重要な装置であるが、不具合のあるものはきわめて少ないのだから、わざわざ金をかけて調べるに値しない。

以下の選択肢のうち、どれが、もし真であるならば、自動車協会の勧告における最も重大な弱点を指摘しているか。

(a) 自動車の所有者は、方向指示器を検査せよという要請がなくなれば、もはや方向指示器を正常に作動する状態に保たないだろう。
(b) 方向指示器に不具合がある自動車の所有者は、自分の手で進行方向を示すという方法を学んでいないかもしれない。
(c) 方向指示器の検査を除外すると、国の検査手続きは、隣接する諸外国の検査手続きに比べて不徹底なものになるだろう。

(d) 方向指示器に不具合のある自動車は、安全面で他の不具合があれば、どっちみち検査に不合格となるだろう。
(e) 方向指示器に不具合のある自動車は、安全検査体制では発見されないような、他の不具合を持っているかもしれない。

（米国ロースクール進学適性試験、1983年2月）

5 最近の研究により、次のことが明らかにされた。すなわち、子供が1日に1時間以下しかテレビを見ない場合は、学業成績には影響がないが、1日に2時間から3時間テレビを見る場合は、テレビを見る時間がもっと短い同級生と比べて、学業成績が著しく悪くなる傾向が強い。研究者らの結論はこうである。子供がテレビを見る時間の長さを親が注意深く監督していれば、子供の学業成績は適切なレベルに維持されるだろう。

研究対象となった子供について述べた以下の選択肢のうち、どれが、もし真であるならば、研究者らの結論を最も強めるのか。

(a) 学業成績が平均以下の子供はたいてい、1日に2時間以上テレビを見ている。
(b) 週末によくテレビを見る子供は、平日によくテレビを見る子供より学業成績がよい。
(c) テレビを見る時間より読書の時間のほうが長い子供は、そうでない子供より学業成績がよい。
(d) 学業成績という点での隔たりは、子供のテレビを見る習慣が一様になったとき、より小さくなった。
(e) 毎日テレビを見る時間を減らす子供は、その余った時間を読書に使っている。

（米国ロースクール進学適性試験、1985年12月）

6 今日たいていの刑務所で実施されている、職業訓練と就職のためのプログラムを継続するのは、賢明ではない。このプログラムは、達成すべき目的

を達成していない。なぜなら、たいていの出所者は、刑務所にいる間に従事した仕事には携わらないことを選択するからである。

以下の選択肢のうち、どれが、もし真であるならば、上の論証を最も弱めるのか。

(a) 刑務所内の職業訓練プログラムで身につけた多くの習慣と技能は、非常にさまざまな種類の仕事において価値のあるものである。
(b) 刑務所は、受刑者に対して、将来就職にいかせるよう職業訓練を施す責務がある。
(c) 刑務所内の職業訓練プログラムは、受刑者が刑務所にいる間に、働いて金を得る能力を強化する傾向がある。
(d) 受刑者を将来の就職のために訓練することが、現在、たいていの社会復帰プログラムの主要目的である。
(e) 現在のたいていの刑務所では、受刑者は、いくつかの仕事の中から自分で自分の仕事を選ぶための準備をすることができる。

(米国ロースクール進学適性試験、1986年)

7 ある生理的変化が、嘘をつくときの心理的ストレスに伴っている。確実に嘘を見ぬくことは可能である。なぜなら、適切な器具を使えば私たちは、嘘をついているときに生じる生理学的徴候を測定できるからである。

以下の選択肢のうち、どれが、もし真であるならば、上の論証を最も弱めるのか。

(a) 嘘発見器は高価な装置であり、また、細心のメンテナンスが必要とされる。
(b) 嘘をつくことは中程度のストレス要因にすぎない、と見る人々もいる。
(c) 嘘を見ぬくには、高度な訓練を受けた有能な人材が必要とされる。
(d) たとえ適切な器具であっても、誤った使い方をしたり、乱用したりす

> ることがありうる。
> (e) 数多くの種類の心理的ストレスが、類似した生理学的徴候を生み出す。
>
> （米国ロースクール進学適性試験、1984年3月）
>
> （練習問題10の解答は、210–216頁にある。）

説明に疑問を持つ

　推論の中には、われわれがある特定の結論を受け入れるべきであることを確信させようとするよりはむしろ、真であるとしてわれわれがすでに受け入れていることを説明しようとするものがある。これは、あることを信じるための理由を与えるというよりはむしろ、あることが現にそうなのはなぜなのかという理由を与える場合である。2つの理由の違いを示す例として、1994年2月17日付けの『インディペンデント』紙から次の報告を挙げる。

　イングランドとウェールズにおけるがん患者数の最新の統計は、1988年に4％の増加を示している。英国王立癌研究基金の顧問であるリチャード・ドールは、この増加についてのひとつの説明は、高齢者の数が増えていることだ、と語った。

リチャード・ドールのコメントは、がん患者が1988年に増加したという事実をわれわれに確信させようとしているわけではない。彼のコメントは、がん患者が1988年に増加したことが真であることを前提としたうえで、この増加が起こったのはなぜかを説明しようとしているのである。
　これはひとつの独立した推論として現れた説明の場合であるが、われわれはひとつの論証の中で提示された説明を、より長い推論過程の一部分と見なすこともありうる。ひとつの説明についてわれわれが知る必要のあることは、はたしてそれが正しい説明であるかどうかということである。このよう

な疑問について決着をつけることは容易ではないかもしれないが、ある説明を吟味してみるために使えるような戦略はある。ひとつの戦略は、その説明の根本にある疑わしい仮定を検討することである。もうひとつの戦略は、代わりの説明となりうるものを考えて、そのうちのいくつかを除外できるような証拠をさらに見つけようとすることである。あることについて同程度にもっともらしい説明がいくつか考えられる場合には、そのうちどれを正しい説明として受け入れるかに関しては、さらに情報が得られるまでは慎重になるべきである。

　2つの戦略を上の事例に当てはめてみよう。がん研究の第一人者の判断を疑うのは無遠慮だと思われるかもしれないのだが！　リチャード・ドールの説明の根本には、どのような仮定があるのだろうか。もしもがん患者の増加が「高齢者の数の増加」に帰せられうるならば、それは、もっと前の時代に生きていたら別の病気（現在では、以前よりも容易に治療可能ないしは予防可能な病気）で死んだと思われる人々が、がんになる可能性が高い年齢まで生存しているからであるに違いない。明らかに、この仮定をさらに支持する証拠が、他の年齢層のグループにおけるがんの罹患率をあらわす数字を検討することによって、発見されうるのである。

　がん患者の増加についての代わりの説明としてわれわれは、どのようなものを示すことができるだろうか。そう、たとえば、一般住民がおそらく環境にある汚染物質のせいでがんにかかりやすくなるならば、がん患者の数は増加するだろう。特定のグループのがん罹患率が、習慣や常習的行為の変化のせいで、より高くなるならば、がん患者の数は増加するだろう。これはたとえば、循環器系の病気にかかっていて最新の薬物療法を受けている人をより多く集めれば、がん患者の数が増加することになる、あるいは、ホルモン補充療法を受けている女性をより多く集めれば、がん患者の数が増加することになる、といったことだろう。以上のような代わりの説明がもっともなものであることを明らかにするには、異なるグループについてがん罹患率の数値を比較検討すればよい。われわれは、リチャード・ドールの説明が正しくなさそうだと言いたいわけではない。事実、彼が自分の説明を提示する際に、上で挙げたようなことをすべて考慮に入れていた可能性は十二分にある。し

かし、この事例は次のことを例示するのに役立っている。すなわち、われわれが説明に疑問を持ったとき、より多くの情報が得られるまではその説明についての判断を留保し、そして代わりとなるさまざまな説明のうちどれが一番もっともらしいのか探究していく仕方を例示しているのである。

以下の文章は、ひとつの研究について述べている。その研究は、既知の事実についての十分にもっともらしい説明を見出すことを目的としたものである。この文章は、『インディペンデント』日曜版1995年6月25日付け掲載の記事からとったものである。

　10代と20代のクルマ好きは、高齢の運転者を見下していて、彼らを、公道での運転を許されるべきでない、威張りちらすだけの年老いた愚か者だと見なしている。

　確かに高齢の運転者の中には運転が下手な人もいるし、米国のデータが示すところでは、運転者の事故率は70歳以上ではかなり上昇する。カリフォルニア大学ロサンゼルス校の研究チームは、高齢の運転者の能力について詳細な調査を完了したばかりである。

　研究チームは被験者を募集したが、その応募条件は、70歳代前半で、アルツハイマー病による、または動脈の狭窄化による初期の認知症の徴候を持つと医師が診断した人、というものだった。同年齢の運転者としては他に、糖尿病だけを患っている人も集め、もっと若い人を対照群とした。

　すべての運転者は、すなわち認知症の人も糖尿病の人も対照群の若い人も、交差点、減速バンプ〔減速させるための段差、凸状の障害物〕、交通標識、信号、駐車場がある、3マイル〔約5キロメートル〕に及ぶ道路網上を運転した。運転者それぞれには同乗する教官が段階評価を与え、使用した自動車にはブレーキを踏むまでの時間、ハンドル操作、センターライン越えなどを記録するコンピュータが取り付けられていた。また運転者は、知的能力、集中力、短期記憶といった一連の検査を受けた。

　調査結果が示すところでは、糖尿病で70歳の人の成績は、運転と心理面のテストの成績が若い運転者とちょうど同じ程度だった。初期の認知症の人は成績が悪かった。彼らの運転は速度が遅く、「進入禁止」の標識がある一方通行の道路に入り込んでしまうなど、失敗は重大なものだった。

研究チームの結論はこうである。健康な（正常な視覚を持つ）70歳代の運転者は、若くて健康な成人に匹敵するレベルの運転ができる——少なくとも、ストレスが与えられない郊外という環境では——。研究チームの報告によれば、70歳代の運転者の事故率が高いことを示す統計の数字の少なくとも一部は、軽い認知症になった後も運転を続ける人々によるものなのである。('Second Opinion', Dr. Tony Smith, *The Independent on Sunday*, 25 June 1995)

読み進む前に、次のことを自問してみてほしい。

- 上の研究が説明しようとした既知の事実とは、どのようなことなのか。
- 上の文章の著者は、その事実に対してクルマ好きの若い人ならどのような説明を与えると思っているのか。
- 上の研究報告はどのような説明を与えているのか。

　上の文章の第2段落では、米国のデータによると運転者の事故率は70歳以上ではかなり上昇する、と述べられている。これが説明されるべき事実であり、もちろん、70歳以上の運転者はひとつのグループとしては、70歳未満の運転者よりも事故率が高いということを意味している。第1段落から明らかなように、筆者は次のように考えている。この事実を若い運転者は、70歳以上のすべての運転者は運転が下手であり、したがって事故を起こす可能性がより高いと言って説明するだろう、と。しかし、記事の中の研究は、運転者の能力を検査するためにテストを行い、70歳以上で認知症の人は若い運転者よりも運転が下手だが、70歳以上で認知症を患っていない人の運転は決して若い運転者に劣らないことを明らかにしたのである。
　これが示すのは、70歳以上の運転者の事故率がより高いことについての最ももっともらしい説明は、70歳以上の運転者の中には認知症のせいで運転が下手な人もいるということである。運転テストが「ストレスが与えられない郊外という環境」で行われた、と記事が示唆していることに、われわれは注意を払うべきである。その通りだとすれば、記事の中の研究が提示した説明

が十分にもっともらしいと確信するためには、もっとストレスの強い交通状況における、若い運転者と70歳以上の運転者双方の運転能力にかかわる証拠が必要になるだろう。

　研究チームの報告では、「対照群の若い人」グループの年齢幅は明らかにされていない。すべての運転者を70歳以上と70歳未満という2つのグループに分けるのでは、70歳未満というきわめて大きなグループ内部の統計学的差異がぼかされてしまうのである。この事例から、たとえわれわれが統計の数字を受け入れるにしても、それらに対してどれほど批判的でなければならないのかがわかる。たとえば、25歳未満の運転者は、25歳以上の運転者よりかなり事故率が高い。これは若い運転者の中には認知症であるにもかかわらず、そうだという診断を下されていない者が多いことを示しているのだ、と高齢の運転者は論じたくなることだろう！

練習問題11　代わりの説明を提示する

以下の文章のそれぞれについて、どの部分が説明にあたるのか、そしてどの部分が説明されている事実にあたるのか考えよ。次に、その事実に対して代わりの説明を示せ。自分の説明が真であるかどうか確信がもてなくても、気にかけることはない。もしも真であるとしたら説明となりうることを考えようとすればよい。

1　犯罪に対する恐怖が増大するのと同時に、警察力に対する人々の信頼は低下している。警察に対する人々の信頼の欠如が、犯罪に対する恐怖がより増大していることの理由である。

2　離婚率が過去30年以上にわたってかなり上昇したのは、なぜなのだろうか。近年は、不幸な結婚生活を送るカップルが非常に多いからである。

3　人類が、宇宙のどこかにいる存在者からのものだというはっきりした確証のある信号を受信したことは、いまだかつてない。これは、宇宙で唯一の

知的生命体は地球にいる私たちだからである。

4 イギリスの人口ひとりあたりの自動車保有台数は、増加し続けている。それゆえに、M25〔ロンドンの外環状道路〕のような新しい道路が建設されるたび当該地域の交通量が増えるのである。

5 イギリスでは昨年の夏、とても天気が悪かったので、イギリスのリゾート地で休日を過ごす人の数が減った。

(練習問題11の解答は、216–218頁にある。)

練習問題12　説明を見つけ出し、評価する

以下の3つの文章それぞれにおいて、与えられた事実または現象に対してひとつの説明が提示されているか、またはさまざまな種類の説明が考慮されている。それぞれの文章について、

(a) 説明が与えられるべき事実または現象を見つけよ。
(b) その文章において与えられている説明を見つけ出せ。
(c) その文章においては言及されていない、説明となりうることを何か考えよ。そして、
(d) 自分で考えた説明のうち、どれが最ももっともらしいのか、そしてそれはなぜなのか、述べよ。または、どれが最ももっともらしい説明なのか決めるために必要となる、別の証拠について考えよ。

この練習問題をもとにして、クラスで議論するのもよいだろう。

1 女子は成績がよいが、男子は見放されていると感じている、と調査によって明らかに

「男子は何かにつけ叱られるんだ」と、14歳の少年は不平をもらした。この一言は、男子の試験結果にとても悪い影響を及ぼしているように見える、学校側の偏った見方を要約している。

「女子は学校の成績がよくないというのは、神話だった」と、マイケル・ヤンガーは語った。彼は東アングリアの総合制中等学校を対象にした研究で、先ほどの、14歳の少年の発言を引き出したのだった。男子こそが問題なのである。

少年は、「女子のほうがずっと待遇がよくて、備品や作業を先に選べるんだ」とも、不平を言った。

イギリス全体の情勢を反映して、この学校の女子も、GCSE試験〔義務教育の最終学年の最終学期末に、全国レベルで行われる統一試験〕では、その差は小さくなってきてはいるが、いつも男子より成績がよい。

ヤンガー氏が言うには、いくつかの学校は、女子生徒への差別待遇を減らしてきた機会均等策を実施した功績を認められるべきである。しかし、そういった学校は今や、男子は成績がよくなく意欲もないという問題に取り組まねばならない。もっともヤンガー氏は、それが容易に与えられる解答のない、複雑な問題であることを認めてはいる。

彼と、ホマートン・カレッジで同僚の研究者モリー・ウォリントンは、次のことを明らかにした。すなわち、男子はクラスで不当な扱いを受けている、ないしは見放されていると感じている。これについては教師と大多数の女子は同意しないのだが。

教師たちが言うには、男子はガリ勉に見えないようにするためにはどんなことでもする。たとえば、宿題をやってきたのに同級生に対してはそのことを否定したり、調子を合わせたりする。彼らはまた、男子は集中力がない、もしくは計画性がなく、やる気が欠けているなどと見ている。

女子のほうが注目されがちであり、また彼女たちは勉強に対して悪いイメージを持ってはいない。親も教師も口をそろえてこう言う。男子は宿題を、でき

るだけはやくすませるべき必要悪だと見なしているのに対して、女子のほうが宿題をよくやってくる、と。

　女子の70%は、女性教師は男子と女子を平等に扱っている、と思っている。しかし、これに同意する男子は46%にすぎない。

　ところが、調査対象となった生徒全体の中の大多数は、男性教師は女子に対して甘く、同じことをしても男子なら叱るのに女子なら許す、と思っている。

　5年生のある女子は、男性教師は女子をより寛大に扱っているという点に同意する。「女子は行いがよいという信用があるので、たとえば宿題をやってこなくても、あまり叱られないのです。」

　同学年のある男子は、男性教師は女子ばかりに注目している、と不満を述べた。

　女子のほうがより明確な目標をもっていて、その目標に導かれて学業に専念するように見える、とヤンガー氏は言う。男子の中には、GCSE試験の後は何をしたいのか、そしてどのような進路をとるべきなのか、わかっていない者もいた。(*The Guardian*, 26 August 1995)

2　交通事故による死者の数が戦後最少

　昨年は、イギリスでの交通事故による死者の数が1926年以降で最少だった。しかし、重傷者の数の増加は、これ以上の改善の見込みがないことを示唆している。

　交通省が発表した予測数では、交通事故による死者は3651人で、これまでの戦後最少記録の3814人が死亡した1993年と比べても、4%下降している。

　交通量が3%増加したにもかかわらず死者の数が減少したことは、道路上での救命措置の向上と医療の改善によって説明されるように見える。というのは、重傷者の数は4万6784人に増加し、4%上昇したことになるからである。

　事実、死者の数は、1993年から1994年にかけて減少した、まさに唯一の数値なのである。重傷者の数は、車に乗っている人、歩行者ともに増加した。実際、死傷した歩行者は、1993年のレベルから全体で2%増加して4万

9026人となったが、そのうち死者が7％減少して1148人となったのに対して、重傷者は4％増加して1万1924人となった。

イギリスは概してヨーロッパ諸国に比べ、交通安全面の成績はよい。しかしその一方で、死傷者のうち子供が占める比率が高く、昨年はさらにこの傾向が強まり、子供の死傷者は6％上昇して4万5239人となった。交通事故で死亡した子供の歩行者は、135人から173人に増え、28％の上昇となった。

負傷者の増加が意味するのは、政府が交通事故の死傷者総数を1980年代初めから2000年の間に3分の1減少させるという目標を達成する見込みは事実上ない、ということである。しかし、現在の傾向が続けば、死者に関する数値目標は容易に達成されるだろう。

RAC〔英国王立自動車クラブ〕の広報部長エドマンド・キングは、こう語った。「こういった数字にはとても気がかりな特徴があります、とくに子供の死者についてはね。非常に簡単にできることとしては、ヨーロッパ大陸に時計を合わせて、子供たちが暗い道を歩いて学校から帰宅しなくてもよいようにする方法があります。」

重傷者の増加は交通事故の件数が増えていることを示しているが、多くの事故は現代的な自動車の中で隔離されているという感覚を持ちすぎている運転者によって引き起こされているような気がする、という。キング氏は、「彼らはステレオに耳を傾け、暖房をつけて、外界が存在しないかのようなのです。それから、眠りに落ちてしまうか、ミスをおかすのです……」と続けた。

交通事故犠牲者のための組織ロード・ピースの全国事務局長であるブリジット・ショードリーは、死亡者数は誤解を招きやすいと語った。「交通事故死として数えられるのは、事故から30日以内に死亡した場合だけなのです。今日では多くの人が、現代の医療技術のおかげで、もっと長い間生かされていて、そのあとで死んでいるのです。」

彼女はこう付け加えた。過去30年間における交通事故の死者減少の主な理由は、歩行者や自転車に乗る人のような、交通弱者の数が減っていることである、と。「歩行者は少なくなっているのにその中で負傷する人は増えているのですから、道路はより安全になっているのではなく、より危険になっているのです。」(*The Independent*, 31 March 1995)

3　涙を流す聖母マリア像の奇跡の正体を、科学が暴露

　ローマカトリック教会が公認した唯一の、涙を流す聖母マリア像は贋物であることが、イタリア人科学者によって暴露された。彼はミスター・スポックの論理と、シャーロック・ホームズの演繹的推理と、毛管引力の知識を用いたのだ。

　涙を流す聖母マリア像は、アイルランドからクロアチアにかけて目撃例が急激に増えていたが、教会が公認した唯一のものは、シシリア島のシラクサの町にある聖母マリア像だった。この像は1953年に涙を流し始めた。

　涙を流すように見える像の「奇跡」は、フィルムにおさめられてさえいる。しかし、パヴィア大学の化学者ルイージ・ガルラスケッリは、この「奇跡」を説明できると思っている。

　ガルラスケッリ博士は、涙を流す聖母マリア像を自らの手で作製した。彼は機械的ないし電子的な補助装置を使ったり、吸水性の化学薬品に頼ったりはしなかった。だが、まんまと見る人をだまして、その塑像が涙を流すと信じさせたのだった。

　秘密は、薄い石膏でできていて中空になっている塑像を用いることにある、と博士は明かした。塑像には不浸透性の釉（うわぐすり）がかけられていて、頭部の小さな穴から中央の空洞へと水が注がれると、自然に涙が流れるというわけである。

　石膏は水を吸収するが、水がこぼれ出るのを釉が防ぐ。しかし、塑像の目にかけられた釉にかろうじてわかる程度のひっかき傷があれば、水滴がまるで神の御業であるかのように現れる。ところが、これは実は毛管引力、すなわちスポンジ状の物質の中を水が移動することによるのである。

　ガルラスケッリ博士はこう語った。「私の知るかぎり、涙を流す聖母マリア像のうち、カトリック教会公認の唯一の像は1953年に見つかったものです。この像が最もはっきりした記録のある事例であり、実際に涙を流すところを多数の人が目撃していて、さらに像の顔に突然現れた涙を素人が撮影した映画さえ、何本か存在するのです。」

　「しかしながら、この聖母マリアのレリーフを制作した本人がその複製を作っ

> ているので、それを調べたところ、石膏に釉がかけてあって顔の裏面に穴があることがわかったのです。」
>
> 　ガルラスケッリ博士は、シラクサにある本物の聖母マリア像はガラスの仕切りの向こうに安置されていて、釉を自分で調査することはできない、と言う。「それを調べる許可は下りないと思います」と彼は言う。「こういった遺物の多くは、調べることが許されていないのです。」（*The Independent on Sunday*, 9 July 1995）
>
> 　　　　　　　　　　　　　　（練習問題12の解答は、218–220頁にある。）

評価のスキルの要約

　本章で論じたいくつかのスキルは、推論を述べた文章を評価するときに、合わせて用いることが必要である。われわれは以下の点について考えなければならない。理由が真であるかどうか。そして、述べられていない仮定があれば、その仮定が真であるかどうか。論証は、権威が疑わしい人から得た証言に依存していないかどうか。われわれ自身は知ってはいるが文章中には述べられていないようなことが、結論を弱めたり、強めたりしないかどうか。当の文章がひとつの説明に依存しているならば、同程度にもっともらしい代わりの説明をわれわれは考えることができるかどうか。そして最後に、結論が理由によって十分に支持されてはいないことを示すような、推論における欠陥を見つけられるかどうか。

　以下に、練習問題13の文章における推論を評価するにあたってチェックしなければならない項目を挙げておく。

1　結論を見つける。
2　理由と、述べられていない仮定があればその仮定を見つける。
3　理由と、述べられていない仮定が真であるかどうかの評価をどこまで進めることができるか考える。すなわち、理由が真であるかどうかを判断するためのさらなる情報はどのようにして探せばよいか、考え

る。
4 推論は、権威の疑わしい情報源から得た証拠に依存していないか。
5 自分自身は、結論を強める、あるいは弱める何らかの知識を持っているか。（自分自身で得た「知識」を、他人の主張に適用するのと同じ基準で精査することを忘れずに！）
6 文章には何らかの説明が含まれているか。含まれているならば、その説明は説得力があると思われるか、そして説明されていることについて唯一説得力があると思われるものか。
7 結論が理由と仮定によって十分に支持されてはいないと考えられる場合、理由から結論への移行のどのような点に欠陥があるかを述べることができるか。

練習問題13　スキルを磨く

以下の文章のそれぞれにおける推論を見定め、評価せよ。

1 「テレビ——わが国の刑務所で役に立つ力」からの抜粋

　BBCおよび商業的TV制作会社の番組を刑務所にいる人々に見せるようにするという提案の実現に向けてストロー氏［内相〔1997年当時〕〕が動こうとしないのは、正気の沙汰ではない。受刑者にテレビを見せるのは、実際的にも原理的にも適切なことである。
　なぜか。第1に、イギリスの刑務所の現状がその理由である。大部分の刑務所はひどく過剰収容で、すでにとても不快であり、獄中犯罪の温床となっている。何もすることのない男、その多くは読み書きができず、現在は麻薬、性交、繰りかえされるちょっとした復讐、あるいは軽い暴力で、気をまぎらわせている。過剰収容ゆえに、彼らが自分の房で過ごす時間は増えている。このような状況で、'Have We Got News for You' 'Casualty' 'Brookside' といった番組は、大麻や娯楽のための男色の代替物として、本当により悪いものなのだろうか。

さらに、テレビは塀の外にいる私たちにとってますます、一方通行とはいえコミュニケーションを意味するようになっている。現代の市民にとって、テレビはいつでもどこでも社会を見ることができる窓であり、意見や情報を知るための最良の源なのである。テレビは私たちを形づくっていると言ってもよい。現在、なるほど受刑者は社会から物理的に切り離されているが、これは彼らへの罰であるのと同じ程度に私たちの安全のためでもある。しかし、受刑者は更生し、服役後に日常生活へ復帰するのだという考えを、私たちがしっかり持ち続けると仮定するならば、受刑者を社会の動向、意見、娯楽やニュースから切り離すことは的外れなことであり、愚かでさえある。受刑者が何時間もテレビを見るようになれば、彼らを監視、監督するのが容易になる見込みが強まるだけでなく、ついには彼らが塀の外にいる私たちにもっと近づいてくるだろう。

　刑務所でテレビを見ることを私たちが承認する理由の２番目は、受刑者に無料でテレビを見せるのではなく、刑務作業で稼いだ金を払えばテレビを見るという特権が得られるようにすればよい、ということである。テレビは、受刑者の行いが悪ければ撤去されてしまう。刑務所は非常に奇怪で、社会から疎外された環境であるから、受刑者を塀の外の日常生活に触れさせておくものは何であれ有用なのである。金を稼いで払うということも有用だが、それは、どれほど少しであっても、彼らの責任感を強めることになるからである。金を稼いで払うということは、受刑者が出所後にすみやかに学ばなければならないことだろう。

　要するに、これは安全管理の点で分別のある提案であって、更生を穏健に促すものであり、そう、人道的なのである。（David Aaronovich, *The Independent*, 30 November 1997）

2　「経済的観点からの、麻薬合法化の擁護」からの抜粋

　米国は毎年、麻薬取り締まりに少なくとも200億ドル（130億ポンド〔≒２兆400億円〕）を費やし、毎年100万人以上を麻薬がらみで逮捕している。けれども、一般的な経済分析と現存する証拠によれば、麻薬の合法化は麻薬禁止よりはるかにすぐれた政策であろう。

麻薬禁止は、麻薬市場や麻薬使用をなくしはしない。地下に潜らせてしまうだけである。禁止により麻薬供給者の仕事のコストがいくらか増え、たぶん一部の消費者の需要を減らすだろう。

　しかし、どれほど厳しい禁止制度の下であっても、かなりの量の麻薬が消費され続ける。米国のデータが示すところによれば、12歳以上の人口の30％以上がマリファナを使用したことがあり、10％以上がコカインを使用したことがある。麻薬禁止に対する違反が蔓延しているのである。

　麻薬禁止は暴力を増加させる。なぜなら、麻薬の買い手も売り手もいさかいの解決に、公的な司法制度を利用できないからである。また、麻薬禁止は、暴力以外の種類の犯罪を増加させてしまうという重大な役割も果たす。それは、刑事司法に携わる人員や装備が、麻薬とは無関係な犯罪の抑止活動から麻薬取り締まりへとまわされてしまうからである。麻薬禁止は警察、裁判官、政治家の腐敗を助長する。その理由としては、莫大な利益がかかっているということや、効果的な法的手段が行使できないということがある。

　米国では、殺人事件の発生率は、多くの州が麻薬禁止法と禁酒法を採択した1910年以降、急激に上昇した。そして殺人事件の発生率は、禁酒法を守らせる努力が強まるにつれて、第1次世界大戦を通して、1920年代も上昇し続けた。しかしその後、1934年に禁酒法が廃止されてからは、劇的に下降したのである。1960年代後半には、殺人事件は再び劇的に増加し、1970年代と1980年代を通じて、歴史的に見てまれな高率であり続けた。この時期には、麻薬取り締まりの徹底的強化が行われたのである。

　麻薬禁止は、健康の低下ももたらす。麻薬使用者にとって、闇市場で購入する麻薬の品質と純度は、以前よりはるかに信頼できないものになってしまう。加えて、彼らは、注射のような、効き目は強いが健康に悪い方法を用いたくなる。

　米国では禁酒法が施行されていた間に、酒の代用物が消費されるのに比例してアルコール中毒による死者が増えた。これはおそらく、不純物入りのアルコールの消費が増加したからだろう。

　こういった悪影響の他にも、麻薬消費を抑止するために禁止法を用いることは、次のことを意味する。すなわち、社会は麻薬の売渡しに課税できない、もしくは麻薬取引の仕事に携わる者から所得税を徴収できないということを。こ

れはさらに、麻薬の供給者と使用者、つまり社会の規則を意図的に破っている人々が一般の納税者を犠牲にして得をする、ということを意味しているのである。(Jeffrey Miron, *The Observer*, 15 August 1999)

3 「子供にとって携帯電話よりも大きな危険がある」からの抜粋

昨日、携帯電話がもたらす危険について、著名な専門家たちによる報告があった。これは、現在の知見の概説としてはよいものだったが、その結論を要約すれば、「わからない」と言っているだけである。この結論は、確実性を切望する現代社会では取り扱いが難しい種類のものである。

専門家たちは、子供が携帯電話を使用するのは最小限に抑えるべきだ、と勧告した。当然ながら、用心に越したことはない。しかし、そうだとすると、1950年代の同様の委員会は、人々が週25時間もテレビの前で過ごしていると告げられれば、「なくても済ませられる」テレビを子供は見るべきではない、とおそらくは勧告したことだろう。

携帯電話使用の影響としては、3つのことだけが実証されている。第1に、脳がわずかに熱を帯びることである。これを根拠にして子供の携帯電話使用を禁じるなら、子供に帽子をかぶらせないほうがよいことになるだろう。

第2に、無作為に集めた人々を被験者として、対照実験を設定して行ったしっかりした実験の結果、反応時間の短縮化が明らかになった。この実験では、携帯電話が発する低レベルのマイクロ波を頭に照射される人とそうでない人にグループ分けして、両者を比較した。その結果は、この種の放射線が何らかの生物学的影響を与えることを示しているゆえに、気がかりなのである。この実験結果は、さらなる調査と用心が必要である理由となっている。

第3に、運転中の携帯電話使用がもとで死傷事故を起こす危険が、増大したことである。電話を手にしているときこそ危険は最大になるのだが、ハンズフリーで通話できるときも、やはり危険は大きい。なぜならば、運転者は通話相手の姿を思い描いているため、道路や路上の障害物が見えていないからである。

だから、優先順位をはっきりさせよう。私たちは、親が運転中に携帯電話を

使うのをやめさせるべきなのであって、子供が街で携帯電話を使うのをやめさせるべきだというのではないのである。

　子供の健康に対する重大な脅威としては、しかるべき配慮と注意力を持たずに運転する大人に轢かれること以外に、10代の少女の妊娠、麻薬、誘拐などがある。大事なことは、情報および教育と、子供たち自身の選択に責任を持たせることとのバランスを、うまく保つことなのである。

　10代の子供の親にとって、携帯電話の楽しみのひとつは——そう、正確には楽しみではないのだが——、携帯電話を持たせることによって、子供を目に見えない電子のへその緒でつないでおきながら、子供にいくらかの自立性を与えられるということである。(Editorial, *The Independent*, 12 May 2000)

（練習問題13の解答は、220–232頁にある。）

第3章

含意を理解する

結論を引き出す

　推論というものが持つ重要な側面のひとつとして、与えられた情報以上のものを得ること、すなわち、証拠に基づいて結論を引き出したり、他の人々が行った言明から何が導かれるかを理解したりすることがある。これはわれわれがみな日常生活においてある程度は発揮している能力である。もし、朝カーテンを開けて、昨夜は積もっていた雪がなくなっていることに気づいたら、われわれは、夜の間に気温が上昇したに違いないと結論するだろう。またもし、友人たちが行程150マイル〔約240キロ〕の自動車旅行を2時間で成し遂げたことを知ったら、かれらが時速70マイル〔約110キロ〕の制限速度を超過していたに違いないと結論するだろう。

　われわれが導く結論は、これら2つの例の場合ほど決定的でない場合もある。ある同僚の子供たちがみな最近ひどい風邪を引いたことを知っており、その同僚本人が一日中くしゃみをしているのが聞こえたならば、彼が風邪を引いたのだと結論づけるのは筋が通っている。しかし、彼は風邪を引いたわけではないかもしれない。くしゃみは、新しい鉢植えの植物とか、新しいタイプの印刷インクのような、オフィスの中のなにものかに対するアレルギーによって引き起こされていたのかもしれない。このように、現在手持ちの証拠によって支持されている結論であっても、更なる証拠に照らして再考しなければならなくなる可能性を持つ場合、その結論は、「おそらく」「ありそうな」ことがらとして表現するのが最も適切であろう。

クリティカル・リーズニングの能力を向上させるには、情報を提示されたとき——すなわち、他人と議論したり、新聞や教科書を読んだり、政治家のコメントを聞いたりしたとき——に、体系的な仕方で結論を導き出す能力を鍛えることが必要となる。十分なじみのある主題についてなら結論を導き出すのは簡単かもしれない。しかし、練習することによって、なじみの薄い主題に関してその能力を開発することも十分可能なのである。
　このことを示す例を見てみよう。次の文章について考えてみよ：

> 血中コレステロール値が低い男性は、値が高い男性よりも腸がんになりやすい。しかし、血中コレステロール値が高い男性は心臓発作を起こすリスクが平均よりも高い。（米国ロースクール進学適性試験、1984年12月）

　この情報から、どのような結論が導けるだろうか。心臓発作のリスクを減らすことになるからという理由で低い血中コレステロール値を目指すのは、すべての男性にとってよいことであると結論づけられるだろうか。いや、与えられている情報からはそのようなことは言えない。なぜなら、血中コレステロール値を下げることができたとすると、腸がんになりやすくなるだろうからである。したがって、われわれが結論できるのはせいぜい、心臓発作のリスクを減らすために患者の血中コレステロール値を低くすることは、腸がんのリスクを増やすことになりうるということであり、したがって、患者の血中コレステロール値を下げようとすることは賢明なことではないかもしれない、ということである。
　この結論が仮のものであるということに注意してほしい。さらに情報が得られれば、結論を修正しなければならなくなるかもしれない。たとえば、腸がんが通常は老年期に発病する病気だと想定しよう。その場合、血中コレステロール値を低くすることによって、その人を、心臓発作で若くして死に至る可能性が高いグループから、より長く生きるグループへと移すことができるかもしれない。それは、後に腸がんにかかるというリスクが増すことをともなう。しかしこのような場合、心臓発作を起こす可能性が高い人に対して、血中コレステロール値を下げようとすることは賢明なことだと言えるだ

ろう。もうひとつ例を見ておこう：

> 殺虫剤を繰り返し散布しても、タバコ畑から虫を追い出すことはできなかった。散布のたびに、それぞれの種類の中で最も強いものたちのみが生き残った。それらがつがいになって、それまでよりも殺虫剤に対して抵抗力のある子孫を産んだのだった。（米国ロースクール進学適性試験、1983年6月）

この情報から何を結論できるだろうか。殺虫剤散布を繰り返しても生き残っている強い虫は、殺虫剤に対してさらに大きな抵抗力を持つ子孫をつくるということがわかる。もといた虫のなかには、当然、抵抗力の弱いものもいれば、強いものもいただろう。したがって、特定の虫が強い抵抗力を持っているか否かは、おそらく偶然の問題に過ぎなかっただろう。そうすると、生き残ったものの子孫が強い抵抗力を持っているか否かもまた、偶然の問題に過ぎないと言えそうな気もする。

　しかし、それが単なる偶然の問題だとすると、新しい世代は殺虫剤への抵抗力が弱い虫も含んでいると予想できるはずだ。ところが実際にはすべての虫が強い抵抗力を持っていた。この事実は、強い抵抗力を持つ虫の子孫が、それ自身強い抵抗力を持つ傾向にあることを示唆している。そしてこのことは、少なくともある種の虫において、殺虫剤への抵抗力が世代から世代へと受け継がれうるということを示している。これは有用な結論だ。なぜなら、その結論は、繰り返し殺虫剤を散布しても最終的に害虫がいなくなるという結果にはならないかもしれない、ということを教えてくれるからである。さらにもし殺虫剤に抵抗力のある虫が、たとえば、子孫をつくる能力、不都合な気象条件や病気に耐える能力といった他の点においてもまた強いものだとしたら、殺虫剤の散布が虫たちを全体としてもっと強くしてしまう可能性すらあるのである。

　次に、結論を引き出すスキルをトレーニングするための練習問題をいくつか挙げておく。

練習問題14　結論を引き出す

以下の各々について、文章からどのような結論が引き出せるかを述べよ。

1　けさは池が凍っている。昨日は凍っていなかった。

2　学校でインフルエンザが流行している。生徒のひとりジッタはとても高い熱が出て筋肉痛があるが、いずれもインフルエンザの症状である。

3　この冬はとても厳しかった。冬の厳しい年は、水仙が咲くのはたいてい遅い。

4　ジェーンはジムより前に到着した。2人は同時に出発して、どちらも車に乗って移動したのに。

5　殺人事件の被害者は、土曜日の午後9時に死亡した。彼は毒を飲まされていたかもしれないと疑われているが、彼の死因が毒の摂取なのか、頭をなぐられたことなのかはまだわからない。もし、なぐられたときに彼がまだ生きていたとしたら、頭の傷は即座に死を引き起こしただろう。もっとも疑わしいとされている容疑者のブラウン氏は、午後7時から10時の間、事件現場から5マイル〔約8キロ〕離れたところで友達と一緒にいたことが現在では明らかになっている。

（練習問題14の解答は、233頁にある。）

練習問題15　含意を評価する

以下の文章のそれぞれについて、そこに述べられていることがらが真であると仮定して、(a)から(e)までの応答がそれぞれ真、偽、おそらく真、おそら

く偽、または、その真偽について何らかの結論を導くには不十分な情報しかない、のいずれであるか評価せよ。解答、すなわち、「真」、「偽」、「おそらく真」、「おそらく偽」、「不十分な情報」のいずれかを、文（a）から（e）の最後に記せ。自分の解答を誰か他の人の解答と比べてみると面白いだろう。

1　スウェーデンでの研究によれば、1979年から1987年の間に皮膚がんの発生率は50％上昇している。皮膚の色の薄い人々にとって、太陽光線にさらされることは皮膚がんを発病する原因となることが知られている。皮膚がんの発生率は、肉体労働者より専門職従事者のほうが高いことがわかった。つまり、日照のとてもよい気候の地域で休暇を取ることのできる裕福な人々のほうが皮膚がんの発生率が高いのである。皮膚がんの症例の20％が20歳から39歳の間に発生するが、他のほとんどの種類のがんは、この年齢のグループにおいてはまれである。（'Cancer threats all around us', Celia Hall, *The Independent*, 30 March 1993より）

(a) スウェーデンの肉体労働者には、皮膚がんにかかるリスクはない。
(b) 年齢40歳未満の人より、40歳以上の人のほうが、皮膚がんにかかるリスクは低い。
(c) スウェーデンにおける皮膚がんの発生率の上昇は、太陽光線にさらされることが皮膚がんの唯一の原因であるとは言えないということを示している。
(d) スウェーデンの40歳以上の人々は、日照のよい気候の地域で休暇を取ることが他の人々より多い。
(e) スウェーデンにおける皮膚がんの発生率の上昇は、日照のよい気候の地域で休暇を取る人の数が増えたことによるのかもしれない。

2　人々にもっと安全に運転してもらう方法を調べるための研究に、自分の運転は安全だと慢心している人を数多く含む、およそ600人のドライバーが協力した。ドライバーたちは、自分が事故を起こし、その事故で子供の命が失われるといったような深刻な帰結が生じたという想定のもとで、その想像の詳細について質問票に記入を求められる。彼らはその事故の帰結の描写をした上で、それに続く罪の意識や、再び運転する自信の喪失、あ

るいは実際に運転できなくなってしまう状況などについて想像しなければならない。実験の前には、50％の人が、高速道路を時速80マイル〔約130キロ〕で運転するつもりであると言っていた。しかし、質問票に記入を終えた後では、この数字は27％に減った。自らの運転技術と安全性に対して過大評価をしがちなグループは、若い男性たちのグループであった。('Imaginig accident curbs bad drivers', Steve Connor, *The Independent*, 5 November 1993より）

(a) ほとんどのドライバーが、自らの安全について慢心している。
(b) 自分の運転技術を過大に見積もるドライバーの中には、速すぎる運転をしがちなものもいる。
(c) たった数年の運転経験しかない人々は、自分の技術を過信したりはしない。
(d) ドライバーに、深刻な交通事故を起こしたという状況を強制的に想像させることで、将来彼らにより責任をもった運転をさせることができるかもしれない。
(e) 自分が深刻な事故を起こしたという想像は、ドライバーとしての自信をなくすという望ましくない結果を生む。

3 毎年、母羊が何らかの理由で母乳を与えて育てることができない子羊が数多く出るが、その子羊にどう対処するかという問題の解決法として、羊に想像妊娠を起こさせる技法が開発されてきた。よく知られているように、雌羊は出産後、自分が産んだ子羊と急速にきずなを固め他のものをすべて排除するので、子羊を里子に出すことは難しい。酪農家の人々は、孤児となった子羊を育てなければならないが、母親との触れ合いが欠けていることは、子羊の異常な行動の原因になりうるのだ。2本の指で、雌羊の首の部分をやさしく伸ばしてやると、それは、分娩の際に発生するものと似た神経シグナルを脳に送ることになる。その雌羊は、自分がもう1頭子を産んだ、と思うのである。孤児となった羊がその新しい母親のもとに持ち込まれると、80％の確率で受け入れられる。('Ewes "fooled" into acting as mothers', Steve Connor, *The Independent*, 22 March 1993)

(a) 1回の妊娠で2頭の羊を産んだ雌羊は、両方の羊ときずなを固める。
(b) 雌羊は、孤児となった羊が持ち込まれると、自分の子羊を排除してしまう。
(c) 孤児となった羊は、雌羊に育てられないと、正常な行動を発達させることができないかもしれない。
(d) 孤児となった羊は、大人へと成長するために母親との触れ合いが必要である。
(e) 雌羊と子羊の間のきずなの形成は、たとえ雌羊がその子羊の母親でなくても起こる。

4 殺虫液に浸して洗うことで、羊を疥癬やクロバエの攻撃から守ることができる。皮革製造業者の報告によれば、昨年、洗羊が強制ではなくなったため、英国の羊皮の60%がこれらの寄生体によって被害をこうむっていることがわかった。しかし一方で洗羊は、それを行う畜産業者に健康上の問題を引き起こしうる。獣医用製品委員会は、洗羊液にさらされたことでインフルエンザのような症状が生じたと考えられる266人の症例に関する医学的な検証を行った。これらのうち洗羊液に関連している可能性があるものは58人に過ぎなかったが、それら58人のうち、洗羊液の使用に際して防護服を着用していたものはわずか3人であった。低濃度の洗羊液に長期にわたってさらされ続けることによる影響は知られていない。しかし、安全に対する関心の高まりを受けて、農業省は洗羊液を扱う畜産業者に資格証明を要求する法律をつくった。('Sheep dip use to be limited to qualified farmers', Oliver Gillie, *The Independent*, 2 December 1993)

(a) 疥癬やクロバエは羊に苦しみを与える原因となる。
(b) インフルエンザのような症状と洗羊液の使用との間に関連があるという証拠はない。
(c) 防護服によって、洗羊液が畜産業者の健康を害することを防げる。
(d) 低濃度の洗羊液にさらされ続けることは危険だと知られているので、洗羊液の使用を禁ずることは正当化される。

(e) 洗羊液は、使用する畜産業者の健康をおびやかすので、十分注意して取り扱う必要がある。

(練習問題15の解答は、233–237頁にある。)

論証の含意を理解する

　論証は全体として、それが関わっている特定の主題を超えた含意を持つことがある。論証がそのような含意を持つ重要な場合が2つある。その論証が、他の主題に関する論証とも共有しうる特定の構造または形式を示している場合と、他の事例にも適用可能な一般的原則に依拠している場合である。論証の含意を扱うことに関わるこれらのスキルは、相似論証（*parallel arguments*）の理解、そして、原則の理解と適用、と呼ぶことができる。

相似論証を理解する

　このスキルの価値は、相似論証の理解が、論証において何が間違っているのかを見てとる助けになるというところにある。論証は、なじみの深い主題に関するものである場合のほうが、欠点を見つけやすいことがある。なじみのない主題に関する、ある論証が示されたとしよう。あなたはその主題について評価する能力には自信がないけれども、その論証がある特定の形式ないしはパターンを持っていることはわかる。そこで、そのパターンに、なじみの深い主題を当てはめてみると、その論証がよいものかどうかあなたにもわかるようになる。ただし、すべての論証がそのように扱えるわけではない。そのような扱いができることが多いのは、否定的な証拠が付け加わることによって反論されうるような論証ではなく、むしろ構造によって当否が決まってしまうような比較的短い論証である。

　「あなたは、……と論証してもよいということになってしまう」と述べて、論証に反論する人がいれば、その人は、元の論証に問題があることを示すために相似論証を提示している可能性が高い。次の2つの会話例において起こ

っているのは、まさにそのようなことである。

1　**ジェームズ**：私は、自分の意味していることを言うのだから、自分の言うことを意味しているのである。
　　ジョン：それでは、あなたは、自分が食べるものを見るのだから、自分が見るものを食べるのだ、と論証してもよいということになってしまう。

2　**サム**：誰もが自分の感覚に欺かれるという経験をしたことがある——まっすぐなのに曲がって見える棒、など——そして、このように感覚を通じて得る情報はみな、まやかしであるかもしれないのだから、感覚経験は常に信頼できない。
　　ジョー：そんなことを言うのなら、あなたは、誰もが人にうそをつかれるという経験をしたことがある——愛するものですらうそをつき、人はみなあてにならないかもしれない——から、誰も一切信頼できない、と論証してもよいということになってしまう。

練習問題5（26-27頁）の論証は、相似論証を作ってみると、正しさの保証されない推論がなされていたのだということがわかる論証の例になっている。この論証は、合衆国大統領のセックスライフについて公に議論し糾弾することに正当化は与えられない、という主張に関わっている。妻を欺く夫がそれでもまだよい大統領でありうるということを納得させるために、（妻を欺くことはなかったという意味において）よい夫ではあったが悪い大統領であった人物の例を挙げたのである。論証のこの部分は次のようにまとめられる。

　　妻を欺くことのない男が、それにもかかわらず、悪い大統領でありうる。したがって、妻を欺く男でも、よい大統領でありうるのだ。

ここで結論は正しいかもしれないが、そしてまた——とくにもし結論に同意したとすると——その結論に対してよい理由が提示されていると考えたくなるのではあるが、実際には、最初の文は結論を受け入れるためのよい理由で

はない。

　このことは、次の相似論証に注目してみれば明らかになる。

　　子供を虐待しない人が、それにもかかわらず、悪い保育士でありうる。したがって、子供を虐待する人でも、よい保育士でありうるのだ。

この例についてはすぐさま、結論は真ではありえないということを見て取れるだろう。子供を虐待する人がよい保育士であることなどまずありえないからである。結論が偽でなければならないとすると、たとえ提示された理由が真であったとしても、この論証はよい論証ではありえない。理由は疑いようもなく真である。よい保育士であるためには、単に子供を虐待しないという以上のことがなされなければならない。この論証がよくないのは、理由が結論を確立するのに十分ではないということによる。そして、それが保育士に関する論証にあてはまるとするならば、合衆国大統領に関する相似論証にも同様にあてはまるのである。妻を欺いた大統領がそれにもかかわらずよい大統領であるなどということはありえないのかどうか、それは、大統領の生活のすべての側面にわたって、欺瞞の傾向がみられるかどうかによるのである。りっぱな夫である大統領が何らかの行為において国民を欺くかどうかによるわけではない。

練習問題16　相似論証を見定める

以下の選択問題では、もとの文章の推論と相似な推論を用いている答えを選び出せ。

1　ヘロイン中毒者は、腕に針のあとがあるのが普通であり、ロバートは腕に針のあとがあるから、ロバートはおそらくヘロイン中毒者であろう。

　この論証で用いられている推論と最も相似であるのは次のうちのいずれか。

(a) マラリアの患者は、高い熱があるのが普通であり、ジョージはマラリアの患者であるから、ジョージはおそらく高い熱があるだろう。
(b) マラリアの患者は、高い熱があるのが普通であるから、マラリアはおそらく高い熱を引き起こすのだろう。
(c) 医者は高い収入を得ており、高い収入を得ている人は高い税金を払っているのであるから、医者はおそらく高い税金を払っているだろう。
(d) 学生は25歳以下であるのが普通であり、ハロルドは25歳以下であるから、ハロルドはおそらく学生だろう。
(e) ヘロイン中毒者は、腕に針のあとがあるのが普通であるから、大部分のヘロイン中毒者はおそらく静脈に直接薬物を注入しているのだろう。

（米国ロースクール進学適性試験、1986年2月）

2　乳幼児の死亡率が高かった時代においては、親は感情の防衛機制のために、子供たちに対して無関心な態度をとっていた。しかし、研究者の中には、多くの子供が死亡するから親が子供に無関心であったのではなく、むしろ、親が子供のことを気にかけず、子供のために時間をほとんどとらなかったからこそ、子供が死亡したのだ、と主張するものもいる。

構造の点で、最後の文で述べられている論証と似ているのは、次のうちのいずれか。

(a) 学校が読書促進計画を新たに実行したことではなく、親が子供の学業に以前より強く関心を抱いたことこそが、国語の成績をよくすることにつながった。
(b) 産業経済における貧しい諸セクターにおいては、資格のある労働者の不足が賃金を下落させているのではない。むしろ、低賃金が未熟練の労働者を引き寄せているのだ。
(c) 人々の変化する要求が、新しいファッションの導入を促すわけではない。実際、衣料品業界は、人々がほしがろうがほしがるまいが、新しいファッションを持ち込むのである。

(d) 不法な薬物を服用する人々は、自分自身を害しているだけではない。組織犯罪を支えることで、社会を害してもいるのである。
(e) 詩人にとって、エリザベス朝演劇のために詩を書くことが価値のあることだと考えられていたわけではない。それにもかかわらず、多くの詩人がそうしてきた。

(米国ロースクール進学適性試験、1983年6月)

3 英国における人口増加ゼロの達成は、近年の政治的経済的衰退に歯止めを掛けるものではなかった。急速な人口増加は、社会科学者がそう信じさせようとしているような経済における災厄などではない、と結論しなければならない。

この論証と最も似ているのは、以下のどれか。

(a) タバコを吸わない多くの人々が慢性の呼吸器疾患を患っている。したがって、タバコを吸うことは、一般に思われているような健康上のリスクではありえない。
(b) ジェリーは、高価なペンキを買ったが、それでも、以前の壁の色を隠すためには重ね塗りが必要だった。したがって、あなたは、手に入る最も安いペンキを買うほうがよいであろう。
(c) たとえ今年国内で去年よりも少ないエネルギーしか使わないとしても、去年より多くの石油が輸入されるだろう。したがって、エネルギーの節約が奨励される。
(d) この薬は、わずかな割合の人にしか副作用が起こらない。多くの人にとっては安全であると結論できる。
(e) 彼の絵のうちいくつかは、退屈でインスピレーションを感じないものである。彼は、偉大な芸術家の部類には属していない、と結論できる。

(米国ロースクール進学適性試験、1984年9月)

(練習問題16の解答は237–240頁にある。)

原則を理解し適用する

　一般的原則に依拠する論証は、それ自身の主題を超えた含意を持つ。なぜなら、一般的原則は、その本性からして、複数の事例に適用可能だからである。推論においては、一般的な原則であると明らかには示さないまま、そのような原則を用いることがある。だから、われわれは論証における言明のいくつかが、議論されている場合以外にも適用されるものかもしれないということに注意しておく必要がある。たとえば、法的な規則、道徳的な指針、ビジネスにおける慣例など、原則には多くの種類がある。論証において、原則は理由や結論、あるいは述べられていない仮定として働く。だから、理由や結論、あるいは仮定を見定めるという通常の過程において、われわれは、それらの言明のうちに、一般的な適用可能性を持つ言明がないだろうかと自分で問うべきなのだ。

　原則を見定めるスキルが重要なのは、その原則の他の場合への適用——すなわち、その原則の更なる含意——によって、その原則の修正や、さらに進んで、その原則の排除すらも必要であることが示されうるからである。たとえば、誰かが、死刑制度に反論したくなり、その理由として「殺人は悪いことである」と述べたとしよう。この原則は、何の限定もなく述べられた場合、明らかに非常に広い適用可能性を持っている。殺人のすべての場合に適用されるのである。だから、もし、それをわれわれの行為を導く原則として受け入れるならば、その意味するところは、戦時における殺人も悪であり、自己防衛における殺人も悪である、ということになる。もし、われわれが、自己防衛における殺人は悪ではありえないと信じているとしたら、その例外を説明するためにもとの原則を修正しなければならない。原則の適用には、われわれ自身や他の人々がその原則の含意とみなすものすべてを含めた、推論の首尾一貫性が関わっているのである。

　もうひとつの例は、医療倫理の分野での論争において示されるものである。病気を治療してほしいという人々の要求が利用可能な資源——たとえば医療者や設備や薬など——を上回ってしまい、優先順位についての決定がなされなければならないとき、治療の優先順位がごく低い病気の1つのタイプ

として、患者自身が自分の行為やライフスタイルによってもたらしてしまったような病気が挙げられる。そのような病気は「自ら招いた」と形容されうるだろう。自ら招いた病気は治療すべきでない、などという見解を持っている医師はほとんどいないだろう。しかし、人々の健康を守るために利用可能な資源をどのように使用するのが一番よいか、一般の人の意見をきいてみると、そのような見解がしばしば言及される。たとえば、次のように言う人がいるかもしれない。「喫煙者に対して、費用のかかる心臓疾患の治療を受けるための高い優先順位を与えるべきではない。なぜなら、かれらは自分で自分の病気を招いたのだから。」

　この背後にある原則は、明らかに、「自ら招いた病気の治療には高い優先順位を与えるべきではない」というものである。そして、この原則は、より広い適用範囲を持っている。しかし、どんな病気の場合にこの原則を適切に適用できるのかを理解するために、「自ら招いた病気」という言葉で正確に何が意味されているのか、もっと明確にしておく必要がある。まず、それが当人の行為や振る舞いによって引き起こされた病気を意味していることは、少なくとも明らかなはずである。この定義によれば、原則は非常に広い範囲の病気に適用できるだろう。たとえば、喫煙に関連する病気、アルコールや薬物に関連した病気、不適切な食生活に起因する病気、スポーツによる傷害の一部、交通事故による傷害の一部、性感染症のうちの一部などに適用できるはずだ。しかしながら、問題の行為ないしは振る舞いが病気を引き起こすということを、当人が知っているのでなければ、その人が病気を招いたと言うのは適切ではありえないだろう。また、病気を招いた行為が、何らかの種類の強制ないしは中毒状態で行われたのだとしたら、その病気が自ら招いたものであると言うのは適切ではありえないだろう。

　したがって、たぶん、「自ら招いた病気」というものの定義を次のように修正したくなるだろう。「個人がその帰結を知りながら熟慮しつつ自由意思で行った行為によって引き起こされた病気」というように。この定義のもとでは、当該の原則の適用範囲はより狭くなる。たとえば、この原則は、そのよくない帰結を知らないで、よくない食生活を行った人の、そのような方法が原因となって生じた病気には適用可能ではないだろう。また、薬物中毒に

よって引き起こされた病気の場合にも適用されないだろう。しかし、原則が適用できる事例——たとえば、対衝撃用ヘルメットをかぶっていなかったせいで、交通事故で怪我をしたオートバイ乗り——について考えるとき、その事例が、原則にどこかおかしなところがあることを示唆していると気づく可能性もいまだ残っているのである。

練習問題17　原則を適用し評価する

以下の原則の各々について、それが適用される場合を考えて、その特定の適用が原則の修正や放棄を示唆しているかどうかを考察せよ。この練習問題はクラスにおける議論のための出発点としても有効であろう。

1　自分たち自身が決して利用することのないようなサービスに対して、税制を通じて補助を行う必要はない。

2　他人に危害を加える行為とはならないような、自らに危害を加える行為を禁ずる法律はつくるべきではない。

3　新聞には、望むものを何でも掲載することができる絶対的な自由があるべきだ。

4　医師は患者に対して完全に正直であるべきだ。

5　秘密を守ることを約束した情報は決して他人に流すべきではない。

（練習問題17の解答は、240頁にある。）

第4章
言語使用における2つのスキル

　先にさまざまな事例について論じたときわれわれは、まだはっきりした形では言及していなかったスキルの行使を前提としていた。そのスキルとは、言語の理解である。もちろん、このスキルはクリティカル・シンキングの能力の背後にある。というのは、批判的(クリティカル)に考えるということは本質的に、言語で表現される推論を扱うことを含んでいるからである。人それぞれ、言語を扱うスキルのレベルは異なっているが、このスキルも練習によって向上させることができるものである。語彙を増やすこともできるし、複雑な文構造を扱う能力を増強することもできるのである。こういった能力を伸ばすための特別な練習問題は、本書では挙げていない。けれども本章では、うまく推論することに直接に関係する言語使用のスキルを2つ扱う。その2つのスキルとは、明確さと厳密さをもって言語を使用する能力と、誰か他の人が推論したことを要約する能力である。
　2つのスキルのうち前者は、すぐれた推論ができるために備えていなければならないものである。なぜならば、推論の評価はある単語や語句の厳密な意味を明確にすることによって決まることがあるからである。後者のスキル、すなわち推論の要約ができることは本来、推論の評価よりもむしろ理解にかかわっている。しかし、評価は理解なしにはありえず、要約は理解の役に立つのだから、要約のスキルを発達させることは非常に価値がある。

──────────── 明確さと厳密さをもって言語を使用する

　単語が1つ以上の意味を持ちうること、それゆえに単語や語句の使用が時

には多義的になりうることは、言語の本性に根ざしている。この多義性を利用したひとつの技で、人々が論証を提示する際にときどき頼りにするものがある。それは、自分が示す推論からは本当は引き出すことが許されないような結論を、故意に多義的な単語を用いることによって、他の人々に受け入れさせようとするものである。この技の古典的事例と見なせるものが、ジョン・スチュアート・ミルの『功利主義』から抜き出した以下の文章にある。

> 物体が見えうる（visible）ということについて与えられうる唯一の証明は、人々には実際に物体が見える（see）ということである。音が聞こえうる（audible）ということの唯一の証明は、人々には音が聞こえる（hear）ということである。また、経験の他の源泉についても同様である。同様に、私が思うには、何かが望ましい（desirable）ということについて示すことができる唯一の証拠は、人々が実際にそのものを望んでいるということである。(J. S. Mill, *Utilitarianism*, Collins/Fontana, p.288)

この箇所の中の多義的な単語は「望ましい」であり、ミルの批判者たちは次のように主張する。すなわち、この箇所の中の「望ましい」と「見えうる」「聞こえうる」との比較を認めるならば、「望ましい」の意味は「望まれうる（can be desired）」でなければならない。けれどもミルは次に、この箇所を、幸福は「望まれるべきである（ought to be desired）」という意味で「望ましい」のだ、という主張の根拠として用いてしまう、と。ミルが実際にこのすり替えの技を試みているのかどうかを判断するためには、『功利主義』の第4章を読む必要が出てくる。その文中に、ミルが意図した意味に関する手がかりが、もっと見つかるかもしれない。しかし、われわれの目的にとっては、上の文は、単語が多義的に用いられうる仕方を例証してくれるだけで十分である。

多義性を持つすべての事例が故意のものであるとは限らない。第1章でわれわれは、以下の論証を検討したのだった。

> タバコの広告が禁じられたら、タバコ会社はみな広告費に費やすはずだったお

金を使わないですむことになるだろう。そこで、タバコ会社はお互いに競争するために、タバコの価格を下げるだろう。したがって、タバコ広告を禁ずることは、喫煙を増加させることになりそうである。

われわれは、「喫煙の増加」という語句が、喫煙する人の数が増えることを意味しているのか、それとも喫煙者が吸うタバコの本数が増えることを意味しているのか、それともその両方を意味しているのか、ということは明確ではない、という点に注目した。この語句の意味を明確にすると結論の基礎がぐらついてしまうことになるので、故意に不明確にしたままその結論を受け入れるようわれわれの説得を試みているのだ、と考える特別な理由はない。上の論証を提示している人物は、自分がこの語句を用いて意味したことがとてもはっきりとわかっており、しかも、自分の論証は結論に強い支持を与えると信じていたかもしれないのである。おそらくこの語句が意味するところは、筆者が多義性に気づかなかったゆえに、書きつくされていないのだろう。上の短文の中には、筆者が何を意味したかに関する手がかりは、それ以上はないのである。

　このような事例においては、われわれは可能な解釈を両方とも評価する必要がある。タバコの価格の引き下げは、より多くの人々が喫煙することにつながる可能性が高いだろうか。これは疑わしい。というのは、人々にタバコを吸うのをためらわせるのがタバコの価格だなどということはあまりないように思えるからである。タバコを吸わない人々の中にはたぶん、タバコを吸いたいと思ったことが一度もない人もいれば、健康上のリスクを減らしたいという理由だけで喫煙をやめた人もいるだろう。この２つの区分に入る人々にとっては、タバコ代はタバコを吸わないようにするための動機づけには何の役割も果たしていない。禁煙した人の中には、タバコが安くなりさえすれば再びタバコを吸うようになる人もいる、と考えられるかもしれない。しかし、そんなことはたんにありうるというだけで、まずありそうにない。タバコを吸わない人々、おそらくまだ喫煙習慣が身についていない若者の中には、タバコが安くなれば喫煙者になる人もいるかもしれない。こちらのほうが少しはありそうだ。

さて、もうひとつの解釈に移ろう。タバコの価格の引き下げが喫煙者の吸うタバコの本数を増やすことになる可能性は高いだろうか。なるほど、これはありうる。喫煙者の中には、タバコは高価だからという理由で1日に吸うタバコの本数を制限している人もいるかもしれないのである。そういう人は、もっとたくさん吸いたいと思うだろう。また、1日に吸うタバコの本数を少しばかり増やしたところで、すでに招いてしまっている健康上のリスクを増大させることにはならない、と考えるだろう。

　多義的な単語または語句が用いられている事例2つを見てきた。このような場合、どちらの解釈が意図されているのかということにかかわる手がかりを、本文の中に探す必要がある。そのような手がかりを見つけられないならば、可能な解釈それぞれについて推論を評価する必要がある。

　明確化が要求されるもうひとつのタイプの場合とは、次のようなものである。すなわち、ある対象の集合全体を包摂する意図が明確であるような用語が使われているが、その用語は本文の中できちんと定義されていないので、厳密にはどのようなものを意味するのかが明確でないような場合である。この場合の例は、第3章の、原則の適用を論じたところで挙げられている。問題となった原則とは、「自ら招いた病気の治療には高い優先順位を与えるべきではない」というものだった。この原則に依存する推論を評価することは、「自ら招いた病気」という用語の厳密な定義を明確にするまではできないのである。このような事例においては時には、筆者の定義がどのようなものでなければならないかに関する手がかりが本文の中にあることもある。そのような手がかりを見つけられないのならば、可能だと考えられるすべての定義を考慮し、その定義それぞれに基づいて推論を順番に評価していかなければならない。

練習問題18　単語または語句の意味を明確にする

以下の文章のそれぞれについて、推論のために決定的に重要で、その意味を明確にする必要があると考えられる単語または語句を、指摘せよ。その単語また

は語句について考えられる異なった解釈を述べ、それらの解釈が当の文章における推論に対してもたらす差異を評価せよ。

1 美しい顔は何によって作られるのだろうか。完璧な鼻はどのくらい高くあるべきだろうか。顔または耳たぶには、最適の長さがあるのだろうか。目の角度は鼻梁に対してどのくらいであるべきなのだろうか。最近の研究が示すところによれば、美しさはたんに男性または女性の平均値の問題であるという。

　心理学専攻の学生300人に顔写真を見せて、それぞれの顔の魅力を5段階評価でつけるよう求めた。顔写真は、ただひとりの人物の顔を撮影したものもあれば、2人、4人、8人、16人、さらには32人の人物の顔を合成したものもあった。魅力の評価が最低の写真は、ただひとりの人物の顔を撮影したものだった。魅力の評価は、合成するために使われた顔の数が増えるにつれて、高くなっていた。

　だから、元気を出そう！　美しさは私たちの中の大きな鼻や小さな鼻、後ろに引っ込んだあごや突き出たあご、広い額や狭い額の総和なのだ。美しくあるためには、並外れた顔になるにはおよばない。要するに、平均的な顔でありさえすればよいのだ。

2 子育てにおいて大切なのは、子供の内面に感情移入という特性を発達させるよう努めることである。なぜならば、感情移入ができない者は危険な存在になりうるからである。たとえば、変質者や、子供を狙った性犯罪者が危険なのは、まさに他人の苦痛をかえりみないからである。しかしながら、子供が私たちの望むような市民へと成長するためには、感情移入の他にも多くのことを必要とするだろう。なぜならば、感情移入は良い仕方でも悪い仕方でも使われうるからである。たとえば、ビジネスマンは他人を理解する力を、同僚を元気づけるために使うこともできるし、同僚を利用するために使うこともできるのだ。

3 医師は、患者に対して常に正直であるべきだ。もしも医師が患者に嘘をつき、やがて患者がだまされていたことに気づけば、治療が成功するために

> は決定的に重要な、信頼関係が崩れてしまうだろう。さらに、患者は自分の病状についてあらゆることを知らされる権利を持っているのだから、自分の病状について医師に尋ねる患者には、その質問に対して嘘のない回答が与えられるべきである。
>
> (練習問題18の解答は241–242頁にある。)

論証を要約する

　本書では、挙げた例文のたいていのものについて、文中の言い回しをそのまま用いて、論証の構造を整理して示してきた。その際、文章の重要な部分、すなわち、基本理由、中間結論（述べられているものと述べられていないもの両方）、主結論を抜き出し、推論の進行の仕方がわかるように整理して示したのだった。この方法によれば、短い文章を扱うのはきわめて容易であり、とくに結論表示語と理由表示語が非常にはっきりしている場合は容易だろう。しかし、長めの文章、たとえば新聞でよく見かける文章の場合は、まず全体をはっきりと理解しておかなければ、推論のすべての段階を整理して示す作業には取りかかれない。文章全体を理解するには、要約を書くことが役に立つ。それは、次の２つの点においてである。第１に、自分自身の言葉で表現しなければならないことになるため、その文章が述べていることを自然と的確に把握するようになるという点。第２に、本書で推奨する特別な要約方法は、長い論証を、比較的小さな段階へと分解することによってより扱いやすくするのに役立つという点。

　まず、主結論を抜き出す。これは、結論表示語を確認するか、あるいは「この文章が私に信じさせようとしている、または受け入れさせようとしている主要なメッセージは何か」と問うことによっておこなう。次に、主結論を支持する意図で与えられた直接的理由を抜き出す。直接的理由は、基本理由である場合と、中間結論である場合と、その両方である場合がありうる。この段階では、推論すべてを要約しようとしてはならない。たとえば、この

段階では中間結論があったとしても、それがどのように支持されているのか、まだ正確に書き出そうとしてはならないのである。主結論を直接に支持するひとつ、あるいは2つの（あるいは3つ、あるいはそれより多くの）言明に注意を集中すればよい。そして、主結論と、それを支持する言明を、自分自身の言葉で表現するのである。

　すると、要約は以下のような形式を持つだろう：

　　この文章は、……（主結論）……を、……（中間結論1）……および……（基本理由）……および……（中間結論2）……を根拠として、私に受け入れさせようとしている。

このようにして最初の簡潔な要約を書き終えたら、もっと詳細な推論を当てはめられる枠組みを手に入れたことになる。次に、中間結論それぞれを順番に取り上げて、それを支持するためにどのような理由が提示されているかを、問うわけである。

　以上の作業を、ひとつの例に適用してみよう：

例題1：喫煙者に対するニコチンの影響

　ニコチンガムやニコチン貼付薬などのニコチン含有製品は安い値段で買えるようにし、広く宣伝すべきであり、保健機関から推薦が与えられるべきである。そうすれば、喫煙者がタバコをやめて、こういったより害の少ない製品を使用するようになるだろう。

　タバコによるがんで死亡する人は、イギリスでは毎年がんで死亡する人の3分の1であるが、タバコの中の不純物こそががんを引き起こすのである。だが他方では、タバコのニコチンは快感、刺激、ストレスの緩和を提供してくれる。タバコの中の不純物は除去できるのだが、タバコの売上げが伸びている限りは、タバコ製造業がタバコの中の不純物を除去してきれいにする見込みはない。

　ニコチンは心臓病の有力な原因かもしれないと考えられている。しかし、禁煙が健康にもたらす利点は、ニコチン摂取がもたらすリスクにまさる可能性が

高いのである。

この文章がわれわれに受け入れさせようとしている主要なメッセージは、どのようなことなのだろうか。この文章は明らかに、喫煙者にタバコをやめさせようとする手段として、ニコチン含有製品の普及を促進すべきである、という考えに関わるものである。

ニコチン含有製品の普及を促進することに対して、文章が与えている直接的理由は、こうである。すなわち、ニコチン含有製品の普及を促進すれば、喫煙者が有害なタバコをやめて、より害が少ないニコチン含有製品を使用するようになるだろう、ということ。ゆえに、まず要約を試みてみると、こうなるだろう：

> この文章は、ニコチン含有製品を安い値段で買えるようにして広く宣伝し、保健機関から推薦されたものにすべきであるということを、ニコチン含有製品はタバコより害が少ないということ、および、普及を促進すれば喫煙者が有害なタバコをやめてそのかわりに使用するようになる見込みが強い、ということを根拠として、私に受け入れさせようとしている。

ここでは、元の文章の第2文から2つの理由を抽出している。すなわち、ニコチン含有製品はタバコほど害がないこと、および、ニコチン含有製品の普及を促進することは喫煙者の行動を変えるだろうということである。文章の残りの部分はおもに、最初の理由に支持を与えることに携わっている。つまり、ニコチン含有製品は実際にタバコほど害がないことを示そうとしているのである。しかし、文章の第2段落および第3段落も、次のような、述べられていない中間結論に支持を与えようとしていると見ることもできる。その中間結論とは、喫煙者が、タバコの中のどの成分が快感を与えてくれるのか、そしてどの成分が喫煙者をがんにかかる危険にさらすのかということについての知識をもっと持てば、タバコをやめて、それ以外のニコチン含有製品を使用するだろう、とくにニコチン貼付薬とニコチンガムが比較的安価になった場合にはそうするだろう、ということである。

―――――――――――――――――――――――― **例題２：芸術への補助金**

さて、もっと長い文章の要約に挑戦してみよう。

　芸術に関心を持っているのは少数の人々だけなのだから、芸術のために補助金を出すことは擁護できない、と主張する人々がいる。この見解は、弱者に対するその最も同情的な形では、貧しい人々を弁護するものとして現れる。芸術のための補助金とは、つまるところ、すべての納税者（ロイヤル・オペラ・ハウスは言うまでもなく、美術館や劇場に一度も足を運んだことがない人々を含む）から金をとって、特権階級の余暇活動のために資金援助をすることなのである。しかも、私たちはサッカーのような労働者階級の娯楽には補助金を出さないのに、なぜオペラのような紳士気取りの娯楽に補助金を出すべきなのだろうか、と彼らは言う。

　文化に親しむための料金が補助金によってどれほど安くなろうとも（たいていの美術館の場合、無料）普通の人はたいてい一生のあいだ文化とは無縁だという、人を見下したような仮定はさておき、この議論にはおかしなところがある。この議論の論理的帰結にまで到れば、民主主義社会におけるいかなる種類の税金も根本から否定されてしまう。人々は美術館や劇場などを利用しないのなら芸術のための税金を払わなくてよい、と主張することと、人々は子供がないなら学校教育制度を支援しなくてよい、もしくは自動車を所有していないなら道路建設のために税金を払わなくてよい、と言うこととのあいだに、何の違いもなくなってしまうのである。

　税金を徴収して使う方法は、私たちが私企業のサービスに対して料金を支払う場合と同一の原則に基づいているわけではない。国は、普通教育であれ文化遺産の保存であれ、ある物事を国民全体にとってよいものであると見なすことにすると決定しても、あらゆる納税者がそのよいものの恩恵にあずかれることを要求するわけではないのである。

　では、芸術はなぜよいものなのだろうか。オペラ鑑賞に行く人は私たちの中できわめて少なく、ゴルフを好む数多くの人々はプレイするための料金を自分で払っているというのに、コベント・ガーデン劇場に私たちの金を何百万ポンド

もつぎ込むことがなぜそれほど重要なのだろうか。なぜ私の気晴らしはあなたの気晴らしよりも価値があるのだろうか。

　ジョン・スチュアート・ミルは、よいものであるということは「最大多数の最大幸福」をもたらすということに存するという、単純化した功利主義の原則を修正しなければならなくなった。なぜならば、この原則がすべての快楽は同等であるという含みをもち、たとえばプッシュピンという子供の遊びが詩と同等によいものであることになってしまうからである。だが、芸術は単なる風変わりな趣味のようなものなのではない。

　以前、芸術に無理解な実利主義者たちに対抗して、私がやむにやまれず芸術擁護論を書いたように、芸術が私たちに提供してくれるものは、私たちの置かれている状況を理解する方法と、その状況を超克する方法の両者なのである。結局のところ、芸術は、私たちを獣ではなく人間たらしめるものなのである。(*The Times* on 12 October 1995に掲載された記事より（© Janet Daley）reproduced by permission of A. M. Heath & Co. Ltd.）

　この文章がわれわれに受け入れさせようとしていることは、どのようなことなのだろうか。この文章は、公金から芸術に補助金を出すことに反対するあるタイプの論証について論じ、「この議論にはおかしなところがある」と述べている。また、芸術がよいもの、すなわち国民全体にとってよいことになると判断されうるようなものであるのはなぜなのかを説明しようとしている。ゆえに、次の点は明らかである。すなわち上の文章は、芸術に補助金を出すことに反対する論証のひとつはよくない論証であるということ、および芸術に補助金を出すことには積極的な理由があるということを、われわれに確信させようとしているのである。まず要約してみると、こうなるだろう：

　この文章は、芸術に補助金を出すことはよいことだということを、芸術は普通教育と同じように国民全体にとってよいものであるということ、および、国民全体にとってよいものには、たとえ納税者の中にそのサービスを一度も利用しない者がいるかもしれないとしても公金から補助金を出すべきである、ということを根拠として、私に受け入れさせようとしている。

ここでは、2つの直接的理由が確認されている。それは、芸術が国民にとってよいものであるということ、および、国民にとってよいものには、たとえ納税者の中に一度も利用しない者がいるとしても、補助金を出すのが適切であるということである。

　2つの直接的理由のうち、最初のものは、芸術は「結局のところ、私たちを獣ではなく人間たらしめるものなのである」という主張が支持している。2つ目の理由の支持は、芸術に補助金を出すべきではないという主張を弁護するためにときどき用いられる原則が意味するところを示すことによって、与えられている。その原則とは、納税者の一部が利用しないようなサービスには、税金から補助金を出すべきでない、というものである。この原則に従えば、納税者の中には子供がいない者もいるし車を運転しない者もいるのだから、税金を教育や道路建設の補助金として使うべきでない、ということになってしまうだろう。けれども、このような解釈は受け入れられない（と仮定されている）ので、このような解釈を導いてしまう原則はしりぞけるべきであり、そのかわりに、国民全体にとってよいものには税収から補助金を出すべきであるという原則を受け入れるべきだというのである。

　2つの例について、最初の簡潔な要約を提示した。この要約では、論証のすべてのステップを整理して示そうとはせずに、主結論に直接的な支持を与える主要な理由を見定めることを目指している。次に、この最初の簡潔な要約を基礎として推論の詳細を書き加えていく方法を示したのである。この方法を練習するために、続く練習問題に取り組んでもらいたい。

　特別に長い、もしくは複雑な文章（たとえば、練習問題20の中のいくつか）の場合には、主結論と理由の要約を試みる前に、まずその文章のさまざまな段落にある主題を探して、それぞれの主題を要約しておくのが役立つ、ということがわかるだろう。

練習問題19　要約を書く

以下の文章のそれぞれについて、

(a) 主結論と、それに対して与えられた直接的理由（基本理由または中間結論）の要約を書け。
(b) 見定めた中間結論を支持するよう意図されている推論を、指摘せよ。

1　快楽のための殺戮という考えには、何か不快を感じさせるものがある。狩猟賛成派の人々がどれほど声高に追跡のスリルと乗馬のスキルについて述べようと、ひとつの明快な事実が残されている。すなわち、この狩猟の究極の目的は死なのだ。食用にするための殺害、安全を守るための殺害、田園地方で生計を立てるための殺害、こういったことすべては必要不可欠なことであって、私たちは神経過敏になるべきではない。しかし、殺害を楽しむことを人々がそれほど誇りに思うことがありうると考えるのは、かなりいやな感じがするものだ。

　伝統に訴えても、弁護にはならない。一族が何世紀にもわたってこのような狩りを行ってきたという事実は、彼らの子孫が現在も狩りをし続けることを正当化しはしない。何世紀ものあいだ人々は、穴熊攻め[訳注]、闘鶏、倒れるまでポニーを酷使することを含めて、今日では私たちが違法としている、あらゆる種類のぞっとするようなことをしてきたのである。動物への同情は、都会人の一時的な気まぐれではないし、たんなる神経過敏でもない。この同情は、社会がより温和になり、さらに文明化されつつあることの尺度なのである。わが新聞は、狩りなどするつもりはない。

　けれども、だからといって私たちは狩猟を禁止するだろうか。いや、禁止しないだろう。ある活動を、他者に対する危害が圧倒的にひどいものでないにもかかわらず禁止しようと干渉してくる国家の前途を思うと、私たちは暗澹たる気持ちになる。

[訳注]　アナグマを捕らえてきて、人工的に作った巣穴に入れ、犬をけしかけて闘わせる見せ物。巣穴の中で噛みつき合っている両者をひきずり出し、引き離してアナグマを巣穴に戻すということを一定時間内に繰り返すもので、賭けの対象にもなった。1835年の動物愛護法により禁止されたが、その後もイギリスの地方では続けられた。

まず初めに、キツネ狩りが残酷であることを根拠とする反対論は、明確なものではない。キツネは、ふさふさした毛におおわれた、その見かけほどかわいいものではないのだ。ベイジル・ブラッシュ〔1963年放映開始のテレビ番組 "The Basil Brush Show" の主人公であるキツネの人形〕と、子供たちの古典である Fantastic Mr. Fox〔邦訳は、『父さんギツネバンザイ』田村隆一・米沢万里子訳、評論社、1979年〕の作者ロアルド・ダールは、この小さな害獣が私たちの愛情を得るようになる手助けをしたことになるかもしれない。だが、キツネは肉食動物であり、貧富を問わず農業従事者や土地所有者の手で、数世紀にわたって個体数管理を受けてきた。キツネ狩り反対派の人々は、キツネ狩り禁止の議論を圧倒的に強いものにするためには、キツネを虐殺する他の方法が本当に狩猟ほどには残酷でないという、より説得力のある根拠を示す必要がある。('Beware of the anti-hunting roundheads in full cry' —comment, The Independent, 24 December 1996)

2 実業界の陳情団は、父親となった者に２週間の有給育児休業を与えるという政府案に反対しているが、またぞろ嘘つきとなって信用を失う危険を冒している。

イギリスで新たに父親となる者は、実のところ労働時間を増やしている。彼らはけっして怠け者ではなく、労働時間がヨーロッパの中で最長なのである。２週間の休暇を与えて、そのあいだに彼らが自分の子のことをよく知るようになってから会社の仕事に復帰させるということが、それほど大きな害をもたらすのだろうか。

こう言うのが感情的すぎるように聞こえるのならば、実践的に考えよう。ＮＨＳ〔National Health Service：国民保健サービス〕は母親を可能な限り早く産科病室から追い出してしまう。誰が彼女たちの面倒を見てくれるというのだろうか。母親となった女性の20％もが、帝王切開を受けているのだ。多くの母親は大家族の中で暮らしているわけではないため、子育ての支援を受けられない。父親こそが支援の要なのである。産後の抑鬱状態は、父親が積極的に育児にかかわる場合にはあまり見られないということに、けっして驚くべきでない。

母乳による育児は明らかに、父親が育児の知識をより多く持ち、より多

くの支援を行えば、よりうまくいく。それゆえ、スコットランドの保健サービスは、父親を公衆衛生教育プログラムの対象としているのである。この保健サービスは、育児休業のきわめて重要な目的を指し示してもいる。どうすればよいのかわからない、親になりたてのふたりは、最初の２週間のあいだに自信といくらかの知識を得る。保健師が家庭に出入りするわけである。けれども、父親が仕事に出てしまうと、彼はせっかくの機会をみすみす失うことになり、それは子供にとっても手痛い損失ということになりかねないのである。

　非常に多くの父親が育児の基本について無知であることが、はたして問題になるのだろうか。ますます多くの子供が、より多くの時間、父親ひとりの手で世話を受けていることを、読者が立ち止まって理解するのならば、明らかに問題であることがわかる。最新の研究が示すところによれば、母親が働いている場合、今や父親は他のいかなる第三者よりも多くの世話をしている。要するに、無知な父親は子供にとって危険なのである。

　こう言っても実業界にとってはまだ感情的すぎるのならば、利益の話をしよう。オーストラリア最大の保険会社であるＡＭＰは、父親となった社員に６週間の有給育児休業を与えるが、これはわが政府のけちな提案よりもずっと長い。ＡＭＰでは、育児休業制度の採用により社員の離職率が減少して、会社の金が節約されると見ている。育児をする父親の面倒を見ることは、家族にとってよいばかりか、会社にとってもよいことになりうるのである。('Paternity leave is good for families and good for business' —comment, *The Independent*, 8 December 2000)

3　移植用の臓器は非常に供給が少なく、たいていの国では需要が供給を大幅に上回っている。しかしながら、オーストリアとスペインでは、死亡した人から摘出できる臓器に関して「推定同意」があるために、状況はずっとよい。すなわち、ある個人が臓器摘出を拒否するという意思を公式に表明していないのならば、その死亡時に、どの臓器でも移植用に摘出できるのである。これは他の国々も模倣すべき、利他主義を奨励する法律であると私には思える。

　友人や身内に臓器を贈与することも、気高く利他的なことであると見な

されている。このような移植は、私たちの身体はとにかく神聖であって身体からは何も取り去られるべきでない、という考えを否定するものである。

　ならば、臓器を贈与することが容認され、贈与する患者の自律性が重視されているのに、ある人物が自分の腎臓を売って金を得る可能性について、人々が恐怖をいだき、ほとんどすべての人が拒絶するのはなぜなのだろうか。もしも患者が自分の身体に関する諸権利を持っているとすれば、自分の身体を好きなように扱うことはなぜ許されるべきでないのだろうか。自分の身体を好きなように扱っても、他の誰かを傷つけるわけではないのである。登山家、スキーヤー、そして都会で自転車に乗る人さえもが行っているのと同じように人々が自分の身体を危険にさらす権利は、誰も否定しない。ボクサーは金をもらって、ひどい身体的損傷をこうむるところを私たちに見せる。兵士は、自分の身体を危険にさらして私たちを守ってくれる。

　私が最もよく耳にする議論は、裕福な人々が貧乏な人々から腎臓を買うことができるようになってしまう、というものである。これに対して私は、すると貧乏な人々はなにがしかの金を得られるだろう、と答える。自分の身体の一部を売ることが許されてはならないというのは、本能的な嫌悪感以外のいかなる根拠に基づいているのか、私にはわからない。けれども、本能的な嫌悪感は、それ自体では、判断を下すためのよい根拠ではないのである。次のような状況を想像してみよう。すなわち、極度に貧乏で、おそらく他の国にいても貧乏だろうと思われる人物が、自分の臓器をひとつ売ることによって、自分を衰弱させていく貧乏から逃れられる、という状況である。この状況で臓器を売って金がたっぷり入れば、売り手は家族の生活を一変させることができるだろう。腎臓を売ることは濫用の危険がありうることである。だが、私たちが労働力を切り売りして金を稼ぐことに対して統制があるのと似た仕方で法的規制を行うことは可能だろう。('Kidney Trouble', Lewis Wolpert, *The Independent on Sunday*, 22 February 1998)

（練習問題19の解答は242–245頁にある。）

第5章

推論のスキルを磨く

　あなたが目にしたとき評価したくなるような推論、たとえば新聞、定期刊行物、教科書などに登場するたいていの推論は、本書に収められた文章の大多数が典型となっているような、整然とまとめられた短い文章の中で提示されているわけではない。そのかわりに、長い文章から推論を抽出しなければならないことがしばしばあるだろう。長い文章では、関連のない内容がいくらか含まれていることもあるだろう。また、理由と結論とがきれいな一連のステップに見えるように整理されてはおらず、ゴチャゴチャになったまま提示されていたりすることもあるだろう。長い文章を評価するという課題もまた、本書に掲げた練習問題のたいていのものとは異なって、個別のスキルのひとつに焦点を合わせているというよりもむしろ推論にかかわるスキルを総動員することを要求している。あなたは、適切なスキルを選びながら、長い文章全体に取り組まなければならないのである。それはまさに、テニス選手がよく練習したフォアハンドのドライブを打つのか、それとも、美しいまでに磨きをかけたバックハンドのボレーを打つのかを選びながら、ひとつの試合を戦い抜かなければならないのと同じことなのである。

　長めの文章でスキルを磨く練習は、すでに練習問題13（91–95頁）で済ませてある。本章では、推論を提示する長い文章の分析と評価の実例をいくつか示し、最後に、自分自身でコツをつかむことができるようにいくつかの文章を掲げておく。

推論を提示する長めの文章

最初は、推論を提示する長めの文章に取り組もうとして、おじ気づいてしまうこともあるだろう。だが、文章が短くても長くても要求されるスキルは同じものであることを思い出せば、気が楽になる。そこで、重要なステップを、第2章で整理して示した一覧を拡張して提示しておこう。

1 最初の課題は、結論と理由を見定めることである。そのためには、結論表示語（「したがって」や「ゆえに」のようなもの）と理由表示語（「なぜならば」や「というのは」）を見つけるのが役に立つことがある。しかし、こういった言葉を含んでいない文章もあるだろうし、その場合には、文章の主要なメッセージを理解することによって結論を見定める必要があるだろう。ゆえに、まず、文章全体を読んで、「この文章はどのようなことを私に受け入れるように、あるいは信じるように説得しようとしているのだろうか」と自問するのである。この問いに答えたら、「そのことを私に信じさせるために、この文章はどのような直接的理由ないし証拠を提示しているのだろうか」と自問してみよう。この段階では、以下のような方針で簡潔な要約を書くのが役に立つことがある。

> この文章は、
> 第1に……、
> 第2に……、など
> ということを根拠として、
> ……ということを
> 私に受け入れさせようとしている。

とても長い文章の場合は、要約を書く前にその文章をより短い部分に分解して、テクストのさまざまな部分の主題を探すのも、役に立

つことがある。
2 どのような理由が提示されているのか整理し終えたら、次に、どのようなことが仮定されているのかよく考えてみることが必要になる。仮定には次のようなものがある。
- 基本理由を支持するものとして、または述べられていない付加的理由として、または述べられていない中間結論としてはたらく仮定。
- 単語や語句の意味についての仮定。これについては、もっと厳密な定義を必要とする多義的な単語や術語を探すこと。
- ひとつの場合ないし状況が他の場合ないし状況と似ている、あるいは共通性があるという仮定。これについては、何らかの比較が行われているかどうかを注意して確認すること。
- ある証拠についての特定の説明が、唯一のもっともらしい説明であるという仮定。これについては、他の説明を注意して探すこと。

仮定を特定しようとしているときには、ある個別の推論の背景となっていることを再構成しようとしていることになる。
3 推論とその背景についてはっきりと理解したら、今度は評価することが必要になる。理由と、述べられていない仮定の正しさをどこまで評価できるかを、よく考えてみること。理由の正しさを評価できるようにしてくれる、さらなる情報は、どのようにして見つけたらよいのか、よく考えてみること。
4 推論は、権威の疑わしい情報源から得た証拠に頼っているか。
5 あなた自身は、結論を強める、または弱める知識を何か持っているか。あるいは、結論に関係していて、真であるかもしれないことを、何か思いつくことができるか。（自分自身の「知識」を、他の人々の主張に適用するのと同一の評価基準にかけることを忘れずに。）
6 文章の中に何か説明を見つけた場合、その説明はもっともらしいか。また、それは説明されている事柄についての、唯一のもっともらしい説明であるのか。

7 文章の中に比較を見つけた場合、その比較は適切なものか。つまり、比較されている2つのものごとは、問題になっている点で似ているのか。
8 文章中の情報から、文章中では言及されていない重要な結論を何か導き出せないか。そのような結論のどれかが、文章中の推論に欠陥があることを示唆していないか。
9 文章中の推論（または推論のある部分）は、欠陥があるとわかっている推論に類似していないか。あるいは同様のものではないのか。
10 理由または仮定に、何か一般的な原則の具体例となっているものはあるか。そのような一般的原則があるならば、その原則にどこか具合の悪いところがあることを示唆する適用例を何か思いつくことができないか。
11 理由と仮定が結論を支持する度合いを評価すること。結論が十分に支持されていないと思うならば、理由から結論へ移行する際の欠陥がどのような点にあるのかを、述べることができるか。これを実行するには、先の5番目から10番目の問いに対する答えが助けになることがある。

この一覧表は本来、論証と認められるものを含む文章に、つまり主結論とそれを支持するために提示された理由ないし証拠を持っている文章に適用できるものである。しかしながら、推論を含んではいても主結論には至らないような文章もありうる。そのような文章は、ある事柄に関して対立する2つの立場から証拠を吟味してはいるが、結論を導き出すことは読者自身にまかせているのかもしれない。あるいは、そのような文章は、練習問題12のように何事かを説明しようと努めているのかもしれない。主結論を持たない文章に対しても、推論の評価を試みるときには、上に掲げた一覧表のステップをたどることが役に立つとわかるだろう。

推論の評価に関する2つの例題

例題1：科学対神学

　科学と「神学」との和解を求めて、情けないほど媚びて書いた社説（3月18日付）の中であなたは、「人々は自分たちの起源について、できるかぎり多くのことを知りたいと思っている」と述べている。人々がそう思っていると、私も確かに期待している。しかし、いったいなぜあなたは、「神学」が人類の起源という問題について何か言うべき有用なことを持っているなどと考えるのであろうか。科学こそが、私たちの起源について以下のような知識を、責任を持って提供してくれるのである。

　宇宙はいつ頃誕生したのか、そしてなぜ宇宙の大部分は水素に満ちているのかを、私たちは知っている。なぜ星が形成されたのか、そしてその内部でどのようなことが生じて水素を他の元素に変え、物理学的作用が働く世界に化学的作用を生じさせたのかを、私たちは知っている。また私たちは、化学的作用の働く世界がいかにして生物学的作用の働く世界になりうるかに関する基本原理を、自己複製する分子の生成を通して知っている。そして、自己複製の基本原理がダーウィンのいう自然選択を通して、人間を含むすべての生物をいかにして誕生させたかを、私たちは知っている。

　このような知識を私たちに与えてくれたもの、しかもこの知識を魅力的な、圧倒的な力をもって、互いに細部を確証する仕方で与えてくれたものは、科学であり、科学以外にない。前段落に挙げた疑問は科学が解明したわけであり、このような疑問に対してかつて神学が持っていた見解は、どれも間違っていることが決定的に証明された。科学は、天然痘を根絶したのであり、かつては致死性とされたウィルスのたいていのものに対して人々に免疫を与えることができ、かつては致死性とされた細菌のたいていのものを死滅させられる。

　神学は、伝染病は罪の報いであると説くこと以外には、何もしてこなかった。だが科学は、ある特定の彗星が再び現れるのはいつなのか、さらに、次の食が起こるのはいつなのか予測できる。科学は、人間を月面に立たせ、土星と木星を周回する探査ロケットを発射した。科学は、個々の化石の年代測定をす

ることができる。また、同じ年代測定法によって、キリストの亡骸を包んだとされてきたトリノ聖骸布が実は中世に捏造されたものであることを明らかにした。科学は、数種のウィルスに関してはＤＮＡの正確な指令を知っているのであり、ヒトゲノムについても、現在の『インディペンデント』読者の多くが生きている間に同様のことを達成するだろう。

「神学」は、少しでも誰かの役に立つようなことを、何か言ったことがあるだろうか。「神学」は、真であると証明できるがわかりきったことではないようなことを、何か言ったときがあっただろうか。これまで私は神学者の話に耳を傾け、彼らが書いた本を読み、彼らと議論を戦わせてきた。ところが私は、神学者の誰かが少しでも役に立つことを何か言うのを聞いたことがない。神学者が平凡でわかりきったことやまったく間違っていること以外に何か言うのを、私は聞いたことがないのである。

もしも科学者の達成したことすべてが明日消し去られてしまったとしたら、医師の代わりに呪術医がいて、馬より速い輸送手段はなく、コンピュータも印刷された書籍もなく、自給自足の小作農を超えた大規模農業もないことになる。ところが、神学者の達成したことすべてが明日消し去られたとしても、誰か少しでも現状との違いに気づくだろうか。

科学者が達成したものの中でも悪いもの、たとえば爆弾や、音波探知機搭載の捕鯨船でさえも、効力を持っている！　ところが、神学者が達成したものは、何もせず、何の影響も及ぼさず、何事も達成せず、何の意味も持たないのである。にもかかわらず「神学」はひとつの科目たりうるとあなたが考えるのは、いったいなぜなのだろうか。（Letter to the Editor from Richard Dawkins, *The Independent*, 20 March 1993）

この文章の論証を、すでに挙げた11個のステップ（127–129頁）を活用して評価してみよう。

1　まずわれわれは、文章の簡潔な要約を書くことを試みなければならない。文章はわれわれにどのようなことを受け入れさせようとしているのか、そしてそのことをわれわれはなぜ受け入れるべきなのかということに関して文章が与えている理由を、整理するのである。われわれは明らかに、科学が

われわれに大量の有用な知識を提供できるのに対して、神学は重要なもの、ないしは価値あるものを何も生み出せないから、神学はある点で科学より劣っている、と信じるよう導かれている。この文章の主要テーマは、次のように表わせるだろう：

> この文章は、神学が達成したことは効力がなく無意味であるのに対して、科学は効力を持つ数多くのことを達成してきたのであり、しかも、それらのうちたいていのものは有益であるということを根拠として、「神学」は科学とは違って、敬意を払うべき科目ではないということを、私に受け入れさせようとしている。

　われわれは、理由をもう少し詳細に分けて整理する必要がある。科学は非常に価値ある活動だという考えに対して、どのような支持が与えられているだろうか。文章中で言及されているのは、生命と宇宙の起源についての科学的知識、病気を根絶したという科学の成功、および宇宙探査における達成である。文章では、科学が達成したことが消し去られたとしたら不便な生活になると述べられている。そして、科学が達成したものの中で悪いものとされているものでさえも効力を持つということが、指摘される。
　神学は無価値だということを、文章はどのようにしてわれわれに納得させようとしているのだろうか。文章では、神学が人類の起源については間違っていたと主張される。そして、神学は病気の原因を理解することには何の貢献もしてこなかった、すなわち「伝染病は罪の報いであると説くこと以外には、何もしてこなかった」と示唆される。神学はわかりきったことあるいは間違ったことばかり言ってきた、と主張される。神学が達成したことが消し去られても、誰一人として気づく者はいないだろう、さらに神学が達成したことは、科学が達成したものの中で悪いものとされているものでさえも効力を持つのとは対照的に、効力を持たず、何の影響も及ぼさず、何の意味も持たない、と示唆される。

　2　以上の理由の根底には、どのような仮定があるのだろうか。科学が人類

の起源についての「知識」を責任を持って提供してくれるという主張は、科学理論、たとえば宇宙の起源に関する諸理論と進化論が知識を構成しているという仮定に依存している。科学が達成した悪いものが挙げられてはいるが、それらが科学はよいことに役立てる力を少しも持っていないという証拠と見なされているのではないのだから、科学が及ぼす悪い影響は科学が及ぼすよい影響を上回らないという仮定があるわけである。神学はひとつの科目たりえないという結論は、ひとつの科目であるためには、人々の生活に対して何らかの影響を及ぼしているか、あるいは人々の生活にとって何らかの意味を持っているのでなければならない、という仮定に依存しているのである。以上の仮定のうちいくつかは即座に疑わしく思えるかもしれないが、この点は次の3で取り扱うことにしよう。

　意味を明確にする必要がある単語や語句は、何かあるだろうか。「自己複製する分子」「DNAの指令」「ヒトゲノム」など、科学の術語がいくつかある。われわれはこういった術語の正確な意味を知らないことがあり、おそらくそのせいで、科学的知識のこういった側面は価値あるものだという主張を評価する力が限定されてしまう。また、ドーキンスの手紙が書かれた文脈を知らないならば、神学はひとつの科目たりえないということによって正確にはどのようなことが意味されているのか、われわれは問うことだろう。実は、この手紙は、ケンブリッジ大学に「神学と自然科学」という講座の運営基金が寄付されたことに対し歓迎の意を表わした記事への応答として書かれたものである。ゆえに、ドーキンスの見解は、神学は大学教育の科目としては敬意を払えるものではないということである。

　何か比較はなされているだろうか。なされている。文章全体が、科学と神学とを比較して、科学の長所を述べたものなのである。神学はひとつの科目としてふさわしくないと結論づけるにあたって、文章は、科学と神学は少なくともひとつの点で比較可能だと仮定していなければならない。すなわち、科学も神学も大学教育の科目として認められるためには一定の基準を満たすべきだという点で、比較可能だということである。

　仮定に依存している説明はあるだろうか。第2段落は、人類の起源についての説明は科学理論に基づく説明こそが唯一の正しいものだということを、

当然のこととしている。

3　理由および述べられていない仮定が正しいことを、われわれはどの程度まで評価できるだろうか。医学の知見が前進したのは科学研究のおかげであること、そして技術を科学の一部と見なすことができるならば、われわれの生活をより便利で楽しいものにしてくれるもの（輸送、コンピュータ、書籍、近代農業）の多くが科学研究の賜物であることは、科学者以外の人でも難なく受け入れられるだろう。他方で、科学者以外の人は、宇宙と人類の起源に関する科学理論が知識としての地位を持っているかどうか、また、たとえばヒトゲノムというDNAの指令を研究することが価値あるものかどうかについて、判断を下す資格が自分にはないと感じるだろう。けれども、われわれはみな、科学が持つ悪い影響のいくつか、たとえば大量破壊兵器や環境汚染を思い浮かべることができる。さらにわれわれは、全体として見て科学は価値のある活動なのかどうかを考えてみることができるのである。

　神学は価値がないものだという評言についてはどうだろうか。神学が達成したことが明日消し去られても誰一人として気づく者はいないということは、本当だろうか。神学は何も達成せず、無意味であるということは、本当だろうか。確かにこういったことは、宗教が人々の生活の中で果たしている役割を調べることによって判明しうることである。もしかすると、神学者の思想と書物は、多くの人々にとって、偉大な価値を持つものであるかもしれない。ただし、価値があるというのは、科学に価値があるというのとは非常に異なった意味においてのことではあるだろうが。

4　推論はどの程度、権威に頼っているのだろうか。ドーキンスの手紙には、何か特別な情報源からの引用はない。だが、科学が達成したことについての評言は、科学者であるドーキンスが書いた手紙であるという事実に由来する権威を、ある程度は持っている。科学的知識の領域全体は、権威が信頼できるかどうかの評価に関するジレンマをわれわれに突きつける。一方では、科学者は、科学研究の成果が持つ妥当性を評価することにおいて、そしてある意味では価値を評価することにおいても、科学者以外の人々と比べて

有利な立場にいる。他方では、科学者の生涯を通じての仕事はそれぞれ特定の理論に基づいているのだから、科学的知識の中でも専門分野における自分の見解と食い違うような証拠について、先入見を持たない判断をするのに最良の立場にいるとは言えない科学者もいることだろう。さらに、科学の活動全体は価値あるものだと主張している議論の中で科学者は、自分の主張にとって好都合な面は強調し、不都合な面はおそらく軽視する、とわれわれは予想するだろう。同じく、神学者は自分の著作を価値あるものだと見なす、とわれわれは予想するだろう。しかしながら、ドーキンスの主張は、科学者としての彼の権威だけに依存しているわけではない。われわれはみな、科学が及ぼす影響の一部に注目して、科学がなければ世界はよりよいところなのか、それともより悪いところなのかを考えてみることができるのである。

5　結論を強める、あるいは弱めるような知識を、あなたは何か持っているだろうか。科学の中には悪い影響を持つものもあることをわれわれは知っており、おそらくこのことが、科学が達成したものなしにはわれわれの生活は不便になるだろうという主張を弱めている。あなたはおそらく、宗教が自分の生活の中で大きな慰めを与えてくれるという人々や、神学者の著作を読むことに楽しみを見出している人々が多くいることを知っているだろう。このことは、神学は人々の生活に何の影響も及ぼさないという主張を弱めるだろう。科学が悪い影響を及ぼすのに対して神学はそうではないという点で、神学は科学より優れている、と主張することを試みることもできるだろう。しかしながら、宗教の考えの中には、邪悪な影響力、たとえば考え方の異なる人々に対する不寛容と敵意を助長するものがあることを指摘する人もいるかもしれない。ただし、ドーキンスはこの路線をとらない。実際、神学は何の影響も及ぼさないという彼の主張からは、神学は悪い影響を及ぼさないということが導かれる。

6　人類の起源についての科学的説明は、神学者による説明よりもっともらしいのだろうか。すべての神学者が、2つの説明の間に対立関係があると見ているわけではない。たとえば、キリスト教徒の中には、人類は神によって

創造されたという考えは、進化論によって与えられる科学的説明と両立可能である、と言う人もいることだろう。

7　本文では何か比較がなされているか。比較がなされているなら、それは適切なものか。文章では、「科目」たる地位を持つためには科学も神学もある規準を満たさなければならないが、神学はその規準を満たさない、と仮定されていることをわれわれはすでに確認した。本文は次のような含みを持つと見なせるかもしれない。すなわち、神学には科学が遂行するのが当然だと想定されている仕事を遂行する望みはないが、科学は遂行するのが当然だと想定されている仕事、すなわち物理的世界についての情報を得て、それを有用な仕方で応用することを見事に成し遂げている、という含みを持つと見なせるかもしれない。しかし、だからといって神学は大学教育の科目たる地位を剥奪されるべきなのだろうか。ドーキンスは科学上の疑問を列挙し、そのすべてについて神学は間違った見解を抱いてきたと言うのだが、間違った見解を抱いたということは科学者の一部にもあてはまる。また、世界についてわれわれが現在持っている見解が、未来において他の見解に取って代わられるということもありうるのである。

8　われわれはすでに、文章から引き出せる2つの結論に言及した。第1の結論は、科学が持つ悪い影響はよい影響を上回っているかもしれないということである。第2の結論は、神学が何の影響も及ぼさないのならば悪い影響を及ぼさないということである。

9　ドーキンスは、科学の術語を用いて神学を批判しているが、これは適切なことではないかもしれない。なぜならば、科学が典型とされる実際的影響を及ぼさない神学のような科目であって、にもかかわらず大学教育において敬意を払われる科目として受け入れられているものについて、相似論証を組み立てることができるかもしれないからである。

10　大学教育のひとつの科目であるためには、人々の生活に対して何らか

の影響を及ぼしているか、あるいは人々の生活にとって何らかの意味を持っているのでなければならない、という一般的な原則をわれわれは確認した。この原則は、幅広く解釈されて、たとえば歴史学も人々の生活にとって意味を持っていると見なされるのならば、理にかなったものであるように思える。

11　推論に対する主な反論は、以下の２つである。まず、大学教育の科目として適したものであるためには科学と同一の領分において有用であるということを神学に要求すべきではないという意味で、科学と神学との比較は不適切である、というものである。次に、神学はたぶん、人々の生活に対して何らかの影響を及ぼす、あるいは何らかの意味を持つことを要求する先の一般的原則を満たしているだろう、というものである。

例題２：犯罪の減少した世の中が期待できる５つの理由

　犯罪。私たちはみな犯罪が気がかりである。ビル・クリントン大統領は今週、年頭教書演説で犯罪撲滅を誓った。ここイギリスでは二大政党が、犯罪に対する人々の恐怖に対処しなければならないことを理解している。アメリカが持つ恐怖とは、社会組織そのものが犯罪者に取り囲まれているということである。わが国が持つ恐怖とは、犯罪認知件数こそアメリカより少ないものの、やがてアメリカと同じ道をたどるのではないかということである。

　とはいえ、少なくともイギリスでは、私たちは数十年ごとに生じる大きな転回点のひとつに立っているということ、すなわち、1950年代以降は犯罪が止め難い勢いで増加してきたが、1830年代以降19世紀の大半を通じて続いた時期と類似の、長期にわたる減少の過程が今や始まろうとしているということには、十分に可能性がある。そして実際、それはきわめて見込みの強いことである。そうなるかもしれないと考える理由は、５つある。

　第１に、人口統計学。たいていの犯罪は、若い男性が起こす。イギリスでは20歳から24歳の男性は、1986年には240万人以上いたのであり、1976年の200万人未満よりも増加している。しかし、今やその年齢の男性の人数は急速に減少しつつある。1991年までには230万人未満となった。そして、1996年までには190万人をわずかに上回る人数になり、2001年までには180万人を少しだけ超えている人数になるだろう、と推計されている。これ

は大きな変化である。つまり、1980年代半ばに240万人の若い男性がいたときと同じ件数の犯罪が、180万人の若い男性がいるときに起こるとしたら、大ざっぱに見て一人あたりの犯罪件数を3分の1多くするよう一所懸命に犯罪に励まねばならないことになるのである。

　これは無理な注文というものである。今後、若い男性が罪を犯す傾向が1980年代の若い男性よりもずっと強く、一人あたりの犯罪件数が10パーセントから15％多くなるとしても、それでも犯罪発生率は下降するだろう。

　第2に、失業者数の傾向がある。もちろん、最も目ざましい犯罪のなかには、たとえば大規模な詐欺行為のように、定職についている人々によって行われるものもある。しかし、週40時間働いている人々は何か他のことに費やす時間が失業者より40時間分は少ないということを考えてみただけでも、失業と犯罪との間に何らかの関係があることは疑いない。失業者数の傾向は、1本のコラムを書くに値する問題だが、人口統計学的な変化によって若者の失業は減少するはずである。

　いずれにせよ、長期にわたる歴史的観点から見れば、1980年代にヨーロッパ全域で失業率が高かったのは、例外的なことなのである。1950年代に失業率がとても低かったのも例外的だが、1990年代末までに失業率が5％から8％の範囲内に落ち着く可能性は、十分にある。

　第3に、技術。私たちはやっと、防犯カメラのような装置が持つ意義を理解し始めたところである。防犯カメラは、犯罪を減少させるという点で、19世紀における街灯の発明に匹敵する重要性を持ちうるのである。この点で先駆的な仕事は、1992年11月に防犯カメラを導入したスコットランドの町エアドリで成し遂げられた。ここでは、犯罪が劇的に減少するという成果が得られたのである。それ以来、数多くの市や町が、防犯カメラによる監視体制を導入したか、または導入しようとしているところである。ボーンマスに設置された防犯カメラは、ほぼ一年の間に、システムを設置するためにかけた金の元をとれるほどに破壊行為を減らした。こうした試みの最大のものはグラスゴーにおけるものだが、そこでも同様の成果を上げられれば、防犯カメラは大都市でも、小都市や中規模の都市の場合と同様に効果的であることが示されるだろう。

　当然ながら、他にも役に立つ技術が数多くある。国家による国民一人一人のDNAの登録、違法駐車車両の固定装置、写真入りのクレジットカードを作る技術のように、多様な技術がある。しかし、防犯カメラは、過去数年間で最も

大きな成功を示す技術である。

　第4に、警察活動。こう言うのはものすごくフェアでないのだが、1980年代には警察は犯罪の増加をほとんど自慢しているようにさえ見えた。警察は、犯罪のデータ収集が目的の機関であるかのように振る舞っていたのである。警察がより多くの犯罪を認知すればするほど、犯罪と戦うためにより多くの警官と、より多額の給料と、より速いパトカーが必要とされたのである。警察は自分たちの失策を恥じる代わりに、社会の失策だと大声で言い立てたのだった。

　あらゆる分野について言うのは困難なことではあるが、警察の態度は実際に変化したように見える。サッカー試合のような、いくつかの特定の場においては、警察活動は目に見えて向上している。スポーツ担当のわが同僚は、試合前にマット・バスビー卿〔マンチェスター・ユナイテッドの監督で、1968年にはチームを欧州チャンピオンズ・カップ優勝に導いた〕に1分間の黙祷を捧げる間に、一部のサポーターがブーイングをして歌をうたったことがショックだった、と語っている。これは、最近のサッカー試合では、一般にサポーターの振る舞いが以前よりよくなっていることと対照的だったからだという。サポーターの振る舞いが以前よりよくなっているのは、彼らの側に何か変化があったからではなく、彼らを対象とする警察活動が向上したからだと言われている。警察に対する圧力が、他のさまざまな分野においても、警察の仕事ぶりを向上させているのである。

　第5に、社会の態度や文化における変化。また、私たちすべてが人々に期待することにおける変化。この点を的確に述べるのは難しいのだが、何事かが起こっているのは明らかなのである。人々は以前よりも犯罪が気がかりであるだけではない。人々は犯罪に対してより強い怒りを持ち、より組織的に防犯に取り組んでいるのである。スコットランドでは、昨年は犯罪認知件数が激減し、しかも解決率が上昇したが、この変化は警察発表によれば、いくつかのことに帰せられうる。たとえば、隣近所の相互監視体制、および警察と人々との協力が一般的に言ってよりよいものになったことなどである。

　以上5つの要因は、それぞれ単独では、一貫して驚くべき増加を続けてきた犯罪を減少へと転じるには、十分な力を持ってはいない。というのも、これまでは論じてこなかったが、犯罪の減少傾向を相殺してしまう否定的な力があるからである。そのような力としては、銃火器が旧ソ連から大量に流出して、以前よりもずっと手に入れやすくなったこと、ヨーロッパ域内を、またイギリス

と外国との間を移動する自由が拡大したこと、麻薬乱用がおそらくまだ増加し続けていること、若くて能力のある人々が就職しやすくなる反面で、能力のない人々はさらに排除され疎外される危険性があること、が挙げられる。

しかし、犯罪を減少させる5つの要因が組み合わさると、それぞれが単独の場合に持つと思われる効果よりも大きな効果を持つはずである。犯罪が実際に減少しつつあることがひとたび明らかになれば、その知らせは人々の間に広まる。そして、犯罪がさらに減少していくというよい循環が確立されるのである。警察と人々は自信を強め、検挙率が上がる。盗品を売却するのがより難しくなるので、犯罪者の儲けは少なくなる。かくして、リスクが大きい割には報酬が少なくなるので、犯罪者のやる気はそがれ、犯罪は魅力のない仕事となるほかないのである。

以上すべては政治家には何の関係もなく、法律にも何の関係もないことを、心に留めておいていただきたい。

上の論証に対するたいていの人の反応はおそらく、それが妥当であるとわかれば、心から歓迎するべきだというものだろう。犯罪は悪だからである。すると、私の記事が次のような警告で終わるのは奇妙に聞こえるかもしれない。

犯罪の減少には、代償が伴う。上で概略を示したような種類の変化は、個人の自由をいくらか制限することを含んでいるだろう。その制限とは、私たちは買い物をしているときや、ただ街を歩いているときに監視されていることに慣れなければならなくなる、ということにとどまらない。今から一世代後には私たちは、もっと厳しくあら捜しをする社会に生きていることになるかもしれないのである。そのような社会は、私たちの行動に対してより強い社会的な統制力を及ぼし、正常で適切だと見なされていることに一致しない人々に対して、より強い敵意を示すような社会である。つまり、私たちの社会はより安全になるかもしれないが、その反面、現在より活気がなく面白みもなく、いくつかの重要な意味において、より不自由にもなるかもしれないのである。（Hamish McRae, *The Independent*, 27 January 1994）

　この記事が書かれたのは少し前のことであり、犯罪認知件数についての予測がなされている。そこでまず、当時利用できた証拠に関して推論を評価する必要がある。しかしながら、記事の中の予測を後になって有利な立場から検

討するのは興味深いことであり、以下の分析では、その後の展開が筆者の主張をどの程度支持したのかについても簡潔に評するつもりである。この例題は、未来の展開を予測することの困難を際立たせるものである。その困難があるにもかかわらず、政策決定というものはしばしばそのような予測に基づいてなされなければならないのである。

1　文章は、われわれに2つのことを納得させることを目指している。ひとつは、犯罪は減少する見込みが強いということであり、もうひとつは、犯罪の減少は利点だけでなく不都合なことも伴っているということである。この文章が提示する推論は、以下のような2つの独立した結論を支持するものである。

> イギリスで今や、犯罪の長期にわたる減少の過程が始まろうとしているということには、十分に可能性がある。そして実際、それはきわめて見込みの強いことである。

そして、

> 犯罪の減少には代償が伴うだろう。

この例題では、理由を見つけるのが難しいと不平を言うことはできない。というのは、筆者は、第1の結論を支持する理由が5つあることをはっきりと述べ、「第1に」「第2に」「第3に」「第4に」「第5に」と、親切に明示して整理しているからである。5つの理由は、以下のように要約できる：

(a) たいていの犯罪を起こす年齢層（若い男性）による犯罪の件数は、減少する見込みが強い。
(b) 失業は、犯罪と何らかの結び付きを持っているが、全体として減少するだろう。そして、若者の間では失業は間違いなく減少するはずである。

(c) 犯罪捜査を補助する効果的な技術が開発中である。
(d) 警察活動は、より効果的なものになりつつある。
(e) 犯罪者に対して、社会の人々の態度はより厳しいものになりつつあり、より組織的に防犯に取り組むようになってきている。

6番目の論点がある：

(f) 犯罪を減少させる5つの要因が組み合わさると、それぞれが単独の場合に持つと思われる効果よりも大きな効果を持つはずである。

理由（a）は、次のように統計の数字によって支持を与えられている。イギリスの20歳から24歳という年齢層における男性の数は、1986年の240万人から1991年の230万人未満に減少したのであり、1996年までには190万人に減少し、2001年までには180万人を少しだけ超えているところまで減少すると予測されている。

理由（b）の、失業は全体として減少するという主張を支持することとしては、歴史的観点から見れば1980年代に失業率が高かったのは例外的なことだ、ということが挙げられているだけであり、その他には特にない。若者の間では失業者が減少するだろうという主張を支持する際に、文章は、20歳から24歳という年齢層の人が減少することによってこの年齢層の失業者が減少するだろう、という考えをよりどころとしている。

理由（c）を支持するために、エアドリとボーンマスで防犯カメラが使用されているという事例が挙げられ、犯罪の減少という成果が得られたと主張されている。他にも、国家による国民一人一人のDNAの登録、違法駐車車両の固定装置、写真入りのクレジットカードを作る技術といった、さらに役に立つ技術が挙げられている。

理由（d）を支持することは、筆者の同僚でスポーツ担当の記者がサッカー試合での警察活動が向上したと言っているという評言の他には、特にない。

理由（e）のために与えられた唯一の支持は、隣近所の相互監視体制、お

よび警察と人々との協力が一般的に言ってよりよくなったことへの言及である。

理由（f）を支持しているのは、犯罪が減少するにつれて、警察と公衆は自信を強め、検挙率が上がり、犯罪は魅力のない仕事となる、との見方である。

さて、第2の結論、すなわち、犯罪の減少には代償が伴うだろうということを支持している理由を考えてみよう。提示されている理由は以下の通りである：

・変化は、個人の自由をいくらか制限することを含んでいるだろう。その制限とは、私たちが買い物をしたり、ただ街を歩いたりするときに監視されていることに慣れなければならないだろうということである。
・社会は、もっと厳しくあら捜しをするものになるかもしれない。つまり、正常で適切だと見なされていることに一致しない人々に対して、より強い敵意を示すような社会である。

2　推論の根底にある仮定は何か。まず、第1の結論に関係する仮定が複数ある。理由（a）に付け加えられなければならない仮定、すなわち付加的理由がある。それは、若い男性以外の年齢層による犯罪はおそらく増加しないだろうということである。

理由（b）の、「人口統計学的な変化によって若者の失業は減少するはずである」という部分にどのような仮定が伴っているかは、直接的には明らかではない。なぜならば、ここでは若者の失業の減少ということでどのようなことが意味されているのかを、われわれは明らかにしなければならないからである。若者の失業の減少とは、24歳未満で失業中の人の全人口に占める割合が下がることを意味しているのだろうか。あるいはたんに、24歳未満の人の総数が減るので、24歳未満で失業中の人の総数が減るということを意味しているのだろうか。後者の意味ならば、理由（a）によって主張された論点をさらに支えることにはならないだろう。ゆえにおそらく、若者の失業の減少とは前者、すなわち24歳未満で失業中の人の比率が下がるということを

意味しているのだろう。この意味での若者の失業の減少は、24歳未満という年齢層の人々への求人数がほぼ同じままか、または増加するかもしれないという仮定に依存している。

　理由（c）に関しては、エアドリとボーンマスでは防犯カメラを設置したことが原因となって犯罪が減少したということが仮定されている。また理由（e）に関しては、隣近所の相互監視体制が犯罪の減少に貢献できるということが仮定されている。

　理由（f）で、5つの要因は「それぞれが単独の場合に持つと思われる効果よりも大きな効果を持つはずである」ということによってどのようなことが意味されているのかを、われわれは明らかにする必要がある。おそらくは、5つ（または4つ、または3つ、または2つ）の要因を合わせるとひとつの要因よりも大きな効果を持つ、ということだけを意味するのではないだろう。このことはわかりきったことなので、ほとんど言うに値しないだろう。ゆえに、ここで意味されていることは、複数の要因が効果を強め合うので、各々の要因は、ひとつだけのときよりも大きな効果を持つことになるということである。第2の結論を支持する2つの理由に結び付いた、ひとつの仮定がある。それは、防犯カメラに「監視される」ことと、もっと厳しくあら捜しをする社会に生きることは「代償」であるということである。

3　まず、第1の結論に関係する理由の正しさについて考えてみよう。理由（a）の正しさは、引用された統計の数字の正確さに左右される。このことは公刊物で確認できるだろう。

　理由（a）に結び付いた仮定、すなわち、若い男性以外の年齢層に属する人による犯罪はおそらく増加しないだろうという仮定は、他の年齢層での犯罪発生率がそれほど高い値ではなく、近年ずっと上昇することはなかったことを統計の数字が全般的に示すならば、理にかなったものである。

　理由（b）に関しては、まず、失業率は犯罪の発生に関係があるのかどうかを問うのがよいだろう。関係があるという主張は、失業者が増えると犯罪も増えるということ、そして、失業者が減ると犯罪も減るということが統計の数字で示されれば（これは必ずしも因果関係があったことを示すものではない

が)、ある程度は強められるだろう。この主張に対しては、犯罪を行うための時間が失業することによって増えることについて文章中でなされた指摘が、いくらかの支持を与えている。

　失業者が減少するという主張の正しさは、記事が書かれた当時に問うこともできただろう。1980年代に失業率が高かったのは、ある程度は、必要とされる労働者の数を減らすような近代的技術のせいだったかもしれない、と指摘することができただろう。このことが指摘されれば、1980年代に失業率が高かったのは、過去においては例外的なことだったが、未来においては例外的なことではなくなるかもしれないということを示唆できたかもしれない。

　理由（b）と結び付いた仮定、すなわち、24歳未満という年齢層の人々への求人数は減少しないだろうということは、失業者総数の増加がないとしたら、真である可能性が高い。

　理由（c）が真であることを受け入れることは、防犯カメラは人々が罪を犯すのを思いとどまらせ、検挙率を上げるということを受け入れることも含むが、これは理にかなっているように思われる。

　理由（d）は、評価しにくい。おそらく、警察の仕事ぶりが向上しているということは真である。だが、筆者の主張が、警察は以前より多くの犯罪を予防しているということなのか、それとも、警察はより多くの犯罪を認知して解決し、そのため、より多くの犯罪者を裁判にかけているということなのか、明らかではない。理由（d）に関連して利用されている事例は、犯罪予防に関するもの、すなわち、警察活動が向上したのでサポーターの振る舞いも以前よりよくなったという事例である。おそらく警察発表の数字が、より多くの犯罪が解決されたということが真であるかどうかに関して、何らかの示唆を与えてくれるだろう。より多くの犯罪を解決することが結局は犯罪発生数の減少につながる、と筆者が考えていることは明らかである。というのは、彼は、検挙率が上がれば「犯罪は魅力のない仕事となるほかないのである」と言っているからである。

　理由（e）を評価するには、隣近所の相互監視体制の確立した地域が増加していることを示す数字を探し出すことが必要になるだろう。隣近所の相互監視体制が犯罪を減少させるのに役立ちうるという仮定を評価するには、隣

近所の相互監視体制がある地域とない地域とを比較して犯罪発生件数を見てみること、あるいは、隣近所の相互監視体制がある地域について、監視体制が確立する前と後で犯罪発生率を比較することが必要になるだろう。

　理由（f）、およびこれに関係する仮定、すなわち5つの要因は互いに強め合うという仮定もまた、評価するのが難しい。人口統計学的な変化の結果として犯罪が減少するならば、現在見られるような犯罪への警察の対処能力は向上するだろうということ、および、検挙率が上がれば犯罪発生件数をさらに減少させる効果を及ぼすだろうということを主張するのは、理にかなっているように思われるのだが。

　次に、われわれは第2の結論に関係する理由の正しさについて考えてみなければならない。第1の理由は受け入れられるものである。もしも防犯カメラが犯行を思いとどまらせ、犯人を捕まえるという目的で広く用いられるのならば、われわれはみな監視されることに慣れなければならないだろう。

　第2の理由の正しさは、第1の理由ほどには明らかではない。人々が犯罪に対する敵意を強め、防犯のためにより組織的に対処するようになれば、「正常で適切だと見なされていることに一致しない人々に対して、より強い敵意を示す」社会を生み出すだろうということは、わかりきったこととは言えないのである。この問題は、他の人々と一致しない行動と犯罪との間に、明確な境界線を引くことができるかどうかということによって決まる。

　上のような展開が「代償」であろうという仮定の正しさもまた、疑わしい。なるほど、法律に違反してはいないが風変わりな生活様式を持っているだけだという人々が現在よりも強い敵意を抱かれるようになるならば、それは「代償」だということは、真である。しかし、そのような人々が現在よりも強い敵意を抱かれるようになるということが正しいかどうかということこそ、われわれが疑問に思っていることなのである。第1の理由に関して言えば、監視が強化されること、たとえば商店街での監視が強化されることを、法を遵守している市民の大多数が代償だと見なすということは、わかりきったことだとは言えないのである。

4　文章の中では、何の権威にも言及がない。

5 　犯罪の原因に関して、さらに付け加えられる証拠を探すことができるかもしれない。文章の中では、犯罪の原因が何かについて、失業と犯罪との関係について評した言葉の他には、ほとんど述べられていない。もしも犯罪増加の原因が私たちの社会で今でも作用している要因であることが明らかになれば（筆者は、麻薬と犯罪の間に結びつきがある可能性に言及してはいる）、犯罪減少につながるだろうと文章の中で主張されている要因があるにもかかわらず、犯罪は増加し続ける、あるいは犯罪発生率が高いままになることがありうるだろう。

　ここで、1994年以降に明るみに出た証拠について考えてみるのは、興味深いことである。記事が書かれた少し後に、ある防犯カメラの録画装置からビデオテープが流出したことがあった。そのビデオテープには、一部の人々が、撮影されていることを知らないまま、他人に見られているとわかったら困るような状況で映っていた。この事例は、防犯カメラを導入すると個人の自由が制限される危険性があるという主張を、強めるものである。しかし、この問題にはおそらく、ビデオテープが流出した際に何人かの評論家が勧めたような仕方で対処できるだろう。つまり、防犯カメラの使用は犯罪予防を目的とする場合に限るという保証、および娯楽目的での使用は刑法犯と見なすということを法律で定めるのである。

　記事が書かれた後、失業者は減少し、2001年1月に公表された犯罪統計によれば、犯罪認知件数は1997年以降、約7％減少したという。しかし、このように全体としては犯罪は減少したにもかかわらず、ある種の犯罪、たとえば粗暴犯や強盗は増加したのである。麻薬関連の犯罪、侵入強盗、自動車関連の窃盗は減少した。粗暴犯や強盗の増加の一部は、警察が犯罪だと認知する仕方が変化したことと、人々が家庭内暴力の発生を自発的に報告するようになったことによるのではないかと指摘されている。路上強盗は増加していて（ゆえに、防犯カメラは犯罪予防に役立っていないか、あるいは十分には普及していない）、強盗の増加の大部分は、10代の少年が同年代の少年から携帯電話を盗んだというものである。自動車関連の窃盗の減少は、窃盗を防止する装置の改善によるものもあるかもしれない。また、強盗の増加はおそらく、携帯電話のような盗みやすい品物が増えたという事実によって説明

がつくだろう。この事実は、記事の筆者には想像できなかったことである。

6　いくつかの説明が、文章の中で示されている：

- エアドリとボーンマスにおける犯罪の減少は、防犯カメラが設置されていることによって説明できる。
- サッカー試合でのサポーターの振る舞いがよりよいものになったのは、警察活動の向上によるものである。そして、
- スコットランドにおける犯罪の減少は、とりわけ、隣近所の相互監視体制と、警察と人々との協力がよりよいものになったことに帰せられうる。

以上の説明のどれも、もっともなものである。

7　本文の中には、比較は何も確認されない。

8　文章の中にある情報からは、確かな結論は何も導き出せない。

9　相似論証は、何もなさそうである。

10　論証は、いかなる一般的な原則にも依存していない。

11　文章は、特定された要因が、その影響力を相殺するような他の要因がない場合には、犯罪の減少をもたらすことができるだろうと信じるための、きわめて強力な弁護をおこなっている。その中で説得力が最も弱いのは、失業と警察活動の変化に関係する部分である。失業と高い犯罪発生率との間には結びつきがあるかもしれない。だが、失業者が減ると信じさせるような強い理由は与えられていないのである。失業者が減少したのは、「政治家には何の関係もない」という筆者の主張とは反対に、おそらく一部は政府が出した政策によるものだろう。警察活動が向上したことについての評言は、具体

的な証拠によって支持を与えられているわけではない。

　5つの要因が持つ影響力を相殺しうるという否定的な力に言及してはいるが、筆者は、5つの要因は互いに強め合うがゆえに、犯罪の驚くべき増加を減少に転じさせる可能性が高い、と主張したのだった。しかし、「犯罪の減少傾向を相殺してしまう否定的な力」が筆者の考えた以上に強いということも可能だったのである。すなわち、「さらに排除され疎外される」と感じる人々がその集団の犯罪発生率を高めること、麻薬関連の犯罪が増加することもありえた。結局、麻薬関連の犯罪は増加しなかったが、強盗は増加した。この増加の一部は、路上で人々から盗める品物が増えたという、筆者には予見できなかった「否定的な力」の働きによるものだろう。

　文章は、もしも犯罪が減少したとしても、われわれの社会は「現在より活気がなく面白みもなく、いくつかの重要な意味において、より不自由になる」見込みが強い、という主張に対して非常に強力な弁護を行うことはしなかった。弁護の強さは、ある程度は、「自由」という言葉をわれわれがどのように解釈するかによって決まる。犯行を思いとどまらせることを試みる防犯カメラの使用が増えれば、ある点ではわれわれの自由が制限される。つまり、多くの公共空間で、警察に監視されることなく自由に自分のことに没頭することができなくなるという点で、われわれの自由は制限されることになるのである。しかし、防犯カメラの使用によって犯罪が減少すれば、おそらく他の点では、われわれは現在より自由になるだろう。

練習問題20　評価を練習するための、長めの文章10篇

今やあなたは、以下の10篇の文章で腕試しをすることができる。上の2つの例題で評価する際に用いたのと同じ11のステップを用いること。

1　泣く赤ん坊とコリック

　母親の中には、赤ん坊が生まれてから3か月の間、絶えず泣くことに悩まさ

要約：論証を評価する

分析	評価
1　結論と理由を見定める：	3　理由と仮定の正しさを評価する：
・「結論表示語」を探す。あるいは、「理由表示語」を探す。 ・「文章は私に何を受け入れさせようと、または信じさせようとしているのか」と問う。あるいは、「文章はそのことを私に信じさせるために、どのような理由／証拠を用いているのか」と問う。 　このうち、どちらか一方、ないしはその両方を実行する。	・このことを実行するのに役立つさらなる情報を、どのようにして探せばよいか。 4　推論が、誰か権威を持つとされる人を頼りにしているのならば、その人の信頼性を評価する。 5　結論を強める、または弱める付加的な証拠は何かないか。 ・真かもしれないものはあるか。 ・真とわかっているものはあるか。
2　述べられていない仮定を特定する： ・基本理由を支持している仮定、 ・付加的理由としてはたらいている仮定、中間結論としてはたらいている仮定、 ・語の意味に関する仮定、 ・類似の状況ないし比較可能な状況についての仮定、 ・与えられた説明の適切さに関する仮定。	6　説明を見出したら、それがもっともなものであるかどうか考える。 7　類推ないし比較を見出したら、その適切さを評価する。 8　文章から何か結論を導き出すことができるか。もしできるなら、その結論は文章中の推論に欠点があることを示唆していないか。 9　文章中の推論に、欠陥があるとわかっている推論と何か相似性がないか。 10　理由または仮定に、一般的な原則の具体例となっているものはあるか。もしあるなら、それを評価する。 11　結論は、推論によって十分に支持されているか。そうでないなら、理由から結論へ移行する際の欠陥はどのような点にあるのか、述べることができるか。このことを実行する際の助けとして、上の項目5から10に対する答えを利用すること。

れる者もいる。両親が何をしようとも、赤ん坊の泣き声が洪水のようにあふれ出るのをせき止めはしないように思える。そのため、両親は普通、赤ん坊のからだのどこかが根本的に悪いという結論を出して、それ相応に治療しようとする。もちろん、赤ん坊のからだのどこかが悪いと考える点で、両親は正しい。だが、おそらく赤ん坊のからだのどこかが悪いということは、赤ん坊が泣き続ける原因というよりはむしろ結果なのである。決定的に重要な鍵は、このいわゆる「コリック（colic）」泣き〔疝痛泣き〕が生後3か月から4か月ごろに、まるで魔法の力の働きであるかのように止むという事実にある。「コリック」泣きは、赤ん坊が自分の母親を、よく知っている個人として見分けることができるようになり始める、まさにその時点で、なくなるのである。

　よく泣く赤ん坊の母親と、あまり泣かない赤ん坊の母親について、親としての行動を比較してみると、答えがわかる。よく泣く赤ん坊の母親は、赤ん坊に接するとき、ためらいがちで、神経質で、不安である。あまり泣かない赤ん坊の母親は、ゆったりと構えて、落ち着いていて、穏やかである。大事なことは、この幼い時期においてさえも、赤ん坊は「安全」で「安心」な感触と、「危険」で「不安」な感触との差異を、鋭く感じ取っているということである。動揺した母親は、新生児に自分の動揺をどうしても伝えてしまうことになる。新生児は母親に、動揺の原因からの保護を求めて、それ相応の仕方で伝え返す。そうすると、母親の苦悩は増すばかりであり、さらに赤ん坊の泣き方を激しくさせることになる。その結果、かわいそうな新生児は泣き疲れて具合が悪くなり、総体としてすでにかなり惨めな状態になっているところへ、さらにからだの痛みが付け加えられるのである。

　このような悪循環を断ち切るために必要なことは、母親が状況を受け入れて自分自身が落ち着くことに尽きる。このことを母親がどうしても実行することができないとしても（おまけに、この点で赤ん坊をごまかすことはほとんど無理なのだが）、すでに述べたように、生後3か月から4か月ごろに問題は自然に解消する。なぜならば、その段階で赤ん坊には母親の姿が刷り込まれ、本能的に「保護者」とみなして母親に反応し始めるからである。母親は赤ん坊にとってもはや、実体がなく動揺させるだけの一連の刺激ではなく、慣れ親しんだ顔なのである。もしも母親が動揺させる刺激を与え続けるとしても、その刺激は友好的な存在だとわかっている源泉から来るものであるため、もはや赤ん坊をそ

れほど不安にさせるものではない。赤ん坊と母親との絆は、次第に強くなっていって母親を落ち着かせ、自動的に不安を減らす。「コリック」は消滅するのである。('Cry-babies and colic' from *The Naked Ape* by Desmond Morris, published by Jonathan Cape. Reprinted by permission of The Random House Group Ltd.)

2 スポーツは私たちにとって悪いものだというよい知らせ
トーマス・サトクリフ

　学校に通っていたころ私は、自分よりもずっと体格のよい少年たちにいつも倒されては地面に這いつくばったものだ。私の顔は、泥と砂が混ざってシャーベット状になったものの中へ突っ込まれてぐちゃぐちゃにされ、向こう脛は蹴られ、服は破かれた。そして教師はと言えば、このような蛮行を大目に見ていただけでなく、満足そうに見物し、顔を真っ赤にしてけしかけるというありさまだったのである。

　というのも、これは、近くで――私はできるだけそこから距離をとろうとしていたのだが――みな、無政府主義者の群れを阻止せんとでもするかのような激しさで、つかみにくいラグビーボールを奪い合っていたからなのだ。全身に激痛があることに加えて、酷使した肺に吸い込むそこの空気は、校庭に隣接するくず肉精製工場の悪臭のせいで、新鮮な空気とはほど遠く、安全衛生規則など無力だった。

　しかし、私が最も気にしたことは、このような悪臭や肉体的苦痛ではなかった。スポーツが苦手な者にいつも浴びせられる嘲笑と軽蔑でさえなかった。最も気になったのは、スポーツという不快な試練が実際に道徳面の向上に貢献している、と繰り返し主張されることだった。

　だから、スポーツに関連した汚職や不正行為が発覚するたびに、私は心の中で快哉を叫んで歓迎する。けれども、これはたんに悪魔が悪徳の勝利に狂喜するというのではないことを読者には理解してほしいと思う。私が歌を口ずさみながらスキップしたくなるのは、暴君の棺、すなわちスポーツは倫理にかかわる筋肉を強化できるという、幅をきかせている誤謬の棺にまたひとつ釘が打ち込まれる甘美な音を聞いて興奮するからである。この誤謬は、まだ死んでいないとしても、植物状態にあることは間違いない。

一例を挙げれば、南アフリカのクリケット・チームのキャプテンはスポーツマンシップのお手本だと言われていたが、八百長疑惑に関して嘘をついたことを認め、さらに悪いことに訴えられてしまった。国際クリケット評議会は、八百長試合を調査することで合意している。また、スコットランドとウェールズのラグビー選手は、それぞれのナショナルチームでプレイしたいがために、先祖をでっちあげた（君のおじいさんは昔、エジンバラ・ロック〔スコットランドのエジンバラで19世紀から作られている棒状の硬い砂糖菓子で、エジンバラ城が岩山の上に建てられていることにちなんでこう呼ばれる〕を一袋買ったって？　ああ、もう十分だよ）。ツール・ド・フランスでは、禁止薬物の使用が深刻な問題になっている。プレミア・リーグのサッカー・クラブは、アリがアブラムシの出す甘露を吸うように、サポーターたちから金を巻き上げている。スポーツ界のどこを見ても、ルールは破られ、ずるい手が使われ、公正は汚辱にまみれ、金と引き換えに名声が手に入れられているのである。
　以上のようなことはスポーツの本質とは無関係だ、と読者は論じることもできるだろうし、実際にそう論じている人々もいる。私たちが目にしているのは、本来は高貴な理想を金が侵食してもたらす腐敗なのだ、というのである。この見方に対しては、2つの返答をすることができる。第1の返答は、真のスポーツマンは金銭的誘因にたぶらかされることなどない、というものである。スキトルズ〔九柱戯。ボーリングの原型〕やダーツなどパブゲームを楽しむおなじみの世界でさえ、名折れとなることをしてしまえば大きな話題となるのが常であることを考えてみればよい。そこではしばしば、仲間内の誇りこそが最も大事なものとされるのである。
　第2の返答は、スポーツは不正や金とは無関係に高貴な理想を追求するものだという主張に何らかの価値があるとするならば、スポーツをする男性も女性も、普通の人以上に誘惑に対して守りを固め、錆びることのない公正さを努力して鍛え上げるべきだ、というものである。
　上の2つの返答は、複雑な、あるいは両義的なルールであるようには見えない。なるほど、ビジネスマンならば、激しい競争がほめられたものではない競争へと転化するのはいつなのか、判断するのはときに難しいことがある、と論じても正当化されるかもしれない。だがスポーツの世界では、これ以上ないほど明確にサイドラインが引かれているのである。

けれども、真相はどうかといえば、まあ、たいていの一流スポーツマンは私たち一般人よりも少しだけ善良な人々なのではなく、少しだけ悪い人々なのである。なぜならば、「いかなる犠牲を払っても勝つ」ということのスポーツマン流の定義は、私たち一般人による定義より広く、より情け容赦のないものであるのが常だからである。また、スポーツで情け容赦のなさが報われるのは、それがゼロサム・ゲームだからである。つまり、ある人が勝つということは、対戦相手が必ず負けになるということなのである。「お人よしじゃ最下位になっちまう」と、米国の野球監督レオ・ドローチャー〔1905-1991〕が言ってのけたのは有名な話である。こういった事情で、スポーツはつねに道徳的な弱さを持っている。水を石灰岩に垂らすとしみ込んでいくように、金はスポーツ界につきものの弱点を見つけて冷酷に通り道を開くのである。

　もちろん、スポーツを擁護するためにさまざまなことを語ることができる。なるほど、スポーツは人間の卓越性と偉大なる美の瞬間を示す好例を提供できる。またスポーツは、私自身が発見したように、楽しいものにもなりうる。しかし、スポーツが道徳の教師としては完全な敗者であることを認めなければならないだろう。(The *Independent*, 4 May 2000)

3　麻薬合法化という滑りやすい坂
　　P・A・J・ワディントン教授

　自由民主党の新党首は、王立委員会でソフトドラッグの合法化を再検討すべきだ、と示唆したため、議論の嵐を巻き起こした。
　合法化を支持する強力な論証がある。ソフトドラッグを非合法化してもその販売を食い止めることができず、ましてや根絶することができなかったことが、証明できるのである。違法な麻薬の消費が今や日常的なことになっていて、特に若い人々の間で見られるということは明らかである。ゆえに、私たちは麻薬をなくせないのならば、おそらく合法化を試みるべきなのだろう。これは結局、米国が禁酒法でもって実験したことから学ぶべき教訓に他ならない。人々が購入したい日用品となっている麻薬を非合法化することは、犯罪者が麻薬を供給するのを助長するだけであり、ギャングの跳梁跋扈につながる。麻薬を非合法化することはまた、そうならなければ法を遵守していたはずの人々

を、麻薬の既得利権を持つ者の手中に陥らせて、より強い麻薬の中毒者にしてしまうことにもきっとつながるだろう。

　麻薬の合法化により、人々が犯罪に巻き込まれることがなくなるだけでなく、麻薬の品質を確かなものとすることができる。現状では、人々は違法な麻薬を買うとき、一回の服用量でどれほど強い効き目があるのかまったくわからない。したがって、過剰服用という危険性が明らかにあるのだ。ここで私は、麻薬の過剰服用は「自業自得だ」と言う人々に、麻薬の犠牲者が他ならぬ自分の家族だという事態が容易に起こりうることに思いをめぐらせてほしいと思う。合法的な小売店を通して麻薬が配給されるということは、麻薬の消費もまた、社会活動を取り巻く暗黙の規則によって統制されることを意味する。たとえばパブでは、人の命を奪う危険性を持つアルコールを、ほどほどの強さにして飲むことを奨励するようにして提供している。アルコールは水でかなり薄められたり、非アルコール飲料と混ぜ合わされたりして、それを飲むこと自体が目的というよりも、社交に必要なものだとみなされているのである。こういったことすべてが、警察活動による威嚇よりも効果的な統制になっているのである。

　大麻の合法化を擁護する人々が私たちに好んで語るように、大麻がもたらす害はアルコールがもたらす害よりもずっと少ない。彼らはまったく正しい。全国の大学キャンパスにおける薬物の問題とはアルコールの問題に他ならず、大麻やアンフェタミンの問題ではない。しかしながら、まさにこの点こそが、麻薬の合法化を支持する論証で私が納得できないところなのである。酒の合法化は模倣すべきモデルとして挙げられ、禁酒法は避けるべき失敗例とされている。ところが、合法化政策が多数の傷害事件を生み出すことになっている現状は明らかなのに「成功」だったと主張するのは、奇妙なことであるように思えるのである。ソフトドラッグ消費の合法化政策を最も熱心に推し進めてきた国は、もちろんオランダである。オランダは、最近公表された国際犯罪実態調査によれば、西側諸国で最も犯罪発生率が高い。妻とともにアムステルダムを訪れた際、私たちは経験したことのないような青春時代に戻る好機とばかりに、業者から大麻入りチョコレートを2個購入して、麻薬の効果に身をゆだねたのだった。私が経験したところでは、麻薬の服用は、妻と私をクスクス笑わせながら確実に眠りへと運んでくれたことを別にすれば、アルコールの摂取とはかなり異なるものだった。麻薬の服用は、それ自体の効果を経験する意図を持っ

て薬物を消費するという行為だったのである。これは私がアルコールを嗜むときの経験とは違う。アルコールの場合、その薬理作用というものはほとんど、ワインやビールを味わい、その場の雰囲気を楽しむのに付随する副産物にすぎないからである。

　ソフトドラッグの使用が悪い結果を持つ最大の要因は、その使用が非合法化されているという事実にある、と示唆することも、経験に反するように思える。1970年代から1980年代にかけて、スコットランドは特にヘロイン中毒者の増加に悩まされた。ヘロイン中毒者は、シンナー遊びを経て転落の道をたどっていた。さて、当時シンナーの供給は合法であり、かつシンナーは豊富にあって、シンナー遊びは違法ではなかった。にもかかわらず、シンナー遊びは、多くの若者がヘロイン中毒者へと転落していく悲劇を生んだ、滑りやすい坂だったように思えるのである。

　「滑りやすい坂」の論法は、別の意味でも啓発的である。すなわち、麻薬合法化の擁護者は、麻薬を供給する犯罪者がかかわらないならば、大麻の使用はより強い麻薬の中毒につながるとは限らない、と主張しているからである。この論証において暗黙の前提となっているのは（擁護者の中にはこの前提を進んで明確にしようとしている者もいるが）、ハードドラッグは違法のままにしておくべきだと認めることである。もちろんこれは、「ソフト」と「ハード」の境界線をどこで引くべきかという厄介な問題を提起することになる。大麻が合法化されればさらにコカインとヘロインの合法化を目指す宣伝活動が始まるであろうことは、予測できる。

　大麻合法化の問題がどうなるのかわからないが、私には一杯のビールがあれば十分だ。(*Police Review*, 27 August 1999)

4　けしからん学校
　　A・C・グレイリング

　今週、イギリスで最初の国立シーク教学校が開校した。これは、5つの前例、すなわち労働党が政権の座について以来、ユダヤ教の2校、イスラム教の2校、そしてセブンスデー・アドベンチスト派の1校が独立自存を放棄して国家の資金という庇護を得たことに続くものである。このような学校は、生徒に

自分たちの独自の信仰を教え込むために公的資金を得たという点で、長期にわたって続いているイギリス国教会およびカトリックの学校と同じになったわけである。

労働党は、「マイノリティの信仰」を保護してほしいという主張に対して、保守党の前政府よりもきちんと応答し、マイノリティの心配事に共感を持って対応してきた。改革後の上院では主教に、他の宗教で同等の位にいる者が加わることになっている。ジャック・ストローは、法的保護を拡張してイスラム嫌悪症から守ってほしいとイギリスのイスラム教徒共同体の指導者たちが訴えるのに、耳を傾けてきた。各宗派の代表は、信仰には多種多様なエスニシティが含まれうるのだから人種差別禁止法のもとで保護を求めるのは適切ではない、と論じているが、これはまったく正しい。人種差別禁止法のもとで保護を求めると、自分たちの服装や行動がイギリス社会の主流をなす生活とは相入れない場合に、自分たちを弁護することをいっそう難しくさせてしまうのである。

このように政府の共感を示すしるしすべてが、信仰心を持つ人々を勇気づけているに違いない。信仰心を持たない者にとっては、方向が間違っていてわずらわしいことでしかないのだが。

個人を人種、信条、性的指向を根拠として差別するのは誤っている。また個人は、彼または彼女が好むことを私生活で信じたり実行したりすることは、他者に危害を加えない限り、許されなければならない（この見解は、たいていの宗教家が奉ずるものよりもずっとリベラルである。つまり、宗教家は自分たちが求める思いやりを性的指向にまで拡張しようとはしないのである）。

しかし、このようなきわめて重要な諸原則は、個人に対してのみ適用されるのであって、集団に対して適用されるのではない。一例を挙げれば、ひとつの集団と見なせる保守党の会費納入済会員が、党員であるがゆえにさまざまな権利を持つ、たとえばあてこすりを言われたり、嘲笑を受けたり、党首の名前をみだりに使われたりすることに関して守られる権利を持つ、という趣旨の論証を行うのは不可能だろう。

集団という観点から考えるのは、まさに人種差別主義者ないし俗物の過ちである。人種差別主義者は他者を、その人が所属していると考えられる集団のゆえに差別し、その結果、個人としての権利を認めないのである。集団を単位として考えるのは、人権にかかわる事柄における問題なのであって、人権にかか

わる事柄における解決にはなっていないのである。

　ここで、いつか人類を救ってくれると思われるＵＦＯが実在する、という信念を持つ人々がひとつの集団を形成する、と想定してみよう。この集団に属する人々も、結果として国家に特別な保護を求め、またおそらくは国家から資金を得て、子供たちをＵＦＯについて確固たる信念を持つように育てられる学校を建設することになるのだろうか。

　「しっかりした」宗教と根拠なき迷信とを区別するためにどこかで境界線を引こうとしても、できはしない。それゆえ、同じことを信じる人々が団結したとき、個人個人が信じることを選んだことだという点を根拠として、彼らに特別な思いやりを与えることはできないのである。

　イギリスでキリスト教が国教とされ、たとえば自分の信ずる神が冒涜されることから法律で保護されているのは、確かに異例であり、他の宗教は保護されていない。この現状への適切な対処法は、同様の法律の適用範囲を他の宗教にまで拡張することではなく、このような法律を撤廃して国教制を廃止することである。

　キリスト教とイスラム教それぞれの正統的な信仰を単純に解釈すれば、互いに相手の神を冒涜していることになる。というのは、キリスト教は預言者ムハンマドを認めず、またイスラム教は聖霊を否定するからである。もしどちらの宗教も神への冒涜に関して法律で保護されれば、それぞれの宗教の熱烈な信者で訴訟好きな人が、弁護士を儲けさせることになるだろう。

　さまざまな問題が、たとえば女性割礼〔女性器切除〕や女性の権利一般をめぐって、生じるだろう。現代のイギリス社会で自分たちの生き方に対する保護を求めるマイノリティの信仰はたいてい、女性に関してイギリスの主流とは相入れない態度と慣習を持っている。そして、その差異は深く、重大なものである。

　宗教は個人の信条の問題である。私のように世俗的な者にとっては、人々が間違った、あるいは不合理な信念に従って生きるなどということは、残念なことである。また、人々がまだ自分の頭では考えることができない子供に教義を教え込むのは、けしからぬことである。

　キリスト教であれ他の宗教であれ、ある集団の人々が子供に教義を教え込むのを支持するために、私が納める税金も含めて公的資金が使われることを考え

ると、問題はさらに増す。宗教学校というものは、そもそも作るというのならば、私的な資金で建設されるべきものであって、独立自存の学校が国立学校へ移行するのを許すのは、間違いなのである。

　組織化された宗教はいかなるものも、信仰とは個人の決断の問題であるという原理を認めようとしない。それはなぜかといえば、秩序、共同体の圧力、そしてとりわけ子供に教義を教え込むことがなければ、組織化された宗教はすべてすぐに消えうせてしまい、あとにはキリスト教以後（post-Christian）の世界の多数派に混じって現在見られるような、曖昧なニューエイジ流の信仰ばかりの、無分別で混沌とした状態が残されるからである。

　このような迷信はたいてい体系的でなく信心も弱いので、組織化された宗教の周辺に必ず存在するような狂信者や原理主義者を生み出すことはない。また、このような迷信は体系的でないせいで、水晶玉をなでまわしたり振り子を左右に揺らしたりする活動に対して、国家に資金や法的保護を求めることもできない。しかしどれほど古くとも、または現在どれほどしっかり組織化されていようとも、あらゆる種類の信仰は、国家に資金や法的保護を求めるべきではないのである。（*The Guardian*, 1 December 1999）

5　善良さと強欲さ

**グローバル資本主義に反対するデモがどんなに騒々しくても、
企業倫理は強制できない**
フランシス・ケアンクロス

　先週末、ワシントン通りに、「資本主義打倒」という横断幕が掲げられていた。最近、グローバル資本主義は評判が悪い。たとえば、ユニリーバのようなイギリスの地味な巨大企業が流行のアイスクリーム業者ベン＆ジェリーズを買収したことに対してさえも、現在、米国のウェブサイトで罵っている人々がいるという。ゆえに、以前よりずっと多くの企業が善良だと見られたいと思っていることは、おそらく驚くにはあたらないだろう。そのような企業は、社会的責任に関する諮問委員会を設置し、企業倫理の綱領を書き、倫理担当の職員を選任し、自分たちの義務を株主に語る。こういった努力は賞賛に値するように

見えるが、実は道徳に対する誤解に基づいているのである。

　倫理に沿った行動をしようと努力する企業は通例、長期的に見ると仕事にとってプラスになるゆえにそうしている、と論じる。たいていの場合、企業の言い分は正しい。実際、倫理に沿った行動は法律が要求しているものだから、企業には選択の余地がほとんどない場合が時にはある。たいていの国、少なくとも豊かな世界においては、法律は企業が顧客に嘘をつくこと、従業員をだますこと、あるいは納税者から金を盗むに等しい行為を思いとどまらせている。企業経営者の主要な道徳的義務は、法律に従うこと、そして従業員も同様に必ず法律に従わせることなのである。

　これ以外の利己的な動機から、よい行動が生ずることもある。たとえば、米国ではさまざまな法律と裁判所の裁定によって、経営者が従業員に対して倫理に沿った行動の仕方を語り、従業員が必ずそうするよう監督することが奨励されている。加えて、何か倫理に反することをして捕まると、以前よりも困ることになってきた。ＮＧＯは最近、メンバーと活動資金を増やすことを求めて奮闘している。そしてＮＧＯが、何か疑わしいことをしでかしたと指摘された企業を責め立てれば、それは自分たちのよい宣伝になるのである。シェル石油とナイキの事例が残念ながらも証明となっているように、ＮＧＯに電撃的に襲われるのは、従業員の士気、ブランド競争力および経営陣の自信にとってよくないことなのである。

　もっと根本的なことについて言うと、倫理に沿った行動をしているという信望を得れば、他企業との競争において有利になるかもしれないのである。たとえば、ヒューレット・パッカードのような会社ならば、従業員、商品の売り手と顧客を大事にするのは、そうすればよい人材を引きつけ、よいサービスを確実に提供し、自社ブランドの価値を高めることになるからだ、と言うだろう。信頼は価値あるものである。そして、買い手と売り手とが地理的にはるかに離れている場合もあるインターネット上の電子の世界では、信頼はなおさら価値のあるものとなっていくだろう。

　以上のような議論によって企業は、株主の利益を追求することと美徳とを結合させている、と言うことが許される。けれども、美徳と利益とが衝突すると何が起こるだろうか。多くの経営幹部は、企業の決定が黒か白かはっきりしていることはめったにない、と言うことだろう。

たとえば、採掘会社が発展途上国の国有企業と共同請負で仕事をするとしよう。その国有企業は、先進国の安全基準と環境基準には配慮しない。このとき採掘会社は、安全と環境をあまりかえりみない別の企業に取って代わられるかもしれないとわかっていて、撤退するだろうか。それとも、踏みとどまって状況を改善しようと努めるだろうか。

　どの経営幹部、どの企業役員も、不正の疑いがないとは言えないような決定を下すよう迫られることがある。製薬会社は、自社の薬品の購入を促進するため、途上国から来た保健関係の役人に気前よく娯楽を提供する。銀行は、中流の収入がある人々を甘い言葉で誘って、休暇で使う金を貸そうとする。インターネット関連の企業は、ネットサーフィンする顧客の習慣について本人の同意なしに集めた情報を売る。いずれの場合にも企業の経営者は、自分は株主の利益を追求しているのであって法律に違反しているのではない、と無理なく言うことができる。これは間違っていることなのだろうか。

　この疑問は、なぜ企業倫理の問題がこれほどごたごたしているのかを明確にしてくれる。企業が人間と同等の道徳的存在であると見なすのは、困難なのである。企業には、かつてある人が言ったように、「呪われる魂とてなく、蹴られる背中とてない」[訳注]。企業には、組織として適用される法的責務があるかもしれないが、企業のために働く個人と企業を所有する個人の行為を抜きにしては、善悪は問えないのである。企業によっては、その企業文化が非常に強固で、仕事全体に道徳的価値が吹き込まれていることもあるかもしれない。しかし、そうでない企業では、何でもありなのだ。企業文化は人々がよりよい行動をとることをよりたやすくするかもしれないし、より難しくするかもしれない。だが、このことは企業が独立自存の道徳的存在だということを意味しない。

[訳注]　この文は、以下の引用句や論文をふまえたものであると思われる。
（1）"Corporations have neither bodies to be punished, nor souls to be condemned, they therefore do as they like."――Edward Thurlow, 1st Baron Thurlow (1731-1806；イギリスの大法官)。
（2）"You never expected justice from a company, did you? They have neither a soul to lose, nor a body to kick."――Sydney Smith (1771-1845；イギリスの作家、聖職者)。
（3）'No Soul to Damn : No Body to Kick: An Unscandalized Inquiry into the Problem of Corporate Punishment', Michigan Law Review, v. 79 (1981), pp.386-460.――John C. Coffee, Jr. (p.386でEdward Thurlowの言葉を引用している)。

実際のところ、倫理の規則、それもコンサルタントが報酬を得てでっちあげたような企業倫理の綱領ではなく本物の倫理の規則は、あまりに複雑で緻密なものなので、企業には適用できない。この事情は、道徳的価値に関して意見が一致することは困難だということ、たとえば「公正な賃金」とはどのようなものかわからない、あるいは年金制度では同性のカップルを結婚しているかのように見なすべきかどうかわからない、というような理由だけによるものではない。この事情は、企業が隣人を愛することができない、あるいは自分たちを嫌っている人々を許すことができない、あるいは利他的に行為することさえできないということにもよる。隣人を愛するというような道徳上の基本課題は、個々の人間が遂行すべきことであって、企業体が遂行すべきことではないのである。

　ならば、経営者個人は、株主に対する企業人としての責任と人間としての良心との間で引き裂かれたまま、どうなってしまうのだろうか。

　道徳家である経営者ならば、決定が難しい事項に対しては、2つのテストを当てはめる。第1に、このことが新聞の第1面に載ってしまったら、どのようなことになるだろうか。第2に、私は明日の朝も、鏡に映る自分の顔を良心の呵責なしに見つめることができるだろうか。

　企業は第2の質問を発することはできないのだから、この質問こそが企業倫理の意味するところを根本的に定めるものなのである。（©Frances Cairncross, *The Guardian*, 21 April 2000）

6　生者のために死者をリサイクルすべきである

　　ジョン・ハリス

　臓器移植は危機に瀕している。英国において、腎臓だけに限っても年間5000人が必要としているが、その要求を満たすために登録されているドナーの数はその半分にも満たない。さらに、死亡した人の親族の30％が臓器の使用を拒否している。このことが意味するのは、英国だけでも毎年何百もの人々がドナーからの臓器が足りないために死んでいっている、ということだ。世界に目を転じれば、合衆国でドナーを待つ人は5万人、インドでは7万人もおり、大きな問題になっている。

ドナーカードという制度は、明らかにうまく働いていない。死んでしまった自分や親族の体を自由に埋葬したり火葬したりできる、という考えはもうやめなければならない。人の生命を救い健康を回復させる可能性を持った臓器や生体組織を無駄にすることは、恐ろしく無慈悲なことなのである。

　問題は、われわれが社会全体として、ドナーとなる可能性のある人とその親族が悩んだり不安を感じたりしないように、彼らをできる限り確実に守ろうとしてきた一方で、レシピエントとなる可能性のある人とその家族に対して、同等の配慮を示したことはない、というところにある。双方ともが気にかけられてしかるべきなのである。すなわち、われわれが配慮しなければならないのはドナー側とレシピエント側という2つの集団である。もし、それぞれの集団にたいして、あなたたちの望みが尊重されなければなにが失われることになるだろうかと問うと、全く異なる答えが返ってくるだろう。レシピエント側では、命が失われることになる。しかし、ドナー側では、ドナーとなった時点ですでに命は失われているのであり、そうすると、最悪の場合でも、たくさんある望みのうちのひとつが実現しないということを、その死に先立つ生前のある時点で知ることになるだけなのである。

　それぞれが失うことがらを心に留めながら、双方の集団を等しく気にかけているということを表現するひとつの方法は、死体のすべての臓器は同意を要することなく死の時点で自動的に利用可能である、と法制化によって保証することである。結局のところ、死者は彼らの臓器をもはや必要としない。生者にはそれらが必要なのである。

　そのような提案は、もし受け入れられれば、多くの利点を持っているだろう。まず、ほとんどすべての死体の臓器が自動的に利用可能となり、医師は死にゆく人々に対して臓器利用に同意するか否かを尋ねる必要がなくなる、という意味がある。また、嘆き悲しむ親族に対しても、そのような困難な問いを最悪の瞬間に投げかける必要はなくなるだろう。

　こんな単純な提案には宗教の立場から多くの反論があるだろう、と人々は考える。しかし、検視官が関係者の同意を要することなく死者に対する検死解剖を命ずることができる現行の制度に対していままで抗議などなかったことを考えると、それは疑わしい。だれも検死解剖制度からの離脱は許されないし、良心からの拒否についての規定もない。さらに、今ではよく知られているよう

第5章　推論のスキルを磨く

に、臓器はしばしばそのような検査の途中で摘出され、もとには戻されないままなのである。われわれはみな、ここに重要な公共の利益が関わっているということを受け入れている。殺人が見破られないままにならないようにすることや、死を引き起こす病気や事故を適切に理解することで他の多くの人の命を守ることは、いずれも非常に重要なことである。ここには明白で重要な公共の利益がかかっている。しかし、臓器提供の場合についてはそれにもましてそうなのである。臓器には疑いのある死を説明することだけでなく、人の命を救うこともまた求められている。一方に公共の利益があるならば、もう一方、すなわち命を救うためにドナーの臓器を提供することにもまた大きな公共の利益があることは確実なのだ。

　臓器を受け取ることを待っている人々がいる場合、臓器が自動的に利用可能になると、患者を生存させ続けようと努力する医師の動機が弱くなってしまうのではないかという恐れが表明されてきた。そのような恐れに関して、重要な2つのことがらに注意しておこう。まず第一に、現在ドナーカードを持っている人々が、ドナーとして選ばれうるという理由で、最善の治療を受けられなかったことがあるなどという話には、まったく根拠がない。しかしおそらくさらにずっと重要なのは、——人々が生存のチャンスについて懸念を持つのならば——将来、病気になり適切な治療を受けられないという事態よりは、臓器を必要としつつもそれを得ることができないという事態のほうがよっぽど起こる可能性が高いということである。したがって、自己の利益についてじっくり考えると、死者の臓器を自動的に利用可能にするほうがよいことがわかるのである。

　死後に自分の身体がいじられることに対して強く反対する人もいるだろう。そういった反対のうちいくらかは、宗教的な信念や文化的な習慣に基づくものだろう。立派な社会というものは、いかなる実践についてであれ、本当の良心からの拒否に対しては、それを受け入れることに鋭意努めなければならない。死体からの臓器移植に対して良心に基づく拒否の態度を強く持続的に持つ人々はそれほど多くはなさそうであるから、そういった見解を受け入れつつも、ドナーの臓器が不足するために死につつあるすべての人々の命を救うことはほとんど確実に可能だろう。

　危機は、もちろん、そうはうまくいかずに、良心からの拒否のために命が失

われることになってしまう場合にあらわになる。そのとき、われわれは厳しい選択を迫られる。確かに、罪のない人々の命を救う実践に対して、人が良心からとはいえ拒否する権利があるのかどうかは決して明らかなことではない。しかし、良心からの拒否が本当にそうであることを確かめ、戦時において良心的兵役拒否をする者に対して課すテストに匹敵するようなテストを行うならば、例外的な人々は、そのような厳しい選択を避けることができるくらい十分少数になるだろう。私の知る限りにおいて、強制的な検死解剖に対する良心からの拒否の余地はないということにも注意しておこう。

　最善なのは、常に、完全に同意が得られた制度である。しかし、多くの問題が残されている場合は、強制的な制度についても考えなければならない。私が提案している制度は、命を救うことができる。そして、そのコストは大きなものではあるが、検視官の命令する検死解剖の存在が示しているように、まっとうな民主主義社会における価値観と両立不可能なものではない。(*The Independent*, 19 February 1999)

7

次の文章は、遺伝子組み換え作物の畑を荒らして犯罪性のある損害を引き起こしたとして起訴されたグリーンピースのメンバーらの裁判にかかわるものである。弁護側は、彼らが自ら認めつつかつ熟慮の上で引き起こした損害が、遺伝子組み換え作物が生育を続けた場合に引き起こされるであろう、環境に対するより大きな損害を防ぐことを目指したものであったという理由で、彼らの行為は犯罪性のある損害をもたらしてはいないと主張した。陪審は彼らが無罪であると判断した。

> **彼らは間違っている**
> **グリーンピースの行為は、破壊行為であり、**
> **必要な科学研究を阻害するものでもある**
> リチャード・ドーキンス

グリーンピースの破壊活動家らの弁護人は、その依頼人の活動家が「陪審の一員であってもおかしくない人たち」である、と法廷に説明した。もちろん文字

通りの意味では彼は正しい。しかしそれは被告の人物証明なんかでは毛頭なく、むしろ、陪審制度に対する告発なのである。裁判の後で陪審員たちが「被告におめでとうを言っている」ところが目撃されたという記事を読んだが、わたしはまったく驚かない。

この評決でどのようなシグナルが送り出されたのだろうか。誰かが言っていたように、強盗や放火犯、電話ボックス荒らしなどに対する許可が出されたのだろうか。独裁国家を監視する『ザ・サン（*The Sun*）』紙の読者たちからなる陪審は事件の真相がわかれば汚染されていない評決に到達するはずだと考えて、われわれは自由に罪を犯すことができるようになるのだろうか。まだそこまでは行っていない。しかしそれに近づいているのである。これは、本当によく考え抜かれた根拠によって正当化されうる市民的反抗のたぐいとは決して比べるべきではない。

メルチェット卿は、圧政に対する反抗手段が直接行動しかなかったガンジーやマンデラとは違うのだ。彼と彼の仲間はおそらく「汚染除去服」ユニフォームが示唆するほどに悪意に満ちたものではないだろう。結局のところ、メルチェット卿は、モーズレー〔Sir Oswald Ernald Mosley（1896-1980）英国の政治家でネオファシスト運動の指導者〕支持の突撃隊員よりも頭の空っぽなおばかさんなのである。

映画『博士の異常な愛情』において「われわれの貴重な体液」を守るためにめちゃくちゃな直接行動をとった空軍将校は、単なる虚構の人物にすぎない。しかし、遺伝子組み換え食物に関する一般の誤解はまさしく「貴重な体液」クラスのものだ。無作為に12人を選べば、その過半数は遺伝子組み換え（genetic modification；GM）のことをＤＤＴのような物質だと考えているかもしれない。あるいは、彼らは、もしGMに「汚染」されれば、フランケンシュタインのような異様な姿になってしまうと考えているかもしれない。また、彼らは、「われわれのトマトにDNAはいらない」という抗議行動のスローガンのどこがおかしいのかを理解していないかもしれないのである。「誠実さ」が言い訳にならないほどの、あまりにもばかげた信念が存在してはいないだろうか。

われわれの多くは、『ニュース・オブ・ザ・ワールド（*News of the World*）』紙〔イギリスの日曜紙。タブロイド紙『ザ・サン（*The Sun*）』の姉妹紙で、ゴシッ

プ記事が中心〕が、人間の品位に敵対していると考えている。では、われわれはその編集部に自由に火をつけてよいのだろうか。多くの人が人工中絶は合法的な殺人だとまじめに考えている。では、グリーンピースへの評決は、アメリカの一部ですでに起こっているように、医師や病院が強い批判にさらされる時がきたことを示しているのだろうか。

　石油価格が高すぎるという個人的な意見に基づき、一方的に行動を起こして国の重要な石油供給施設を封鎖することが正当化されるのだと、真剣に信じている人もいる。石油税は高いほど汚染を減少させる効果を持つから、グリーンピースはおそらく彼らに反対するだろう。燃料費に関して抗議しているタンクローリー運転手のバリケードをグリーンピースの闘士たちが襲撃する、という場面を思い描くのに未来への想像力をそれほどたくましくする必要はない。そこで負傷者や損害が生じた場合、双方とも自らの（正反対で両立不能な）教義を誠実に信じたのだという理由で、陪審は双方を無罪にすべきなのだろうか。

　われわれはこんな国に本当に住みたいと思っているのだろうか。こんな風に政策を決めたいと思っているのだろうか。しかし、グリーンピースへの評決がわれわれを導くのは、このようなところなのである。

　政府は、自らが仕掛けた罠にかかってしまったと後悔しつつ思い悩んでいるかもしれない。思慮のない「フィーリング」の噴出と、「人民のプリンセス」をめぐるあのヒステリックないがみあいを促したのは、はたして賢明なことだったのだろうか。フィーリングが新しい思考となったのだろうか。もしそうだとすると、政府も間接的な責任を負っていることになるだろう。

　故カール・セーガンがかつて、彼自身その答えを知らないある問いを問われて、はっきり「知らない」と答えた。質問者は食い下がった。「しかし、あなたの本能的なフィーリングではどうなのですか。」セーガンの答えは決して忘れることのできないものだった。「私は自分のフィーリングでは考えないようにしている。もし真剣に世界を理解しようとするなら、自分の脳以外で考えるということは、それがいかに魅惑的であっても、結局のところトラブルの種になりがちなのだ。証拠が得られるまで判断を保留するほうがいい。」

　遺伝子組み換え作物に関してどう考えればいいのか、わたしは本当のところよくわからない。そして他の誰もよくわからないはずである。証拠がいまだ得られていないのだ。ある種の遺伝子組み換えは非常に悪いものであるかもしれ

ない。また、非常によいものであるかもしれない。つまり、われわれは明らかにしなければならないことがらについていまだ知らないのである。そしてそれを明らかにすることこそが、グリーンピースによって妨害されたような実験的な試行の目的なのだ。科学者はすべての答えを知っているわけではないし、知っているなどと主張すべきでもない。科学は、教義の告白ではない。むしろ、それは答えを見出すための方法である。それは定義上うまく機能する唯一の方法である。なぜなら、もしよりよい方法がもたらされたなら、科学はそれをとりこむであろうから。遺伝子組み換え作物について実験的な試行が許されないとしたら、その悪いところもよいところも決して知ることができないだろう。

　現在われわれは強いＸ線照射が非常に危険であるということを知っている。それは、突然変異を誘発し、がんの原因となる。しかし、注意深く適度に用いることで、Ｘ線はきわめて貴重な診断の道具となる。グリーンピースの先輩たちが、Ｘ線に関するレントゲンの実験や突然変異生成に関するミュラーの研究を妨害しなかったことに、われわれはみな感謝してもいいだろう。

　われわれは新しい技術のよい帰結と悪い帰結の両方を予測することにおいて、科学に依存している。遺伝子組み換え作物もまた、よい側面と悪い側面の両方を持つことがいずれ明らかになる、というのは理にかなった予測である（本能的なフィーリングによるものではない）。植物をわれわれの利益のために変化させることはたしかに可能だろう。また、悪意を持ってある方向へと植物を変化させることもたしかに可能だろう。

　Ｘ線の場合と同様に、植物のよい変化が、悪い副作用を持っていることが明らかになるかもしれない。それらを、あとで出現させるよりは、注意深くコントロールされた試行によって今のうちに発見しておくほうがよいだろう。振り返ってみれば、Ｘ線の危険性に関して、もっと多くの研究がより早いうちに行われなかったのは残念なことである。もし行われていれば、私と同世代の子供たちが、靴屋で靴合わせ用のＸ線発生装置をいじって遊ぶなどということは許されなかっただろう。

　もっと多くの研究が必要である。まだまだ足りない。もし危険な作物に関して抗議する活動家がいるのなら、かれらの熱意のこもった視線を、必要な研究を行うことが許された結果すでに悪い効果が知られている作物へと向けようではないか。たとえば、タバコのような。(Richard Dawkins, *The Observer*, 24

September 2000）

8　ネットなしでもやっていけるがシャンプーはやっぱり必要だ
ヘイミシュ・マクレイ

　誰かがだいぶ違う文脈で述べていたように、それは、滑稽な古い世界である。今週、2つの世界的巨大企業、フォードとユニリーバが、何千人もの労働者を解雇する、と発表した。しかしながら、われわれは依然ユニリーバの洗剤やシャンプーや冷凍えんどう豆を必要とし続けることは疑いようもないし、次の世代にわたってフォードの自動車を運転し続けるだろうことも確かである。古い経済は流行おくれかもしれないが、それが生産するものをわれわれは依然必要としているのである。

　ところで、ノキアやフリーサーブといった会社のシェアは、相変わらず圧倒的である。しかし来たる30年のうちに、インターネットは大きく異なったものとなり、それに関わる会社は存在すらしなくなるかもしれない。携帯電話による通話は依然行われていると思うが、イーサネットの中で電気信号を伝送することに大きな付加価値がなくなっているのは確実だ。言い換えれば、高速のインターネット接続がなくてもみんなやっていけるのだが、大部分の人にとってシャンプーなしではどうしようもないということがわかるだろう、ということである。

　個人投資家にとって、この常識的なアプローチはたしかにもっともらしく聞こえる。オンラインの投資が新しいブームとなっているが、取引がインターネットで行われているという事実にもかかわらず、ほとんどの資金が古い経済の会社に流れているのは明らかである。

　しかしながら、金融市場のプロたちにとっては、ハイテク産業のみが重要だ。移動体通信やインターネット関連事業のようないくつかの分野をのぞいて、相場は下向きで、古い経済の会社の株はほとんど日ごとに下がっている。

　プロたちは少なくともこれまでは正しかった。それでは、世間のほうが狂ってしまったのだろうか。もちろん、シティや他の金融センターの投資専門家たちは、株価におけるこのねじれを正当化する健全な論証を作り出すことができる。すなわち、古い経済の株が下がって、新しい経済の株が上昇する理由を述

べることができるだろう。彼らは、そういったことに非常に長けている。しかし、どんなに高い給料を支払われている人でも、判断の誤りを犯すことはある。1980年代に、ほとんどのプロたちは、日本経済が勝ち続けアメリカ経済は必然的に没落するだろうと予想していた。しかしいまやどちらの考えもばかげていたということをわれわれは知っているのである。

では、現在のように新しい経済に追従することも、いまから10年後には同じくらい愚かしいことになっているのだろうか。私が考えるに、その答えは、ノーでありイエスでもある。

ノーであるというのは、われわれのうちの誰もこれまでの人生で経験していないような仕方で、全世界の経済が変貌するだろうからである。最も適切なアナロジーは、おそらく、ヘンリー・フォードによる生産ラインの発明である。その発明は、自動車を大衆的なものにした。すなわち、自動車は限られた人のためのものから大衆によって消費されるものへと変わった。電気通信革命の結果として同じような変貌がおこると考えてみよ。生産ラインがコストダウンと品質向上をもたらしたように、インターネットも同様の変化をもたらすと考えられる。

古い経済の会社の株価を脅かしているのは、価格、コスト双方の圧縮である。そう、われわれは引き続きスーパーで買い物をし続けるだろう。しかし、マウスをクリックすることで、店の間の価格比較をすることができるようになる。だから、店の側では、利ざやを切り詰めなければならなくなる。

しかし、これらの会社には、反撃の方法がある。それは、コストを削減するために用いたのと同じ技術を用いることである。通信革命とは、携帯で友達としゃべったり、電子メールを送ったりすることだ、とわれわれは考える。しかし、同じ技術が、生産のための一連の組織を解体するために、会社によって用いられつつある。部品の注文や代金の支払いが自動化されているのである。

例を挙げよう。数週間前に最初の世代のハイテク冷蔵庫が出荷された。もし、たとえば牛乳がなくなりそうになったら、その冷蔵庫はそのことを記憶して、次の配達で適切な本数が届けられるようスーパーに——携帯電話で——注文をしてくれる、という具合にふるまう。

家庭における備蓄の調整についてはたくさん望むべきことがあるかもしれないが、少なくとも私は、何をスーパーから買ったらよいのか冷蔵庫に決めさせ

たいなどとは思いもしない。しかし、シャンプーを作る場合に、常に適切な量の原料を使うように機械が監視しているとしたらそれはおそらくすばらしいことだろう。そこで世界のテスコやユニリーバやフォードは今後１０年間で、この新しい技術を用いてコストを削減しようとしているのである。見積もりは変わりうるとはいえ、今後10年でわれわれが製品に対して支払う金額は、新しい技術のもたらす効果だけで、それがなかった場合に比べて５％下がるということが十分見込めるのである。

しかし、われわれは髪を今以上によく洗うようにはならないだろうし、冷凍えんどう豆を今以上に食べるようにはならないだろうから、生産の総量はそれほど増加しない。価格が下落し、総量が増えない世界で事業を行うのは難しい。古い経済は、冷えた経済になってしまうだろう。

他方で、われわれは今以上に携帯電話の通話をよく利用するようになるだろう。もしわれわれがそうしなくてもわれわれの子供たちはそうするだろう。さらに重要なことには、古い経済の会社はすべて、高価な通信設備を購入してオフィスや工場を改造しなければならない。それらの設備を開発する会社、すなわち新しい経済の会社は当然繁栄するだろう。

ある段階において、これらの新しい技術もごくありふれたものになってしまう。街のもっともホットな製品であったウェブ対応の携帯電話が、カラーテレビのような、みんなが持っているもののひとつに成り下がってしまう。しかしおそらくそれには、さらに２、30年はかかるだろう。それまでブームは続くのである。

だから、新しい経済への賞賛と古い経済への懸念を理解するのは容易である。しかし、それと同時に、この賞賛が今から10年後には愚かなものに見える可能性もあるのではないだろうか。なぜならそれはあまりにも度が過ぎているからである。市場というものは新しい技術が出現するとそれに夢中になってしまうという長い歴史を持っている（市場は、個人の集合に過ぎないのだということを思い出せ）。前世紀には鉄道ブームが続いた時期があった。また、1920年代のアメリカにはラジオのブームがあった。

そのようなブームの中で、人々は新しい技術の成長可能性を正しく見定めるのだが、その値踏みについては誤ってしまう。そう、英国における携帯電話の普及率は、今年50％であったが、2003年には80％になるだろう。しかし、

おそらくわれわれみんながいま行っているように18か月ごとに電話を換えるなどということはしなくなるだろう。電話料金は安くなり、通話時間は長くなる一方で、それにたいして必要な支払いは少なくなるはずだ。突然、ハイテク企業の将来性の評価が見直され、ひょっとしたら新しいドットコム会社ですら儲けに走らなくてはならなくなるかもしれない。(*The Independent*, 24 February 2000)

9　問題の心臓部へ

赤ワインを飲むことが長生きのために役立つだって？
それは誤謬である、とトーマス・バーロウは言う

　赤ワインは健康にいいんだよ。心臓病を防ぎ、寿命が延びる。へえ、そうなの？
　そんな類の話が人気を博し、繰り返され、決して誤りを正されることがないのは、おかしなことである。わたしは、これから述べることが大きな影響力を持つだろうなどと高望みはしない。しかし、わたしは赤ワインをその〔健康によいものという〕台座から引きずりおろす決心をしたのである。だから、さあ、始めよう。
　ほとんどの人がフランスの統計に基づいた論証を用いて赤ワインの利点を正当化している。それは次のようなものである。
　フランスにおける心臓病による死亡率は、英国のそれの3分の1から4分の1である。しかし、喫煙のレベルや脂肪ないしコレステロールの消費のような既知のリスク要因については、両国は似通っている。(実際、フランスでの脂肪消費のパターンは合衆国におけるパターンとも非常に似ている。)
　しかしながら、フランス人は、英国人よりもずっと多くのアルコールを消費する。そして、とくに、彼らは赤ワイン——それが酸化防止剤をいっぱい含んでいるということを今ではみな知っているのだが——を大量に飲む。そこで、と論証は進む。フランス人の心臓病発生率を減らしているのは、赤ワインに違いない、と。
　不幸なことに、この赤ワイン理論——赤ワイン生産者にとっては魅力的なも

のに違いないのだが——を支持する疫学的な証拠はほとんど存在しない。

過去20年以上にわたって、アルコールの健康への影響に関する長期的な研究が数多く行われてきたが、そのような研究には多くの難点が含まれている。

たとえば、かなり早期の研究においては、非飲酒者とされた人々が、実際には病気になったせいで酒をあきらめた飲酒経験者であったりした。(これは、喫煙者に対する初期の研究で、「非喫煙者」の死亡率が実際より高いレベルに偏って見えたのと同じ効果である。)

さらに、飲酒の習慣と、食事や喫煙、運動の程度などを含む生活様式との相関関係もまた、問題を混迷させうる。

しかしながら、(現在ではかなりたくさんある)利用可能な証拠から判断すると、1日に1、2杯のアルコール飲料を飲むことで、心臓病のリスクを約20%減らすことができるように思われる。正しくないのは、赤ワインが白ワインやスピリッツやビールにはない特別な利点を持っている、という主張である。

このことは、赤ワインだけを飲んだ人と白ワインだけを飲んだ人を比較した研究によって初めて証明された。しかし、最近行われた赤ワインとビールによる比較研究でも同じ結論に導かれたのである。

異なる酒を好む人の間にある違いが、飲み方に現れることがある。たとえば、ビールやスピリッツを飲む人は週に1、2回、一度にたくさん飲みがちであるが、ワインを飲む人は分散させて飲むことが多い。

アルコールが心臓病に効くのは、血液の塊の形成を妨げることによるらしい。アルコールには血液をサラサラにする効果があるが、それは24時間未満しか続かないと考えられている。したがって、毎日少しずつ飲む人のほうが、一度にたくさん飲む人よりも、その恩恵をこうむりやすい。

このことを考えに入れると、飲む酒の種類によってその恩恵が他と比較して異なるということはない。

(そして、40代半ばより若く、したがって心臓病のリスクが低い人については——少なくともこの意味においては——アルコールの恩恵はおそらく全くないだろう。)さらに、このことは生理学的なレベルにおいても確証されている。たとえ飲む酒の種類が違っても、同じ量のアルコールを摂取している人々の血液サンプル間には、あまり違いが見つからないのである。

むしろ、アルコールのよい効果そのもの——血液のさまざまな成分の中でコレステロール値のバランスをとることや、血液を凝固させにくくすること——が、すべてのアルコール飲料に共通なのだ。酸化防止作用を持つことで知られている赤ワイン中のフェノール化合物が、赤ワインを飲むにしたがって血流中でも実際に増加する、ということの証拠は、まちがいなく誰もまだ見つけていない。
　だから、赤ワインはすでに台座から降ろされかかっているのだ。それは、ビールと同じ程度によいものであるにすぎない。しかし、さらに先に進むことができる。結局のところ、疫学に基づく忠告の粋は、いくつかの警告においてきわまる——そして、その警告の多くは心臓病に対するよりもむしろ死に対するものなのである。
　最初の警告は、アルコール飲料（赤ワインを含む）は、サハラ以南のアフリカではそれほどよいものではない、ということである。この地域では心臓病で死ぬ人の2倍の人が暴力によって死んでいる。この状況では、赤ワインを飲んだところで、殺されなくなるわけではないだろう。
　2番目の警告は、アルコール飲料（やはり赤ワインを含む）は、男性にとってそうであるほどには女性にとって恩恵のあるものではない、ということである。
　そもそも女性の心臓病のリスクは低いから、というのがその理由のひとつである。しかし、また、女性の場合、飲酒のリスクが男性の場合より早く増大するから、という理由もある。
　たとえば、女性は肝機能障害になりやすいし、乳がんのリスクも1日に1杯余計に飲むごとに10％増加するのである。（これを聞くとあなたは、医学上の理由で赤ワインを飲んでいる女性はある病気と他の病気のトレードオフを行っているのだろうか、と思ってしまうかもしれない。）
　3番目の警告は、アルコール飲料（しつこいようだがやはり赤ワインを含む）は、フランス人男性にとっても必ずしも恩恵のあるものとは限らない、ということである。
　たしかに英国における心臓病による死亡率はフランスの3倍かもしれない。しかし、アルコールに関連した原因（口腔のがん、肝硬変、そしてアルコールが関係した自動車事故）での死亡率は、フランスのほうが英国の3倍なのである。

（そして、ついでながら、英国ではアルコール消費が増加しているが、それとともに肝硬変による死亡率もまた上昇しているのである。）

たぶんわれわれが赤ワインについて知っておく必要があるのはこんなところだろう。しかし、フランスについてはどうであろうか。赤ワインにとくに病気を防ぐ効果がないのならば、フランスが特別なのはどういう点なのだろうか。なぜフランス人はあんなに心臓病の発生率が低いのだろうか。

今年初め、『英国医学雑誌（*British Medical Journal*）』において、ロンドン聖バーソロミュー病院にあるウォルフソン予防医学研究所のマルコム・ローとニコラス・ウォルドが、赤ワイン仮説へのもうひとつの説明を発表した。「フランスにおいて、アルコール消費が多いのは、飲む人が多いのではなく、飲む人1人当たりの飲酒量が多いことによる。すべてのアルコール製品に心臓病を防ぐ効果があるが、その効果を最大にするには1日に1ないし2杯飲むのがよい。」とローは言う。したがって、フランス人のアルコール消費が多いからといって、それが彼らを病気からよりよく守ることになるわけではない。

では、何がフランス人を守っているのだろうか。彼らの分析によれば、それはタイムラグの効果である。フランス人の食事は変化してきたが、高脂肪・高コレステロールの食事が動脈硬化を引き起こすようになるには何十年もかかるために、時間のずれが生ずる。

ローは言う。「フランスにおける脂肪消費はいまやアメリカと肩を並べるほどだが、そのように高レベルになったのは比較的最近のことである。それほど長期間にわたって食べ続けてきたわけではない。」

赤ワインは何も関係ないのである。（*The Financial Times*, weekend 10/11 July 1999）

10

次の記事は、結合双生児を分離すべきかどうかに関する法的な決定についてのものである。彼らは、もし分離されなければ両方とも死んでしまうが、分離されても一方だけしか救われないと見込まれていた。法廷は双生児が分離されるべきだとの決定を下し、手術が行われ、予想された通り「メアリー」が死亡し、「ジョディ」が生き残った。

法律は殺人者になってはならない——双生児の一方を救うべきである
メラニー・フィリップス

〔智慧を誇り、名裁判官との誉れも高い〕かのソロモン王ですら、匙を投げたかもしれないのだ。結合双生児ジョディとメアリーの事件について審理していた控訴院の判事が幾晩もの眠れない夜を過ごしたというのも無理はない。

その生後1か月の双生児の分離が意味するのは、ジョディがほぼ確実に生き残り、障碍は残るかもしれないが、おそらく普通の生活を送るようになるだろう、ということである。しかしながらメアリーはジョディから切り離されれば死んでしまう。一方、もし分離を行わなければ、6か月のうちに2人とも死んでしまうのである。

双生児の両親は、地中海地域の片隅からやって来た敬虔なカトリック教徒であるが、娘たちの分離を望んではいない。一方の娘を生かすために他方を殺すことなどできない、むしろ自然に任せるべきだ、と彼らは言うのだ。

高等法院においてジョンソン判事は、ひどく悩んだ末、双生児が分離されるべきであるとの決定を下した。控訴院のウォード判事にとって、これは「ジョディを救い、メアリーを殺す」と述べることと同じであった。しかし、判事たちが直面している選択は、本当にそのような厳しく恐ろしい提案なのだろうか。

メアリーを殺すということは、彼女が現在生きているということを意味している。しかし彼女は生きているのだろうか。彼女は独立した人格ですらないのではなかろうか。ここでは、身体が結合し、臓器が共有されているということだけが問題なのではない。ジョディとメアリーが喚起するイメージは、頭がそれぞれの端にあり、お互いの身体が継ぎ目なく交じり合っている、トランプカードのイメージである。ブルック判事が、自ら「この生物」と呼ぶところのものの写真を前にして当惑したのも無理はない。そもそもどこで1人の赤ん坊が終わりもう1人の赤ん坊が始まるのかを述べることができないのだから、いったいどうやって分離できるのだろうか、と彼は問うたのである。

さらにもっとずっと重要な問題があるのは確実だ。もしメアリーがある点で独立した個人であると言いうるのだとしても、彼女は独立して生きているのだろうか。というのは、彼女は有効に機能する心臓や肺や脳を持っておらず、ジ

ョディによって酸素を送り込まれた血液を用いることによって生存しているだけだからである。赤ん坊は、呼吸をしていれば、生きてうまれてきたことになる。そうでない場合、われわれはそれを死産であると考える。メアリーは一度も呼吸をしたことがないのである。

　分離された場合メアリーが死んでしまう理由は、彼女ら2人の間で機能している唯一の心臓や肺が、ジョディのものであるというところにある。ジョディは、メアリーのための天然版の呼吸器のようなものとして働いているのだ。したがって、すでに死んでいる人が、人工呼吸器をつけられている間生きているように見えるのとちょうど同じように、メアリーの「命」も見せかけだけのものに過ぎない。

　実際、ブルックの論証を逆さまにすると、そこにいるのは、心臓や肺や脳が機能している1人の生存可能な個人、すなわちジョディなのであり、そのジョディに、部分的に形成された人がくっついているだけなのである。

　さらに、法廷で示唆されたように、法的には、メアリーはジョディに暴行を加えていることになるかもしれない。なぜなら、メアリーはジョディの臓器を用い、それによって彼女を死に至らしめつつあるからである。言い換えれば、彼女たちの分離を拒否することは、自然に任せることを意味するわけではない。むしろ、ある人が不注意で別の人の死を引き起こしつつあるのを傍で見ながら何もしないということを意味するのである。

　さらに付け加えるべき決定的に重要な論点は次のものである。殺人には、殺す意図を持っていることが必要である。しかし、提案されている分離の目的はメアリーを殺すことではない。メアリーは確かに結果として死ぬことになるだろう。しかし、メアリー殺しを意図することと、メアリーの「命」を終わらせるという予見可能であるが意図されたものではない帰結を持つような、ジョディの命を救う手続きを実行することとの間には、きわめて重要な違いがあるのだ。

　2人の人がおぼれそうになっていて、そのうちの1人は致命的な傷も負っており、もう1人に寄りかかることでしか浮き続けられない、というような場面を想像してみよう。さらに、救助者が2人とも岸辺に連れてくることは無理だとしよう。もしかして救助者は、すでに避けられない一方の人の死を早めることのないよう、2人をそのままにして両方とも死なせるべきなのだろうか。ま

た、生き残るほうの人を救助することによって、彼は、もう一方の人を殺すことになるのだろうか。もちろん、そんなことはない。道徳において、意図はきわめて重要なのだ。

さらに、ジョディと結合したままでいることが、メアリーにとっての最大の利益なのだろうか。メアリーは、何が起ころうともいずれ死ぬだろう。実際、彼女の細胞はすでに死にはじめている。ジョンソンが了解したように、メアリーは泣いたり苦痛を表現したりすることも全くできないままジョディに引きずられているのかもしれない。医学は、そのようなひどい死の「恐ろしいシナリオ」と医師の1人が呼ぶものを認めることなく、むしろメアリーがこれ以上の苦痛なしに死ねることを保証しなければならないのは確かではなかろうか。

これら複雑で悩み深い問題群の中に、ローマカトリック教会が珍妙な態度で割り込んできた。ウェストミンスター大司教であるコーマック・マーフィー＝オコナーは、結果として善が生じうるような殺人が適法となってしまう危険な先例を作ることに対して警告を発した。しかしそうだとすると、「正当な戦争」という概念や、ナチスドイツの内部でのヒトラーを殺害する企てを認める余地がどこに残されるのだろうか。

そして、ジョディに死を宣告したりしたら、カトリック信仰における命の尊厳の余地がどこに残されるのだろうか。スコットランドカトリック教会の指導者である枢機卿トーマス・ウィニングは、分離することも分離しないことも道徳的には正しいことでありうると述べることによって、まずはどっちつかずの態度でいるように見えた。しかし彼は、ヴァチカンの庇護の下にあるイタリアではそうではなく、双生児は「そのままに保たれる」べきであると付け加えた。言い換えれば、これはジョディに対する死の宣告であるが、それをきちんと述べる勇気を欠いたものなのである。

この事件をめぐる同盟関係はさらにずっと珍妙である。ヴァチカンは、中絶を選択する権利を求めるロビイストたちによって支持されているのだ。かつてヒト胚に対する実験を合法化するように促すことで人間存在の不可侵性を揺るがしたバロネス（女男爵）・ワーノック〔倫理学者のメアリー・ワーノック〕は、ジョディの命を救うことが重要だと考える人々を支持している。したがって、この事件においては、奇妙なことに、ワーノックはかつての敵カトリック教会以上に、中絶合法化反対の立場に近いのである。

彼女の言うことには、信仰に篤い両親の望みは重要ではあるが、最優先すべき子供の利益を打ち負かすことはできない。双生児の両親は、彼らの属する迷信的で素朴な地域共同体では、障碍を持った赤ん坊は理解もされないし養っていくこともできない、と述べている。「中絶合法化反対」のカトリック教会は、これに対して何と言うのだろうか。

　実際、カトリック教会は、この事件では思いがけず共同戦線を張ることになったお仲間によって主張されている、ジョディはおそらく障碍を持つことになるだろうからその命は救うに値しない、などというまぎれもない優生学的な論証に対して、何と言うのだろうか。また、容易にヒステリーへと傾斜していく乳幼児「殺害」反対キャンペーンを熱烈に展開する者によって迫害されることを恐れて、関係する医師たちが匿名のままであることを希望したという、醜い事実について何と言うのだろうか。

　つまり、聖の側も俗の側も混乱に満ちているのだ。科学はわれわれからはしごを取り去ってしまった。命について、それがいつ始まるか、それが何であるか、それには内在的な価値があるのか、そしてそれがいつ終わるのか、われわれはもはや知っているようには思われない。その代わりに、それぞれの都合に合わせた勝手な定義を作っているのである。

　われわれは意図に基づく重要な道徳的区別についても把握できていない。ジョンソンは、双生児が分離されるべきだという彼の決定を支えるために、不幸にも、植物状態が続いた後に栄養チューブが取り外されたトニー・ブランドについての英国議会上院判決を用いてしまった。しかし、彼があの支持されえない事件から引き出してしまったのは、アナロジーだけではなかったのである。

　ブランドに対する判決は——皮肉にも——意図的な殺人を実際に適法なものとするおぞましい分岐点となった。しかし、判事たちは決してそのことを把握してはいなかった。というのも、道徳的決定における意図の重要な役割について理解していた者があまりにも少なかったようなのだ。

　結合双生児のケースで判事たちが述べたことは——彼らが決定したことだけでなく、その決定に彼らが与えた理由もまた——きわめて重大である。分離手術をしなければ生き続けるはずの赤ん坊に彼らが死をもたらすことになる、ということだけが問題なのではない。命を保全する義務があるとあらためて明言することこそが求められているときに、彼らはそれとは反対の方向へ進んで、

殺人に対する法的正当化をおこなってしまっているのかもしれないのである。

　彼らがいかなる決定を下すにせよ、両親にとってそれは悲劇であり、その苦悩はほとんど想像を絶するものであろう。（Melanie Phillips/Times Newspapers Limited, *The Sunday Times*, 10 September 2000）

（練習問題20の解答は246–269頁にある。）

練習問題21　あなた自身で論証を構成するための主題

あなたはこれまで、他の人の行った推論に関する分析と評価について十分に練習したのだから、いまや自信を持って自分自身でよい論証を構成することができるはずである。以下に、十分にトレーニングされたあなたのスキルを実践へと移すための、主題をいくつか提案しておこう。

1　〔男子校、女子校といった〕一方の性のための学校について、賛成ないしは反対する論証を書け。

2　日本において（原文：英国において）鉄道事業を改善し発展させることについて、賛成する論証を書け。

3　ソフトドラッグを合法化することについて、賛成ないしは反対する論証を書け。

4　自動車の広範にわたる利用のよい点と悪い点を述べた文章を書け。そして、自動車はよいものか悪いものかについて、結論を出せ。

5　犯罪を減らすために家庭が果たすことのできる役割があるとすれば、それについて論証を書け。

6　個人の生活について書くことに関して報道機関の自由を制限することについて、賛成ないしは反対する論証を書け。

7 日本における天皇制（原文：英国における君主制）がよいものであるかどうかについて論証を書け。

8 日本において、死刑が廃止されるべきかどうか（原文：英国において、死刑が復活させられるべきかどうか）について、論証を書け。

9 医学研究において動物を用いることについて、論証を書け。

10 子供をもうける「権利」という考えについて、賛成ないし反対する論証を書け。

練習問題解答例

第 1 章

練習問題 1　論証とその結論を見定める

1　これは論証である。そしてその結論は最初の文である。ペットの存在が飼い主の健康につながると仮定できるならば、ペットを飼っている人はうつや高血圧になりにくいという証拠が、ペットは人にとってよいものであるという主張を支える理由となる。文章を書き換えるには、2つの文の順序を逆にして、「だから」とか「したがって」という語を「ペットは人にとってよいものである」という主張の前に入れればよい。

2　これは論証ではない。動物と病気に関する3つの言明が含まれているが、どの言明も他の言明に支持を与えてはいない。3番目の文が他の2つとつながっていないのは明らかである。なぜなら、3番目はうさぎによって運ばれる病気についての文であり、他の2つは猫によって運ばれる病気についての文だからである。また、最初の2つの文のいずれかが他を支えているということもない。それらは単に猫が運ぶ病気についての2つの事実――すなわち、それが妊娠している女性に流産を引き起こす可能性があるということと、猫の飼い主はほとんどその病気に対する免疫を持っているということ――を報告しているに過ぎないのである。

3　これは論証ではない。正しくつづることができるものと、正しくつづるのが苦手なものに関する情報を与えてはいるが、いずれの主張も他の主張から導かれるわけではない。正しくつづるのが苦手なものに関する2つの主張は、正しくつづれるものに関する情報によって支えられているわけではないし、2つの主張同士の間にも明白な関連はないのである。

4　これは論証であり、その結論は2番目の文である。この文の中の「べきだ」という言葉は、農民たちに川沿いの農地での生産をやめさせて、その代わりに補償を行うことが勧められていることを示している。文章の残りの部分は、その理由を提供している――すなわち、それが、無駄金を使わずにすみ、

環境にもよいことだから、というのだ。文章は次のように書き換えることができる：

> 洪水から川沿いの農地を守るために、何億円という公金が費やされている。そんな土地での生産をやめさせて、その代わり、いま使われているお金の一部を補償金として農民に与えることができるだろう。そうすれば、無駄金を使わずにすみ、環境にもよい。なぜならもし川が溢れそうなときに溢れさせてやれば、その氾濫原はやがて野生生物が多く住む湿った草地や森林になるからである。したがって、洪水から川沿いの農地を守るために費やされるお金の一部を、そんな土地での生産をやめさせることに対する補償金として農民に与えるべきだ。

5　これは論証ではない。天気についてのある情報を述べているに過ぎない。

6　これは論証であり、その結論は最後の文である。この文が「示している」という言葉で終わっていることに注意せよ。その言葉は、結論がハクトウワシ目撃の増加という証拠から導かれているということを示唆している。結論はまた、目撃が増加したのならワシは増えている、という（あらわには述べられていない）仮定にも依存している。文章を書き換えるには、最後の文の前に「したがって」を挿入すればよい。

7　これは論証であり、結論は、防犯カメラが完全な成功を収めているわけではないということである。文章は次のように書き換えられるだろう。

> 商店街などでは、防犯カメラの存在によって犯罪が抑えられることが明らかにされてきた。しかし、法を遵守している市民も自らの活動のすべてが監視されることは望まないし、犯罪者たちは、カメラのない場所で、結局のところ同じ程度に罪を犯すかもしれない。したがって、防犯カメラは完全な成功を収めているわけではない。

8　これは論証である。結論が単純な文として述べられてはいないので、他の例文よりも論証であることを見てとりにくいかもしれない。しかし、明らかに

そこでは推論が行われており、安全運転をしないドライバーの問題に対処するために制限速度を下げる、ということはしないよう推奨されているのである。安全に運転している大多数の人々に不便を感じさせることになるから、というのがその理由である。文章は次のように書き換えられるだろう。

> 制限速度を下げて、その制限がきちんと守られるようにより一層努力することで、交通事故を減らすことができるが、それは、安全に運転している大多数の人々に不便を感じさせることになるだろう。したがって、それは、現在の制限速度で安全運転ができない不注意なドライバーの問題を解決するための方法としては、受け入れられないだろう。

9　これは論証ではない。大麻に関する3つの情報——すなわち、ビクトリア朝時代にはさまざまな病気の治療に用いられていたということ、現在ではその使用は不法であるということ、そして、多発性硬化症の症状を改善することができるということ——を述べているだけである。これらのいずれも他を支持してはいない。

10　これは論証であり、その結論は最後の文である。この文中の「したがって」という言葉は、結論が導かれていることを示している。「したがって」は2番目の文にも現れているが、そこで主結論を導入しているわけではなく、むしろこの論証の主結論と相容れない社会史学者の推論において役割を演じている。「しかしながら」という語は一致しない意見の導入を示し、それに引き続いて、主結論に支持を与える理由が述べられている。

練習問題3　理由を見定める

1　正解は（c）である。
（c）は献血者に報酬を支払うことを、その利点——すなわち、そのことが人々に献血を促し、献血者不足の問題を改善ないしは軽減するということ——を述べた上で推奨している。
（a）は結論を支持してはいない。なぜなら（a）は献血事業が献血者に報酬

を支払う余裕がないかもしれないということを示唆しているからである。
　(b) は一見正しい解答のように見える。しかしながら、人が他人を助けることに対して報酬が必ず支払われるべきであるという仮定がない限り、それは結論を支持しない。むしろ (b) は、多くの人々について、献血をするよう動機付けるために報酬を支払う必要はないということを示唆している。

2　正解は (b) である。
　(b) は、雇い主が応募者の性格を無視すると、その仕事に不向きで、変えることのできない性格を持った人を雇ってしまうことになるかもしれない、という結論を支持している。しかし、その仕事に向いている性格を持った人を雇えば、その人に必要な技術を教えることは容易なのである。
　(a) は結論を支持しない。なぜなら、性格と必要な技術の両方が変化しやすいのであれば、応募者の性格も技術も、ある仕事に対して働き手を選ぶときの適切な基準とはならないからである。
　(c) は、結論にとって不利な主張である。なぜなら (c) は候補者間の性格の違いは（誰でも、よい性格を持つようになりうるから）それほど重要ではなく、また、誰でも身につけられるわけではないような技術を必要とする仕事については、候補者間の技術に関する違いが非常に重要であることを示唆しているからである。

3　正解は (a) である。
　(a) は、肌の色の薄い人々が日光にさらされることによって起こる可能性のあるひどい結果——すなわち皮膚がんになること——に言及することによって、結論を支えている。
　(b) は、結論とは関係ない。なぜなら、それは肌の色の濃い人が日光にさらされることによる結果に言及しているだけだからである。結論は肌の色の薄い人々が日光にさらされることによる結果にのみ関わっている。
　(c) は結論を支持しない。それは肌の色の薄い人々が、日光にさらされることを回避できる方法——すなわち、日焼け止めクリームを使うこと——について述べている。しかし、なぜかれらが日光にさらされることを避けるべきであるのかについては、何も述べていない。

4　正解は（a）である。
（a）は、断熱材を導入することの経済上の利益——すなわち、燃料費が少なくてすむこと——を指摘することで、結論を支持している。断熱材の導入には費用がかかっても、長い目で見ればそれによってお金を節約することができるのである。
（b）は結論を支持しない。なぜなら、それは断熱材を導入することの経済上の利益には言及していないからである。（b）は単に、快適さという利点について述べているだけである。
（c）は結論を支持しない。なぜなら、それはあるタイプの断熱材の欠点——すなわち、湿気を生じさせてしまうこと——について述べているからである。このことは、断熱材が経済的であると考える理由を与えない。それどころか、湿気に対する処置のために余計な費用がかかってしまうかもしれないことが示唆されているのである。

5　正解は（c）である。
（c）は、若年の犯罪者を刑務所で服役させることが、その再犯の可能性を高め、したがって、犯罪の増加につながるということを示して、結論を支持している。
（a）は、若年の犯罪者を刑務所で服役させるべきではないという結論を支持しない。刑務所において受刑者の時間を建設的に利用する仕方——すなわち、仕事に役立つ技術を教えること——について示唆しているだけである。
（b）は結論を支持しない。なぜなら、それは刑務所の混雑と新しい刑務所を建設するための費用のみに焦点を当てているが、結論は、若年の犯罪者に対し刑務所で服役させるという方法をとるべきでない理由として、犯罪を減少させるためにどうすればよいか、に焦点を当てているのである。

6　正解は（c）である。
（c）は、サムが殺人を犯すことが物理的に不可能だったと示すことで、結論を支持している。
（a）は結論を支持しない。なぜなら、たとえ、サリーが殺人を犯したいと思っていて、実際犯すことが可能だったとしても、それは、サムが実際に殺人を

犯したはずはないということを示しているわけではないからである。
　(b)は結論を支持しない。なぜなら、何も得るものがなかったとしても、サムは殺人を犯したかもしれなかったからである。

7　正解は(b)である。
　(b)は菜食主義の食事を取る人たちが、健康に悪い可能性のあるもの——心臓病の原因となる動物性脂肪——を回避できていることを示して、結論を支持している。
　(a)は結論を支持しない。なぜなら、それは菜食主義の食事に欠けているもの——すなわち、ある種のビタミン——に言及し、それゆえ菜食主義の食事が健康に悪いものでありうることを示唆しているからである。
　(c)は、健康によいが、菜食主義の食事には含まれていないあるものについて述べているので、結論を支持していない。

8　正解は(b)である。
　(b)は、多くの親たちが子供にポリオワクチンを接種させなければ、望ましくないこと——すなわち、数年ごとのポリオの大発生——が起こるだろうと述べることによって、結論を支持している。
　(a)は結論を支持しない。なぜなら、それは、ワクチンの副作用のリスクについて一部の親がどのように考えているかを述べているだけだからである。
　(c)はそれ自身では結論を支持しない。(c)は、ポリオにかかるリスクは非常に低いので子供たちにポリオに対するワクチンを接種させる必要はあまりない、ということを示唆するかもしれない。しかしながら、リスクが低い理由は、これまで人々がかなり高い率で接種を受けてきたということにあるのだ。この情報が(c)に付加されれば、(c)は結論を支持する推論の一部分として働くことになるだろう。

9　正解は(a)である。
　(a)は、もし泳げない人がおぼれるリスクの高いスポーツを避け、泳げる人がそれらのスポーツをするのであれば、おぼれる人のうち、泳げない人よりも泳げる人のほうが多いことを、そのことが説明しているといえるだろう。

（b）は結論を支持しない。なぜなら、救命胴衣をつけていない人の多くが泳げる人なのかどうかについては何も述べていないからである。
（c）は結論を支持しない。なぜなら、それは泳げない人については何も語っていないからである。泳げる人でさえおぼれる可能性があるのはなぜかを説明してはいるが、おぼれる人の中に泳げない人よりも泳げる人のほうが多い、と考えるべき理由は何も与えてはいないのである。

10　正解は（c）である。
（c）は、チューインガムの中に虫歯を引き起こすものがあることを示して、結論を支えている。
（a）は結論を支持しない。なぜなら、それは歯によい可能性があるチューインガムについて述べているだけだからである。
（b）は結論を支持しない。なぜなら、それはどんな種類のガムでも歯によい効果がありうるということを示唆しているからである。

練習問題4　論証の諸部分を見分ける

以下の解答の多くにおいて、理由には「理由1、理由2」等と番号がついている。どの理由にどの番号をつけてもかまわないので、あなたが違う番号のつけ方をしていても気にしないでよい。重要なのは、理由と中間結論との関係、そして理由と主結論との関係である。

1　この論証には理由は1つだけあり、結論も1つである。

　　理由：劇場へ行ったり、コンサートを聴いたりするのにはお金を払わなければならない。
　　結論：博物館や美術館への入場を有料化することに反対する十分な理由などというものはない。

この論証は、博物館や美術館への入場を有料化することに反対する十分な理由があるとしたら、それは、他の文化施設への入場料も無料である場合に限る、

ということを当然だとみなしている。

2　「したがって」という語に示されるように、主結論は最後の文である。文章の残りの部分は、この結論に対する証拠を提供するとみなされている研究について書かれている。論証は以下のような構造を持っていると考えられる。

> **理由1**：ロンドンにある王立自由病院の精神科医たちの研究は、うつ病にかかっている約70名の患者を2つのグループに分け、その治療を比較するものであった。
> **理由2**：一方のグループでは、患者は12回の心理療法を受けさせられ、他方のグループでは、かかりつけの医者によるお決まりの診療が行われた。
> **理由3**：以来9か月にわたってすべての患者に目覚しい改善が見られた。
> **理由4**：その改善の進み方や程度において両グループ間で差はなかった。

これら4つの理由は組み合わされて次を支持することが意図されている：

> **結論**：心理療法とかかりつけの医者とのおしゃべりとは、その効果においてかわりがない。

3　「だからこそ」という語で示されているように、主結論は最後の文である。2番目の文の「のだから」が、理由を示していることに注意せよ。論証は、次のような構造を持っている：

> **理由1**：受動喫煙ががんを引き起こす。

これは、次を支持している：

> **中間結論**：喫煙者はわれわれの健康を危険にさらしている。

この中間結論は、

> **理由2**：公共の場所で喫煙する人は人口の3分の1を占めるが、彼らはその残りのわれわれを不快にしている。

と組み合わされて、次を支えている：

> **主結論**：だからこそいまや公共の場での喫煙を禁止すべきなのである。

中間結論と理由2は主結論をそれぞれ独立に支えているとみなすこともできるだろう。しかし、それらが結合された理由であると見なせるなら、そのほうが論証は強力になる。

4　この文章には、2つの「理由表示語」がある。2番目の文の「なぜなら」と、3番目の文の「このことの証拠としては」である。主結論は最初の文であり、論証は次のように整理できる：

> **理由1**：動物実験で安全であるように見えた薬の中に、人間には害を及ぼすものがあった。
> **理由2**：アスピリンやペニシリンが猫にとっては毒である。

これらの理由は、組み合わされて、次を支持する：

> **中間結論**：動物は人間と違いすぎている。

そして、これは、次を支持する：

> **主結論**：薬について動物で実験したのでは、人間への安全性を評価するために必要な情報は得られない。

5　「これが意味するのは」という句は、2番目の文で結論が引き出されていることを示唆している。しかし、この文章では、さらに最後の文でさらなる結論が引き出される。その構造は：

理由：ヨーロッパ諸国の出生率は非常に急速に低下している。

これは次の各々を支持している：

中間結論1：人々がいくら長く生きても、結局のところ人口は減少する。
中間結論2：年老いていく人々を支える労働年齢の人々はどんどん少なくなっていく。

そしてこれら2つの中間結論は組み合わされて次を支持する：

主結論：定年を引き上げるか、若者の仕事における生産性を向上させるかしなければならない。

あなたは最後の文を2つの言明に分け、論証は2つの主結論を持つのだと言いたくなったかもしれない。もし推論が2つの重要ではあるが互いに関連のない論点を支持しているのであれば、論証が2つの主結論を持つことも可能ではある。しかしこの文章においては、2つの論点は関連している。すなわち、もし定年が引き上げられたならば若者たちが生産性を向上させることは必要でないかもしれないし、その反対もまた言えるからである。この論証は、定年を引き上げることが必要になり、かつ、若者が仕事における生産性を向上させることが必要になる、とは主張していない。それらのうちどちらか一方が必要になる、と言っているのである。

6　この論証は複雑な構造を持っているが、結論を見定めるのは難しくない。結論は、最後の文の「したがって」という言葉によって明確に示されている。3番目の文には「ので」と「のだから」という2つの理由表示語があり、2番目の文の「そうすると……ということになるだろう」という句は、そこで結論が引き出されていることを示している。まとめると、論証は以下のようになる：

理由1：[運転者に対して大麻のような麻薬のための検査が導入されれば、その] 許

容量はゼロに設定されるだろう。

これは、次を支持する：

　　中間結論1：血中にごく少量の大麻成分があるだけで、人は起訴されてしまう。

この中間結論と、

　　理由2：大麻成分は血中に4か月はとどまる。

とが組み合わされて、次を支えることが意図されている：

　　中間結論2：問題なく運転できる人の中にも起訴される人が出てきうる。

そして、この中間結論が次を支持する：

　　中間結論3：これは不当であろう。

そして、これは次を支持する：

　　主結論：したがって、麻薬検査が導入される場合、許容量はゼロに設定するべきではない。

結論が仮説的な言明であることに注意せよ。論証は、なにか実際には述べられていないことを仮定していると考えられるだろうか。

7　この文章には論証表示語が含まれていない。そこで、それが読み手に何を受け入れさせようとしているかを問うてみなければならない。この文章は、地球温暖化の原因が化石燃料を燃やすこと以外の何かでありうるということをわれわれに納得させようとしている。論証は以下のような構造を持っている：

理由1：地球温暖化が起こりつつあるのは明らかである。

理由2：現在のように大量の燃料が消費されるようになるよりずっと前に、地球は、より温暖な気候と、より高濃度の二酸化炭素の時代を経験しているのである。

これらが組み合わされ、次を支持することが意図されている：

結論：［地球温暖化］が、化石燃料を燃やすことで二酸化炭素の濃度を高めていることによるのかどうかは確言できない。

8 この論証は、7の論証と同じ構造を持っている：

理由1：もし誰もタバコを吸わなければ税収入は大幅に減少する。

理由2：喫煙者の多くは健康給付や退職給付を十分に受け取る前に死んでしまうのである。

これらの理由が、組み合わされて、次を支えている：

結論：喫煙に関連する病気は、実際には、しばしば言われるほど国家の損失となっているわけではない。

9 この論証には、結論表示語となりうる語がたくさん存在する。最初の文の「べきではない」、2番目の文の「できない」、3番目の文の「はずである」、そして最後の文の「に違いない」である。しかし、それらはあまり助けにならない。なぜなら、これら4つの文すべてが主結論であるなどということは可能ではないからである。そこで、やはり論証が読み手に何を受け入れさせようとしているかを考えなければならない。最初の文で勧められていることがらを受け入れるべき4つの理由がある。

理由1：そういった移植を行うには費用がかかる。

理由2：動物の病気が人間にうつるという危険性が排除できない。

理由3：移植可能な臓器の不足解消は、より多くの人々にドナーカードを持つよ

うに説くことによって可能になるはずである。

　理由4：人間の臓器こそが、人間に、より大きな生存の可能性を与えるに違いない。

これらの理由が組み合わされて、次を支持する：

　結論：動物の臓器を人間に移植することは許されるべきではない。

10　主結論は、「私は……と結論する」という語句とともに、最後の文に現れている。この論証の構造を整理する1つの方法は、次のようなものである：

　理由1：[もし動物を殺すことが彼らの権利を侵害することだとすれば、]たくさん生まれた子犬のうちの何匹かをわれわれの都合で殺すことや、19個で十分なときに20個のカキをあけることは決して許されないし、さらには、夏の晩、あわれな蛾が火に飛び込んで死んでしまわないためには、単なる楽しみのためにろうそくに火をともすことすら許されないだろう。
　理由2：いや、散歩をすれば道すがら多くの虫たちと衝突するのは避けられないのだから、本当に重要な仕事でもなければ出歩くことすらしてはならないのである。
　理由3：以上のような考えはたしかにすべて子どもじみたものだ。

これら3つの理由は、組み合わされて、次を支えることが意図されているとみなせる：

　中間結論：どこかで境界線を引くなどということは決してできそうにない。

この中間結論は、次を支持することが意図されている：

　主結論：私は、人間は理由なく動物たちに死を課する絶対的な権利を有しているが、それは苦痛のない死である場合に限るのであり、何らかの苦痛を与えることになる場合は特別な正当化が必要となる、と結論する。

練習問題7　論証の中の仮定を見定める

1　この文章は、「目的指向的運動スキル」において、男性と女性の間に生まれつきの差があるはずだ、と結論している。その理由は、3歳の男の子でさえ、同じ歳の女の子と比較して、これらのスキルに関して優れた動きを見せるからである。この文章は、他の可能な説明——すなわち、男の子を育てるときにそれらのスキルを訓練する機会が多いことによる、という説明——に言及しつつ、それを明らかに退けている。したがって、結論は、その優れた動きを説明できるほど十分に、男の子が3歳までにこれらのスキルを身につけるなどということはありえない、という仮定に依存している。

　仮定は次のように述べられるだろう：

> 目的指向的運動スキルに関して、同じ3歳の女の子に比べて男の子の方が優れた動きをするという事実を説明できるほど、男の子が3歳までにスキルを十分に身につけるなどということはありえない。

この仮定は、付加的な理由として働いている。

2　この文章は、親が子供の性別を選べるようにすることが、深刻な社会的コストを生むかもしれない、と結論している。その理由としては、パートナーの女性を見つけられない男性が増えるであろうことと、（暴力事件のほとんどは男性によって起こされているから）暴力事件の件数も増えるであろうことの2つが与えられている。しかし、これら2つの結果は、人口において男性の女性に対する割合が増えた場合に限って起こるものであろう。したがって、これらの2つの理由は、親が子供の性別を選ぶことができるようにした場合、彼らは女の子よりも男の子を選ぶ傾向が大きい、という仮定に依存している。

　この仮定は次のように述べることができる。

> 親が子供の性別を選ぶことができるようにした場合、男の子を持つことを選ぶ親のほうが、女の子を持つことを選ぶ親より多くなるだろう。

これが、この問題の論証の2つの基本理由を支えている仮定である。

3 この論証は、家の価格が下落しつづけていることが有益な結果を生むかもしれない、と結論している。その結論に対して与えられている理由は、中流階級の人々が環境の改善を熱心に求めるようになるから、というものである。この理由自体が中間結論である。そしてそれは、長い期間同じ家に住んでいるとその近所との強い関わりが生まれてくる、という主張に支えられている。しかし、この理由は、家の価格が下落し続けるときに中流階級の人々があまり引越しをしなくなる傾向にあるという仮定がなければ、十分に中間結論を支えるものとはならないだろう。

仮定は次のように述べることができる：

> 家の価格が下落し続けるときには、家を持っている典型的な中流階級の人は、1つの家に長い期間住み続ける傾向にある。

この仮定は、付加的な理由として働いている。

4 この論証には、述べられていないステップが数多く存在する。次のように論証の構造のアウトラインを描いてみることで、それらを見定めることができる。

> **仮定1**：私は警報では目覚めなかった。
> **理由1**：もし警報が鳴れば、私は簡単に目を覚ますはずだ。

これら二つが組み合わされて、述べられていない次の言明を支えている：

> **中間結論1（仮定2）**：警報は鳴らなかった。

そして、さらにこれが次を支えている：

> **中間結論2**：もしお金が盗まれていたとしたら、誰かが警報システムを切ってあ

ったに違いない。

これは、もう1つの述べられていない仮定、すなわち：

　　仮定3：警報システムを設置したセキュリティ会社の社員だけが、警報を切ることができた。

と組み合わされて、次を支持する：

　　主結論：だから、犯人は警報システムを設置したセキュリティ会社の社員にちがいない。

仮定1と3が付加的な理由として働いている。仮定2は中間結論として働いている。

5　はしかにかかる人はごく少ないが、かれらは、はしかにかかる人がもっと多かったときよりも危険な状態におかれている、というのがこの論証の結論である。2つの理由が提示されており、それらが組み合わされてこの主張を支えている——多くの医師が実際のはしか患者を診たことがないということと、この病気は過去に診た経験がないと診断を下すことが難しいということである。しかし、もしはしかに対する有効な治療法が存在しないとしたら、はしか患者がより危険な状態になっているということは導かれないだろう。
　この仮定は次のように述べられる：

　　もしはしかであると診断が下せれば、はしかによって引き起こされる合併症は（ある程度の成功率で）治療可能である。

この仮定は、付加的な理由として働いている。

6　この論証の結論は、非喫煙者に比べて喫煙者のアテローム性動脈硬化の発生率が高いのはニコチンではなく一酸化炭素のせいであるというものである。

この結論に対して与えられた証拠は、数ヶ月にわたって一酸化炭素の作用を受けていた動物がこの病気の症状を示したということである。この証拠が結論を支持するためには、2つの仮定が必要である——喫煙によって人は一酸化炭素の作用を受けるということと、一酸化炭素が人と動物に同じように影響を与えるということである。

　これらの仮定は次のように述べられるだろう：

　　（a）喫煙者は非喫煙者よりも一酸化炭素の作用を受ける度合いが大きい。
　　（b）一酸化炭素の作用を受けることによって、人と動物は同じように影響される。

　（a）と（b）の両方とも、付加的な理由として働いている。

7　この論証の結論は、いわゆる臨死体験の報告は死後の生が存在する証拠である、というものである。この結論に対して与えられている理由は、この種の経験について報告した患者のほとんどは麻薬を使っていなかったし、脳障害になっていたわけでもなかったということである。この理由は、そのような経験が、麻薬や脳の器質性障害によって起こされる変化と類似した、死に先立つ脳内の変化によって起こっているという、死後の生の存在に疑いを抱く人による説明を拒否するものとして提示されている。しかし、論証は、これらの変化が、麻薬や脳の器質性障害の結果としてのみ起こりうるという仮定に依存している。（そして、もちろん、疑いを抱く人はこの仮定を否定するだろう。）

　仮定は次のように述べられるだろう：

　　意識状態の変容を生み出す脳内の変化は麻薬や脳の器質性障害がなければ起こらない。

仮定は付加的な理由として働いている。

8　論証の結論は、合衆国の農業従事者層が政治的影響力を失ってしまった、というものである。その理由は、都市人口の伸びが食料の需要を増大させ、そ

の結果農家では労働軽減のための技術が導入されて労働者の数が減少することになり、それに伴い都市における居住人口や労働人口がさらに増えたからであるという。しかし、そのような変化が農業従事者層の政治的影響力の減衰を帰結するのは、政治的影響力が農業従事者層の相対的な大きさに依存する場合のみである。したがって、そのことが論証によって仮定されていなければならない。

　仮定は次のように述べられるだろう：

　　農業従事者層の政治的影響力は、他の層と比較したその層の大きさに依存する。

この仮定は付加的な理由として働く。

9　この論証の結論は、野生の植物種を保全することが医学の将来にとって重要だ、というものである。この結論を引き出すために過去からの証拠――ここ50年の医学の進歩が野生植物に由来する驚くべき薬の発見に依存していること――を用いている。結論を引き出すためには、この種の発見が今後もさらに行われるだろう、ということが仮定されていなければならない。

　この仮定は次のように述べられる：

　　野生植物からの驚くべき薬の開発は、おそらく将来にわたって続けられるだろう。

この仮定を論証に組み込む最も自然な方法は、おそらく、これまでに驚くべき薬が野生植物から開発されてきたという証拠によって支持される中間結論として組み込むことであろう。

10　この文章は2つの事実――現在では30年前よりずっと多くの英国人が休暇のために海外旅行するということと、外国旅行は高価なものであるということ――から、英国の人々が概して、30年前には今より少ないお金しか使えなかったという結論を導く論証である。もし彼らが30年前に今より少ないお金しか使えないということがなかったならもっと多くの人が海外旅行していたはず

だ、ということが仮定されていなければこの結論は導かれない。

　この仮定は以下のように述べられる：

> 外国旅行に費用がかかることが、休暇のために海外旅行する英国の人々が30年前には今よりずっと少なかったことの理由である。

この仮定は、付加的な理由として働いている。

練習問題8　練習問題5にもう一度取り組む

　最初にこの文章を読んだのは、練習問題5においてであり、そこでは、論証の主結論を見出し、仮定のリストを書き下すことが求められていた。そのときは、まだ、「仮定を見定める」の節を読む前であったため、あなたは、明示されていない理由や中間結論以外のものを仮定として含めてしまっていたかもしれない。また逆にそのような仮定のうちのいくつかを見落としてしまっていたかもしれない。練習問題5と練習問題8に対するあなたの答えを以下の解答と比較すると、「仮定を見定める」を読むことであなたの文章理解力がどれくらい高まったかを見ることができるだろう。

　最初のステップは、結論を見定めることである。結論は、文章の最後に、はっきりと「したがって」という語で示されている次の言明であることが容易にわかる：

> したがって、狙撃者にはビル・クリントンは［そのセックスライフを理由にして］撃つなと告げなければならない。

次に理由を探さなければならない。最初の3つの段落は、それぞれ、主理由を提示している。そして、それらが組み合わされて、結論を支持することが意図されている。それらの理由はきちんと見定めるのがかなり難しい。なぜなら、みな、軽妙な新聞記事のスタイルを装っているからである。ここでの一番よい攻略法は、記事が読者に納得させようとしているのが、ビル・クリントンをそのセックスライフのゆえに批判することは正当化できない、ということだと確

認したうえで、「それぞれの段落が提出しようとしている主論点は何か」と自問してみることである。

　最初の2つの段落は、政治家のセックスライフを問いただすことに対して普通与えられる2つの正当化の方法によってビル・クリントンへの批判を正当化することが、実はできないということを示そうとしている。まず最初の段落では1つ目の正当化を扱い、それが政治家を批判するよい理由には決してなりえないということを示そうとしている。ここで考えられている正当化とは、「もしある男が彼の妻を欺くならば、彼の国もまた欺くだろう」というものである。これが正しくないという考えを支えるために、2つの筋で理由が提供されている――最初は、よい夫であったが合衆国大統領としては不適切であった男たちの例であり、次に、非常に有能な政治家は性欲もまた旺盛だという主張である。

　2番目の段落では、政治家のセックスライフを問いただすことへの2つ目の正当化が、ビル・クリントンの場合には有効ではないということを示そうとしている。ここで考えられている正当化は、指導者は国民の模範なのだから「模範的ふるまいからの逸脱」は偽善になるというものである。しかしビル・クリントンは、完全に道徳的な人生を送っているなどとは決して言わなかったのだから、こういった理由では批判できない、と主張されるのである。

　3番目の段落で、この論証は、ビル・クリントンを彼の性的な不品行によって批判しながら、同じような行いをした元大統領ジョン・F・ケネディを暗殺によって国が失った偉大な大統領であるとみなすのは、首尾一貫していないということを示そうとしている。

　さて、ここまで見定めてきたものをまとめてみよう。この文章は、ビル・クリントンを彼のセックスライフを理由として批判するべきではないということを論証しているが、その理由は次のようなものである：

(a) 妻を欺くものが政治家としても誠実さに欠けるということは正しくない。
(b) ビル・クリントンは国民に悪い手本を示しているわけではない。
(c) ビル・クリントンをそのセックスライフのゆえに批判しながら、元大統領ジョン・F・ケネディを賞賛するのは、首尾一貫していない。

これら3つの主張がどのように確立されると考えられているのか、より詳細に見てみよう。上記（a）を支える論拠は次のようなものである：

> **理由1**：ジェリー・フォードとジミー・カーターは、多くの人が言うことには、夫としてはしっかりしていたが合衆国大統領としては頼りなかった。
>
> **理由2**：パット・ニクソンは、毎晩ディックがどこにいるのかを知っていた。問題はアメリカ国民が、昼間ニクソンがどこにいるのかを確実には知りえなかったことだった。

これら2つの証拠は、述べられていない次の言明を支持することが意図されている：

> **中間結論1**：よい夫であるが、大統領としては不適切であるような人が存在しうる。

次の言明から始まるもう1つの推論の流れがある：

> **理由3**：神がたぐいまれな政治的精神を与えたもうた男たちには、同時に過剰なまでのテストステロンも与えられているということは、悲しくも明白な事実である。

これは、述べられていない次の言明を支持しようとしていると見ていいだろう：

> **中間結論2**：すぐれた才能を持った政治家の中には「妻を欺く」ものもいると考えるべきである。

中間結論1と中間結論2は組み合わされて上記の（a）――これもまた明示的に述べられてはいないが――を支えることが意図されている。

> **中間結論3**：「もしある男が彼の妻を欺くならば、彼の国もまた欺くだろう」というのは正しくない。

上記（b）を支える論拠は次である：

> 理由4：ビル・クリントンは、合衆国のこれまでの他の多くの政治家と異なり、完全に道徳的な人生を送っている、などとは決して言わなかった。

これは、述べられていない次の言明を支持することが意図されている：

> 中間結論4：ビル・クリントンは性道徳に関して言行不一致ではない。

これと、次の：

> 理由5：為政者たちに好奇の目を向けることへの言い訳の2番目は、指導者とは明に暗に国民の模範であり、したがって、彼自身の規範的ふるまいからの逸脱はそれ自体言行不一致になる、というものである。

が組み合わされて、次の（b）――これも述べられていないが――を支持することが意図されている：

> 中間結論5：ビル・クリントンは国民に悪い手本を示しているわけではない。

最後の段落は、人々がJFKの記憶に敬意を払っている様子を描いており、また、彼のセックスライフについて伝えられている、生前には公にされなかった話をほのめかしている。この段落を支える主張は2つあるが、明示的に述べられてはいない。それらは：

> 理由6（述べられていない）：元大統領ジョン・F・ケネディは偉大な大統領となる可能性があったと広く考えられている。
> 理由7（述べられていない）：ジョン・F・ケネディは性的な不品行を犯した。

これら2つが、組み合わされて、やはり述べられていない次の（c）を支持することが意図されている：

中間結論6：ビル・クリントンをそのセックスライフのゆえに批判しながら、元大統領ジョン・F・ケネディを賞賛するのは、首尾一貫していない。

　さて、この分析によって見分けることのできた、述べられていない仮定をリストアップしてみよう：

1　よい夫であるが、大統領としては不適切であるような人が存在しうる。
2　すぐれた才能を持った政治家の中には「妻を欺く」ものもいると考えるべきである。
3　「もしある男が彼の妻を欺くならば、彼の国もまた欺くだろう」というのは正しくない。
4　ビル・クリントンは性道徳に関して言行不一致ではない。
5　ビル・クリントンは国民に悪い手本を示しているわけではない。
6　元大統領ジョン・F・ケネディは偉大な大統領となる可能性があったと広く考えられている。
7　ジョン・F・ケネディは性的な不品行を犯した。
8　ビル・クリントンをその性的不品行のゆえに非難しながら、ジョン・F・ケネディについて偉大な大統領となる可能性があったと考えるのは、首尾一貫していない。

　これらの仮定のいくつかを見定めたあとで、あなたはそれらが正しいかどうか問いたくなるかもしれないし、それらが本当に主結論を支持するかどうか疑問に思うかもしれない。もし、そうならあなたは次の節――「推論を評価する」――へと進む準備ができていることになる。この文章は、またあとでもう一度見直して、自分で評価してみるのもよいだろう。

第 2 章

練習問題9　欠陥を特定する

1　この文章の主張は、バスケットボールのドリームチームをつくれるということである。そしてこのことから、このチームがどこで試合をしてもファンにとってエキサイティングなものになるだろう、という結論を導いている。バスケットボールのベストチームそれぞれからベストプレイヤーを引き抜いて新たにひとつのクラブにすればドリームチームをつくれる、ということが真であるかどうかは、疑わしい。その「ベストプレイヤー」全員が、互いに補い合うようなスキルを持っているのではなく、むしろ同じスキルを持っているかもしれないのである。しかしながら、われわれはこの練習問題では、理由の正しさを評価することに携わっているのではない。ゆえに、「バスケットボールのベストチームそれぞれからベストプレイヤーを引き抜いて新たにひとつのクラブとすればドリームチームをつくれる、ということが真であるならば、バスケットボールの試合はどこでもファンにとってエキサイティングなものになるだろうということが導かれるのだろうか」と問うべきなのである。その答えは、否である。つまり、非常に能力が高いプレイヤーだけで構成されたバスケットボールチームをつくれるという証拠は、そのチームが観客にとってエキサイティングな試合をするということを示すための十分条件ではないのである。ドリームチームが弱いチームと対戦するのを見ても、ファンにとってはたぶんエキサイティングではないだろうし、ファンにとってバスケットボールがエキサイティングであるかどうかは、自分が応援している地元チームに勝つチャンスがあると見ることにかかっているかもしれない。

2　これは、2つのことが同時に起こったのだから一方が他方の原因である、と仮定する欠陥の一例である。満月のときにさまざまな犯罪が行われたという事実は、満月が人々に犯罪を行わせる原因であると信じるための、よい理由であるわけではない。

3　この論証は、ある個人についての結論を、その個人が属する集団の成員に

関して一般に当てはまることについての証拠から、導き出している。もしもこの文章の第1文が、今の若者すべてが彼らの祖父母よりも長く学校教育を受けていることを意味するならば、ウィルマについての結論が導かれる。しかし、第1文は、今の若者は概して彼らの祖父母よりも長く学校教育を受けていることを意味している、と見なす方がもっと理にかなっている。この意味のことが主張されているのならば、例外があることになり、ウィルマは例外のひとりであるかもしれないのである。たとえば、ウィルマの祖父母は大学教育を受けたという点で、その世代としては並外れた学歴があるかもしれないし、ウィルマが早い段階で学校教育から落ちこぼれてしまった、ということもありうるだろう。

4　結論は、マリファナもLSDも有害ではありえないということである。これに対して与えられている理由は、マリファナもLSDも、医師ががん患者の痛みを緩和するために用いるということである。しかし、この理由から上の結論は導かれない。というのは、患者をひどい痛みに苦しむまま放置しておくくらいなら、たとえ有害であってもマリファナやLSDを使用したほうがましだと判断して、医師がこの薬物を使用せざるをえない場合もありうるからである。

5　この文章は、青年が他の年齢層の人々に比べて鉄分をより多く必要としていることを説いている。このことから、青年がしばしば貧血症になるのは食事に鉄分が不足しているからではない、と結論づける。しかしながら、青年が通常より多くの鉄分を必要とするのならば、次のように結論づける方がもっと理にかなっている。すなわち、青年の貧血症は食事に鉄分が不足していることによって引き起こされることがありうる、と。この文章の結論にある「不足」の意味に問題があるわけである。貧血症の青年は、他のどの年齢層の人々にとっても十分な量の鉄分を、食事で摂取しているかもしれない。しかし、青年がより多くの鉄分を必要とするのならば、食事で摂取する鉄分の量では、青年にとっては不足していることになるだろう。

6　この論証は、もしも西洋の人々が日本食に切り替えれば、心臓発作で死亡

するかわりに、日本で最もよく見られる病気で死亡するようになるだろう、と結論づける。論証は、この結論の根拠として2つの主張を置いている。その主張とは、食事は病気の重大な原因であること、および、西洋の人々の心臓発作は食事に原因があるということである。しかしながら、証拠が不十分で結論を立証できない。というのは、食事が病気の重大な原因かもしれないとしても、それが病気の唯一の原因であるとは限らないからである。したがって、日本でよく見られる病気の原因は、食事ではなく、遺伝的要因あるいは環境条件であるかもしれないのである。この文章は、日本人が脳卒中と胃がんになる原因に関する疑問を解消していない。ゆえに、西洋の人々が日本食に切り替えれば脳卒中と胃がんの罹患率が上昇するということに、われわれは確信を持てないのである。

7　この文章は、調理は40万年前に発明されたに違いないという結論を、調理に必要だったはずの火がその時代に利用されていたという証拠に基づいて、導き出している。しかし、この文章が立証しているのは、火は調理が発明されるために必要だったということだけであり、火が調理の発明にとって十分だったということは立証されていない。おそらく火が最初に利用されたのは、暖をとるため、あるいは肉食獣を遠ざけるためだっただろう。そして、調理が発明されたのは、たぶん、それよりいくらかあとの時代だろう。この文章は、必要条件をあたかも十分条件であるかのように扱ってしまうという、よくある欠陥の一例なのである。

8　この文章は、目撃者が信用できないということから、彼が言ったことは虚偽であるに違いないという結論が導き出せると論証している。しかし、証拠が不十分であり、この結論は導き出せない。われわれが結論づけられるのはせいぜい、フレッドは火災が起こったとき店の近くにいなかったかもしれないということである。われわれは、さらなる証拠がなければ、フレッドは火災が起こったときどこか他の場所にいたに違いない、という結論を導き出せないのである。

9　この論証の結論は、たいていの人は一所懸命に練習すれば、音楽の天才に

なれるだろう、というものである。この結論を支持するために与えられた証拠は、数多くの作曲家（音楽の天才と思われる人々）は長期にわたって作曲の訓練を受けた後にやっと傑作を書き上げたということである。この証拠が結論を支持していると見なされるためには、2つのことが行われなければならないのだが、どちらも疑わしいのである。第1に、作曲家たちの練習が傑作を書き上げるために必要だったということが、仮定されなければならない。この仮定はとっぴ過ぎるものだとは、たぶん言えないだろう。しかし、練習ではなく成熟こそが、作曲家たちが傑作を書き上げるために要求されたことだった、ということはありうる。第2の、もっと深刻な欠陥は、一所懸命に練習した結果として傑作を書き上げた人がいるのだから、誰でも一所懸命に練習すれば傑作を書き上げられるだろう、と結論づけることである。これは、作曲の練習ないし訓練という必要条件を（練習ないし訓練が本当に必要条件であると譲歩するならば）、傑作を作曲するための十分条件だと見なすことに他ならない。おそらく、さらに必要なものは、ある種の非凡な才能だろう。

10　この論証の結論は、貧乏であることと罪を犯すこととの間には何のつながりもありえない、ということである。この結論を支持するために論証で挙げられている証拠は、貧乏な人の多くはけっして罪を犯さないということである。しかし、この証拠は不十分であり、結論を立証できない。たとえ貧乏な人の多くがけっして罪を犯さないとしても、罪を犯す貧乏な人の中には、貧乏でなかったならば罪を犯さなかっただろうと思われる人もいるかもしれないからである。ゆえに、貧乏であるがゆえに罪を犯す可能性がより高くなる人も中にはいるという意味で、貧乏と罪を犯すこととの間にはつながりがありうるのである。

練習問題10　さらなる証拠を評価する

1　正解は（e）である。
（e）は結論を弱める。それは、学校関連のスポーツ活動に参加している子供はなぜあまりけんかをしないのかという疑問に対して、この文章で与えられているものとは別の説明を与えることによってである。別の説明とは、けんかす

る傾向のある子供は学校関連のスポーツ活動への参加を許されないというものである。

（a）は結論に対して何の影響も及ぼさない。学校関連のスポーツ活動を大人が監督しているということは、なぜスポーツ活動の間はけんかがほとんどないのかという疑問に対しての説明になるかもしれない。しかし、この文章の結論は、スポーツ活動に参加する子供はなぜスポーツ活動の間だけでなく学校にいる間はずっとあまりけんかをしないのか、という疑問に関するものなのである。

（b）は結論を弱めない。というのは、たとえ学校関連のスポーツ活動に参加する子供が極度に攻撃的にならないようにさせられているとしても、スポーツで身体を動かすことが、攻撃的エネルギーを攻撃的でない競争に向けることになっているかもしれないからである。

（c）は一見したところ、スポーツ活動に参加していない子供は参加している子供よりよくけんかするという言明と矛盾しているように見える。だから、この（c）を選びたくなって、そうした読者もいることだろう。しかし、「身体的な意味で、より攻撃的である傾向がある」ということは、「よくけんかする傾向がある」ということを意味しない。それは、「行動の背後に強い攻撃的傾向がある」ということを意味するのである。以上が真であるとすれば、そしてまた、スポーツ活動に参加している子供はけんかすることがより少ないということも真であるとすれば、スポーツ以外ではけんかを通じて解放されるような、身体的攻撃を行おうとする衝動が、スポーツ活動に参加することによってそのスポーツに向けられている、という結論が強められるだろう。

（d）は結論とは関連がない。授業日の、よくけんかが起こる時間帯を挙げたところで、学校関連のスポーツ活動に参加しない子供はなぜけんかする可能性がより高いのかという疑問に対して文中で与えられた説明には、何の影響も及ぼさないのである。

2　正解は（d）である。
（d）は論証を弱める。それは、論証において工学に関係する企業に勧められていること、すなわち工学修士以上の学位を持たない社員の減給を実施すれば、結局はその企業にとって不利益になるだろうということを示唆するからで

ある。そのような減給を実施すると、工学博士号を取得する大学院生が増える（そのことによって、工学を教える教員の数が増える）という望ましい結果がもたらされるかもしれないが、工学部の学部生が減るという結果ももたらすかもしれない。長期的には、これは、工学関係の仕事に就こうとする優秀な学生が不足することにつながる可能性がある。それは企業にとっての利益と相反することだろう。

（a）は結論とは関連がない。「科学」に工学が含まれないのならば、（a）は、論証で問題にされているのと同一の主題に関するものでさえない。「科学」に工学が含まれるとしても、（a）はこの文章の、工学部に入る学生が増加したという情報に、何も付け加えていないのである。

（b）は論証を弱めない。論証が解決法を提示している問題、すなわち、より多くのエンジニアを引きつけて教職に就かせる必要があるということを強調しているだけだからである。

（c）は、論証に対して何の影響も及ぼさない。工学修士以上の学位を持っている人々に対して企業が高い給料を支払うと、教職を敬遠する気にさせる可能性が高いだろう。だがこれは、工学を教える教員の不足という問題を、修士以上の学位を持っていない人々の給料を減らすことによって解決しようという勧めに対しては、何の影響も及ぼさないのである。

（e）は、論証に対して何の影響も及ぼさない。論証は、工学部の卒業生が大学院で研究するための動機を強める方法に関するものである。企業が大学の研究プログラムに資金援助したとしても、大学院に進学しようとする者に奨学金を出すのでなければ、動機を強めることにはならないだろう。だが（e）は、企業が学生に奨学金を出すことを主張してはいないのである。

3　正解は（e）である。
（e）は、ヘロイン中毒者の中にはヘロインを手に入れるために重大犯罪を起こすおそれが大きい者がいる、という証拠を挙げることによって、ジョーンの主張を強めている。この証拠は、重大犯罪の数はヘロイン中毒者に無料でヘロインを配ることによって減少するかもしれない、という主張を支持している。

（a）は、ジョーンの主張を強めているのではなく、弱めている。ヘロイン中毒者は麻薬の影響下にあるときのほうが暴力的になるおそれが大きいとした

ら、麻薬の影響下にあるときに犯罪を起こすかもしれない。だから彼らに無料で麻薬を配っても、ヘロイン中毒者が起こすと考えられる犯罪の数が減少することはないだろう。

（b）はジョーンの主張を強めない。なぜならば彼女は、ヘロイン中毒者にヘロインを供給することが経済面で意味を持つだろうということを示そうとはしていないからである。彼女はたんに、犯罪が減少するだろうと主張しているだけなのである。

（c）はジョーンの主張を強めない。その理由は、（b）がジョーンの主張を強めない理由と同じである。

（d）はジョーンの主張を強めない。なぜならば、（d）はヘロイン使用とは関係のない犯罪に関するものだからである。麻薬がらみの犯罪を減少させるためにジョーンが提案した方法の有効性については、（d）はわれわれに何も語らないのである。

4　正解は（a）である。

もしも（a）が真であるならば、国の自動車協会が方向指示器を検査し続けるための適切な理由があることになる。というのは、もしも自動車協会が方向指示器を検査し続けないのならば、不具合のある方向指示器の数は増えるかもしれないからである。したがって（a）は、方向指示器の検査を廃止するべきだという主張を弱める。

（b）は、それ自身では論証を弱めない。（b）は、方向指示器が良好に作動する状態にあるのを確実なこととするべき理由を提供しているように見える。しかし、（（a）が示唆しているように）不具合のある方向指示器が検査の廃止によって増える、ということがないならば、（b）は方向指示器の検査廃止という勧告を弱めることはない。

（c）は、方向指示器の検査手続きは隣接する諸外国の検査手続きと同じくらい徹底したものである必要がある、と信じる理由がないのならば、勧告を弱めない。（c）はそのような理由を提供していないのである。

（d）は、方向指示器の検査廃止という勧告を弱めない。（d）は勧告を支持する理由を提供しているように見えるが、実際にはそうではない。方向指示器の検査が廃止された状況でそれ以外の安全面の検査を受けた自動車が、不具合が

あるとして不合格になっても、方向指示器に不具合のある自動車はまだ公道を走っているかもしれないのである。
　（e）は、方向指示器の検査を続ける理由を提供しているように見えるかもしれないが、論証を弱めない。方向指示器を検査しても、現在の安全検査体制では発見されないような他の不具合が明らかになることはないだろう。ゆえに（e）は、方向指示器を検査すべきかどうかという問題には関連がないのである。

5　正解は（d）である。
　研究者らの結論は、子供がどれくらい長い時間テレビを見ているかを親が注意深く監督（おそらく「管理」という意味）していれば、子供の学業成績はよくなるだろう、というものだった。ここで、研究者らは次のことを仮定していたのである。すなわち、子供がテレビを見るのに費やす時間と学業成績との間にある、彼らによって明らかにされた関係は、長期間テレビを見続けることが学業成績低下の原因であることを示している、と。研究者らは相関関係を発見したのだが、2つの事象のあいだに相関関係があるということは必ずしも一方の事象が他方の原因であることを意味しない。（64頁の議論を参照のこと。）ところが（d）は、因果関係があるという見方を強める。テレビを見る時間の長さがすべての子供にとってほぼ同じである場合には学業成績の差がより小さいのならば、テレビを見るのに費やされる時間の差が学業成績の差をもたらす原因である可能性が高いのである。
　（a）は、第1文の主張がよりどころとしている数字について、より具体的に述べている。ゆえに（a）は、毎日2、3時間テレビを見る子供は学業成績がそれほどよくないだろうという言明を強める。これは、相関関係があるという、より強い証拠であるが、因果関係があることを示すさらなる証拠を与えているわけではない。ゆえに（a）は、結論を強めてはいない。結論は、因果関係があるという仮定をよりどころとしているからである。テレビを見る時間の長さと学業成績とのあいだに因果関係があると仮定するならば、（b）は、子供がテレビを見るのを親が監督していれば子供の学業成績は上がる、ということの理由を付け加えているものと見なせる。しかし（b）は、因果関係があるという見方を強めるようなことは何もしていないのだから、研究者らの結論を

強めるわけではないのである。

（c）は、毎日2、3時間テレビを見ることが学業成績の低下する原因である、という見方を強めはしない。そのかわり、学業成績に影響を及ぼすかもしれない新たな要因、すなわち読書にあてる時間の長さという要因を導入している。

（e）は、因果関係があるという見方を強めない。なぜならば（e）は、テレビを見る代わりに本を読むという子供がいることを示唆してはいるが、読書が学業成績にどのように影響を与えるのかについては論評していないからである。

6 　正解は（a）である。

（a）は次の点で論証を弱める。すなわち、たとえ出所者が刑務所にいる間に訓練を受けた仕事ではない、どのような仕事に就くとしても、刑務所の職業訓練で習得した技能は役に立つかもしれない、ということを示唆しているという点で。

（b）は、刑務所内の職業訓練プログラムを廃止することに対して、異議を申し立てている。しかしこれは論証を弱めることと同じではない。なぜならば（b）は、職業訓練プログラムは目的を達成していないから継続するのは賢明でない、という主張に対しては、何の影響も及ぼしていないからである。

（c）は、刑務所内の職業訓練プログラムが持つ利点に言及し、このことによって、職業訓練プログラムを継続するのは賢明でないという主張をある程度は弱めている。しかし、これは、（a）ほどは論証を弱めない。（a）は、論証の結論がよりどころとしている主張、すなわち職業訓練プログラムは目的（それは、将来就職したら役に立つ技能を提供することだと考えられる）を達成していないという主張が真ではないことを示しているのである。

（d）は、論証を弱めない。なぜならば（d）は、職業訓練プログラムが、論証の主張によれば達成されていないところの目的を持っているということを強調しているだけだからである。その目的が達成されているかどうかということについては、（d）はわれわれに何も語らず、したがって、職業訓練プログラムを廃止すべきだという結論に対しては何の影響も及ぼしていないのである。

（e）は、論証を弱めない。なぜならば、論証がよりどころとしているのは、受刑者が刑務所にいる間に訓練した仕事には将来携わらないことを選択するという主張である。この主張は、受刑者が刑務所にいる間は選択の余地がないと

いう含みを持ってはいない。また（e）が、受刑者は刑務所で選択した職業を出所後に変えないだろうという含みを持っているわけでもないのである。

7　正解は（e）である。
（e）は次の点で論証を弱める。すなわち、嘘発見器によって記録された生理学的変化が、嘘をついたことによって引き起こされたストレスではなく、それ以外のストレスがもたらしたものであるかもしれないという証拠を提供しているという点である。このことが示唆しているのは、結論が主張しているのとは反対に、確実に嘘を見抜くことは可能ではないということである。
（a）は論証に対して何の影響も及ぼしていない。なぜならば、たとえ嘘発見器が高価であり、また、細心のメンテナンスが必要とされるとしても、確実に嘘を見抜くことは可能でありうるからである。
（b）は、嘘をついている人の中の一部については、嘘発見器は中程度のストレスの徴候しか示さないことを示唆している。しかし、だからといって、確実に嘘を見抜くことは可能だという主張は弱められない。
（c）は論証を弱めない。なぜならば（c）は、嘘発見器を効果的に用いることができる人材を見つけて訓練することは不可能だということを示唆してはいないからである。
（d）は論証を弱めない。なぜならば、たとえ嘘発見器に関して誤った使い方をしたり、乱用したりする人々がいるとしても、確実に嘘を見抜くことは可能かもしれないからである。

練習問題11　代わりの説明を提示する

　以下の解答例では、各文章の中に提示されている事実と説明が確認されている。次に、代わりの説明として可能なものがひとつ以上与えられている。あなたは、可能な説明を他にも考え出すことができるかもしれない。

1　**事実**：犯罪に対する恐怖が増大するのと同時に、警察力に対する人々の信頼は低下している。
　　説明：犯罪に対する恐怖は、警察に対する人々の信頼が欠如していること

によって引き起こされている。
代わりの説明：犯罪に対する恐怖は、犯罪件数が増加し続けていると人々が信じることによって、引き起こされている。

2　**事実**：離婚率は過去30年以上にわたってかなり上昇した。
　　説明：近年は、不幸な結婚生活を送るカップルが以前より多い。
　　代わりの説明：現在では、以前より離婚しやすくなっていて、離婚したという烙印が押されることもなくなった。（したがって、不幸な結婚生活を送っているカップルの割合は、過去とまったく同じなのかもしれないが、かつては、離婚するのが難しかったから、あるいは当人以外の人が賛成しないだろうからという理由で、離婚しなかった。）

3　**事実**：人類が、宇宙のどこかにいる存在者からのものであることが確かな信号を受信したことは、いまだかつてない。
　　説明：宇宙で唯一の知的生命体は、地球にいる私たちである。
　　代わりの説明：宇宙のどこかに知的生命体がいる。そして、
　　・その知的生命体は私たち人類と交信したいとは思っていない。あるいは、
　　・その知的生命体は私たち人類がこの地球にいることを知らない。あるいは、
　　・その知的生命体が送った信号を、私たちは認知しそこなった。

4　**事実**：新しい道路が建設されるたびに、当該地域の交通量が増える。
　　説明：人口ひとりあたりの自動車保有台数が増加し続けている。
　　代わりの説明：新しい道路が建設されるたびに、運転者ひとりあたりの旅行回数の平均が増加する（つまり、道路がよくなると人々はもっとドライブしたくなる）。

5　**事実**：昨年の夏、イギリスのリゾート地で休日を過ごす人の数が減った。
　　説明：イギリスでは昨年の夏、とても天気が悪かった
　　代わりの説明：

- 経済的理由から、休暇をとる人が少なくなった。
- 海外で休日を過ごすために必要な費用が安くなった。
- イギリスの浜辺の汚染はひどいと報じられている。

練習問題12　説明を見つけ出し、評価する

以下の解答はそれぞれ、説明が与えられている事実を見つけ、文中に与えられた、説明となりうることを見つけ出し、さらに他の説明になりうることを示唆している。あなたはすでに自分で、説明となりうるさまざまなことを考え出しているかもしれない。だが、どの説明が最ももっともらしいかという問題に関する結論を引き出すこと、つまり、この問題に決着をつけるために探さなければならない証拠について考えることは、課題として残しておく。

1 　(a) **事実**：女子は男子よりGCSE試験の成績がよい。
　　(b) **文章中の説明**：
- 女子はより明確な目標をもっていて、学業により専念する。一方、男子はGCSE試験の後は何をしたいのかわかっていない。
- 男子はガリ勉に見られたくない。一方、女子は勉強に対して悪いイメージを持っていない。
- 男子は女子ほどには、教師に注目されていない。

　　(c) **他の可能な説明**（このうちいくつかは、文章中のコメントで示唆されている）：
- 教師が男子の能力に対してあまり期待していないせいで、男子は潜在的な力を発揮できず、成績がよくない。
- 男子は集中力がない、もしくは計画性がない。そして、やる気が欠けている。
- 女子のほうが男子より賢い。
- 女子のほうが男子よりしっかり勉強する。
- 女子のほうが男子より早く知的成熟を達成する。

2 　この例文では複数の事実が挙げられ、それぞれに対して説明が与えられている。

(a) **事実**：昨年は、イギリスでの交通事故による死者の数が1926年以降で最少だった。
(b) **文章中の説明**：
- 道路上での救命措置が向上し、医療が改善された。
- 死亡者数は誤解を招きやすい。なぜならば、交通事故の結果として死亡する人のうち交通事故死として数えられるのは、事故から30日以内に死亡した場合だけであり、今日では、事故にあった人は現代の医療技術のおかげでもっと長い間生かされている。
- 歩行者や自転車に乗る人など交通弱者の数が減っている。

(c) **他の可能な説明**：
- 道路は、建設方法の改善と安全運転の両方、または建設方法の改善と安全運転のどちらか一方のおかげで、より安全になっている。
- 自動車は、安全ベルト、エアバッグ、衝撃吸収構造、サイドインパクトバー、ブレーキの改善などのおかげで、乗る人にとってはより安全なものになっている。

(a) **事実**：イギリスでは他のヨーロッパ諸国と比べて、死傷者のうち子供が占める比率が高い。
(b) **文章中の説明**：
- イギリスの子供たちは、冬は暗い道を歩いて学校から家へ帰らなければならない。

(c) **他の可能な説明**：
- イギリスでは他のヨーロッパ諸国と比べて、交通量が多い地域に子供の歩行者がより多くいる。

(a) **事実**：交通事故で死亡した子供の数と、交通事故による重傷者の数は、どちらも増加した。
(b) **文章中の説明**：
- 道路が、より危険になっている。
- 運転者は、現代的な自動車の中で隔離されているという感覚を持ちすぎているせいで、ミスを犯す。

(c) 他の可能な説明：交通量が増えた。

3 (a) 事実：ある聖母マリア像が涙を流しているように見える、という目撃があった。
(b) 文章中の説明：問題の聖母マリア像は、浸透性の材料に不浸透性の釉(うわぐすり)がかけられていて中空である可能性が高い。もしも目にかけられた釉にひっかき傷がつけられれば、水滴がしみ出して、あたかもマリア像が泣いているかのように見える。
(c) 他の可能な説明：
・マリア像は本当に泣いているのであって、これは奇跡である。

この練習問題に取り組むことを通じて、説明となりうることをこれ以上考え出すことは無理だと思うかもしれない。だが、与えられた説明となりうることのうち、どれがよりもっともらしいのか、また、そう考えるのはなぜなのかについて、活発に議論してほしい。

練習問題13　スキルを磨く

1　テレビ——わが国の刑務所で役に立つ力

1　**結論**：この文章は最初に、どんな立場を擁護するのかを明確にしている。すなわち、結論は第1段落に現れていて、それは、刑務所にいる人々にテレビを見せることを許容するという提案の実現に向けて努力することは正しい、ということである。

2　**理由／仮定**：第2段落冒頭の「なぜか」という疑問は、その直後に理由が与えられることを示している。さらに理由は、直後に続く「第1に」という語と、第4段落のはじめの「理由の2番目」という語句によって示されている。しかしながら、第2および第3段落では、理由はひとつだけなのではなく、いくつかの理由がひとまとまりにされていて、そのうちのひとつが「さらに」という語で示されているように見える。

以下の理由が見つかる：

1 テレビを見ることは、受刑者が自分の時間を使う方法としてよりよいものである。
2 テレビを見せることによって、受刑者を監視しやすくなる。
3 受刑者がテレビを見ると、塀の外にいる私たちにもっと近づいてくる可能性がより高い。
4 テレビを見るという特権を得るために金を払うことは、受刑者の責任感を強める。
5 テレビを見るという特権を得るために金を払うことは、受刑者が出所後に「金を稼いで払うこと」に適応しやすくする。

理由1の支持は、受刑者がテレビのない場合に自分の時間を使う方法を描写する、という形で与えられている。理由3の支持を提供するのは、テレビを見せないと、社会の動向、意見、娯楽やニュースといった、一般市民を形づくるといってもよいものから受刑者を切り離すことになる、という所見である。

　上のような理由と結びつけられた仮定には、次のようなものがある。刑務所内のテレビは、刑務所の文化（「獄中犯罪」）に対抗する作用をもちうること。刑務所に入れることの重要な目的は、更生であること。そしておそらくは、受刑者が塀の外にいるわれわれにもっと似てくれば、再犯の可能性が低くなるだろうということ。

3 **理由／仮定の正しさを評価する**：理由1が正しいかどうかを評価するのは難しい。理由1の意味することは、受刑者がテレビを見るのは彼らにとってよりよいということなのか、看守にとってよりよいということなのか、社会にとってよりよいということなのか。最後の文に「人道的」という語があるので、理由1が、テレビを見ることは受刑者にとってよりよいことだということを意味するのは確かだろう。そしておそらく、テレビは言及されている代わりの方法より楽しいと思う受刑者がいるということも、真だろう。しかし著者は、テレビのほうが楽しめるだろうということだけでなく、受刑者という立場にある者にとってテレビはより価値があり、よりよいものだろうという含みをもたせ

ているのかもしれない。理由1がテレビは看守にとってよりよいものだろうということも意味するとしても、それは理由2とも結びつき、理にかなった主張であるように見える。さらに、著者は、受刑者を日常生活に復帰させることを強調しているところからすると、受刑者にテレビを見せることは社会にとってよりよいことだろうと考えているようにも思えるのである。

理由3が正しいかどうかについては、疑問を投げかけることができる。テレビを見れば受刑者は、一般市民が利用できる情報と同一のものに接するだろうが、同一の社会的価値を尊重することにつながるということは帰結しない。「刑務所文化」というものがあるとしたら、その文化が持つ諸々の価値が支配的であるかもしれないのである。また、受刑者がテレビ番組を見て、一般の人々が自分たちより快適な生活を送っていることを思い出し、一般市民に同化するよりもむしろ、疎外感と憤りを持つことになるかもしれないということも、おそらくそれほど可能性が高くはないが、ありうるのである。

理由4は、次のような点で、おそらく数多くの受刑者に当てはまるだろう。それは、受刑者はテレビを見るという特権を欲しがる可能性が高く、この特権が金を稼いで払うという条件次第で手に入ることにすれば、生活の中でテレビを見るという側面を自分で管理しているという実感を受刑者に与えられるだろうという点である。

にもかかわらず、理由5は疑わしい。刑務所内で「金を稼いで払うこと」という習慣を身につけたとしても、それを塀の外の生活でも続けるかどうかということは、別の要因、たとえば求人があること、本人が技能を習得していることなどによって決まるだろう。

刑務所は罰を与えるためだけでなく、更生のためのものでもあるべきだという仮定は、司法制度の内部では一般に受け入れられている。だが、この仮定は公衆の一部には共有されていないかもしれない。しかしながら、この仮定は理にかなったものなのである。なぜならば、すべての犯罪者を一生のあいだ刑務所に入れておくことは実行可能ではなく（莫大な費用をかける場合以外は）、また、日常生活への復帰に適さない受刑者を釈放するのは賢明でないからである。

4　**引き合いに出されている権威**：記事の中では、いかなる権威にも言及がな

い。

5 さらなる証拠：あなたはもう気づいているかもしれないが、受刑者にテレビを見ることを許している国は他にあるかもしれないし、そういった国があれば、この政策が安全管理と更生に及ぼす影響に関して何らかの証拠を提供してくれるかもしれない。

6 説明：文中にはまったく説明がない。

7 結論の支持：結論は、受刑者にテレビを見せる政策は「実際的にも原理的にも」正しいということを主張している。しかし、推論の多くの部分は、実際的な（すなわち実践的な）側面、つまり受刑者を監視しやすくし、塀の外の生活にもっと適合させるという目的に焦点を合わせている。これは、上の政策が悪影響をもたらさず、目的を達成するのによりよい方法がないとしたら、政策に基づく行動を支持する適切な理由になるだろう。

　受刑者などテレビを見るという特権を与えるには値しない、と主張する人もいることだろうが、受刑者にテレビを見せるという政策の悪影響を思いつくのは難しい。（この点は文中の「原理」という側面に触れている。すなわち「人道的」政策への言及、および更生は刑務所に関する政策の重要な目的であるという仮定に。）あるいは、受刑者にテレビを見せるという政策を実行すると、刑務所の生活が十分に過酷なものであるようには見えなくなり、犯罪者予備軍に罪を犯すのを思いとどまらせることができない、と主張する人もいることだろう。こういった主張が正しいかどうか考えてみることは（さらに、討論することもできるが）、読者に課題として残しておく。

　受刑者を監視しやすくし、しかも、塀の外の生活へ復帰するのに必要な適合性を高めさせるような、よりよい方法は、他にありうるだろうか。たとえば、看守の増員という方法は、「獄中犯罪」の問題に対していくらか効果を上げるかもしれないが、費用がかかる解決法である。受刑者が生産的な作業に従事する時間をもっと増やし、刑務所内での教育にもっと時間をかけるという方法をとれば、更生の手助けになるかもしれないが、それでも受刑者が作業をするのでもなく教育を受けているのでもないような時間は残るだろう。テレビを提供

するという方法は比較的安上がりなのであり、この文章で主張されているような効果を持つならば、おそらく実施する価値があるだろう。

2　経済的観点からの、麻薬合法化の擁護

1　**結論**：この文章全体は麻薬の合法化に賛成する理由を提示しており、結論は、「麻薬の合法化は麻薬禁止よりはるかにすぐれた政策であろう」ということである。

2　**理由／仮定**：理由は以下の通りである：

1. 麻薬禁止は、麻薬市場や麻薬使用をなくしはしない。地下に潜らせてしまうだけである。
   これに対する支持は、米国のデータが示すところによれば12歳以上の人口の30％以上がマリファナを使用したことがあり、10％以上がコカインを使用したことがある、という主張によって与えられている。
2. 麻薬禁止は暴力を増加させる。
   これに対する支持は、2つある。麻薬の買い手も売り手もいさかいの解決に公的な司法制度を利用できないということ。もうひとつは、第5段落の、殺人事件の発生率について与えられた情報である。
3. 麻薬禁止は、人員や装備が麻薬取り締まりにまわされ、暴力以外の種類の犯罪を増加させてしまうという点で、重大な役割を果たす。
4. 麻薬禁止は警察、裁判官、政治家の腐敗を助長する。
   この主張を支持する理由は、麻薬をめぐっては莫大な利益がかかっていること、および効果的な法的手段を行使できないということである。
5. 麻薬禁止は健康の低下をもたらす。
   この主張を支持するのは、闇市場では麻薬の品質と純度が信頼できない、および麻薬使用者は注射のような健康に悪い方法を用いがちである、という言明である。
   さらに、禁酒法時代のアルコール中毒による死者の増加に関して、証拠が提示されている。この増加は、記事によれば、不純物入りのアルコ

ールのせいである。

6 麻薬禁止は、麻薬の供給者と使用者が一般の納税者を犠牲にして得をするということを意味する。
　　これに対しては、社会は禁止されている麻薬に課税できず、麻薬取引の仕事に携わる者から所得税を徴収することもできないという所見が、支持を与えている。

論証は以下の3つのことを仮定している。まず、禁酒法と殺人事件発生率の上昇とのあいだに因果関係があること。次に、麻薬の合法化によって何か悪影響がもたらされても、それは合法化の利点を上回るには十分ではないだろうということ。さらに、酒と麻薬との間に重要な類似性があること。

3 **理由／仮定の正しさを評価する**：理由1は真である。すなわち、麻薬の所持と売渡しによる有罪判決が多数あることが、禁止によって麻薬使用がなくならないことを示す十分な証拠である。米国における違法な麻薬使用を示す数字の出所については、言及がない。だが、この数字が正確なものではないとしても、違法な麻薬使用が行われていることに疑いをさしはさむ理由は何もない。
　理由2を支持するために述べられていることがらのうち最初のものは、麻薬禁止の期間に暴力事件が起こる可能性があるのはなぜかに関して、もっともらしい説明を与えている。だが、暴力事件が起こるという証拠を与えてはいないのである。第5段落で与えられた証拠は、次のことを仮定している。すなわち、禁酒法と麻薬禁止法が施行された後に殺人事件の発生率が上昇し、かつ、禁酒法が廃止された後は殺人事件の発生率が下降したのだから、禁止は殺人事件の発生率を上昇させた原因だったに違いない、ということを仮定しているのである。しかし、この仮定は疑わしいものであり、与えられた証拠によって禁酒法の影響と麻薬禁止法の影響とを区別することはできないのである。禁酒法の廃止後、殺人事件の発生率が劇的に下降したことは、殺人事件は麻薬禁止法との関係よりもむしろ禁酒法との関係がより強いことを示唆している。1960年代以降に殺人事件の発生率が上昇したのは、同時期の麻薬取り締まりが強化されたためだとされている。しかし、麻薬取り締まりの強化は、殺人事件発生率の上昇に対処するためのものだったのかもしれないのであって、必ずしもその

上昇の原因ではない。麻薬取り締まりの強化と殺人事件発生率の上昇との間に因果関係があるかどうかを評価するためには、もっと多くの情報が必要だろう。たとえば、殺人者とその被害者が麻薬取引にかかわっていたことがわかっていたのかどうかについての情報が必要である。

理由3に関しては、次のことが明らかに真である。すなわち、麻薬がらみの犯罪に膨大な時間を費やしている警察は、その時間を他の種類の犯罪には費やせない。もちろん、警察がすべての犯罪に取り組めるよう人員や装備を増やすことは可能なのだが。

理由4は、腐敗に関する証拠によっては支持されていない。麻薬禁止が警察、裁判官、政治家の腐敗を助長することは真であるかもしれないのだが。

理由5が真であるのは、もっともなことである。というのは、利益の最大化を目指す麻薬ディーラーは、扱う麻薬の品質と純度にばかり関心を持つわけではないだろうからである。もしも麻薬が合法化されれば、売られる麻薬の品質管理が行われ、麻薬を注射する際の衛生管理が強化されうるだろう。

理由6は真である。つまり、違法な雇用と消費には課税されないのである。

論証は、麻薬の合法化がもたらす悪影響については何も言及していない。だが、何か悪影響があっても列挙した利点を上回るほどではない、と仮定しているに違いないのである。論証は、麻薬を禁止すればたぶん一部の顧客からの需要が減るだろうということを認めているが、これは麻薬を合法化すればたぶん需要が増えるだろうという含みをもっている。合法化によって顧客の数も増えるかもしれない。すると、理由5の主張に反して、健康に悪影響を及ぼすかもしれない。理由5が持つひとつの問題は、麻薬であってもそれ自体は健康にそれほど大きな害は与えないものと、有害で中毒になるものとを区別できないことである。前者のいわゆるソフトドラッグの合法化は、主張されているような健康上の利点を持つかもしれない。しかし、後者のいわゆるハードドラッグの合法化は、有害で中毒になる物質の使用を増加させることにつながるかもしれないのである。

4 **引き合いに出されている権威**：記事の中では、いかなる権威にも言及がない。

5　**さらなる証拠**：麻薬使用が許されている国々（たとえばオランダ）の事例から、証拠となるものを探すこともできるだろう。そして、その証拠は、麻薬の非犯罪化が麻薬使用と住民の健康に及ぼす影響に関して、示唆するところがあるかもしれない。

6　**説明**：米国における殺人事件発生率の上昇は、麻薬禁止法と禁酒法の施行（1910年以降）によるものとして、また麻薬取り締まりの強化（1960年代の終わり）によるものとして説明されている。この説明のもっともらしさと、もっと詳細に証拠を見る必要性については、上の**理由／仮定の正しさを評価する**の項目で述べてある。

　酒の代用物の消費に比例してアルコール中毒による死者が増加したことについては、不純物入りのアルコール消費が増加したことによるものだ、という説明が試みられている。もうひとつ説明として可能なのは、禁酒法が効力を持っていた期間内に消費者ひとりあたりの飲酒量が増えたということである。2つの説明のうちどちらが正しいのかを確定することは難しく、また、どちらの説明も禁止の悪影響を示唆している。

7　**結論の支持**：提示された論証の最大の問題点は、次のことである。すなわち、麻薬の合法化は麻薬禁止よりはるかにすぐれた政策であろうと主張するからには、合法化がもたらしうる悪影響についてよく考えること、そして悪影響は合法化が持つ利点を上回らないことを示すことが要求される、という点である。しかし、論証は、麻薬合法化がもたらしうる悪影響についてはまったく考えていない。健康にとって有害で非常に中毒になりやすい麻薬（たとえばヘロイン）と、健康にとってそれほど深刻な害を与えないかもしれない麻薬（たとえば大麻）との区別がなされていないのである。もしもすべての麻薬が合法化されれば、麻薬の品質と純度の管理がより厳しくなる結果として、ソフトドラッグの使用者にとっては健康上の利益があるかもしれない。しかし、ハードドラッグの使用が増えれば（禁止は麻薬使用をなくさないが、麻薬の需要を減らすかもしれない、と記事の著者は譲歩する）、健康を損なう使用者も出てくるかもしれない。

　経済への悪影響もあるかもしれない。もしも麻薬の使用が増えれば、税収が

増えてしかも警察関連の費用が減るという利点を、医療費の増大や労働時間の損失を招くという難点が上回ってしまうかもしれないのである。

　論証はおそらく、麻薬を使用して自分自身の健康を損なうかどうかを個人が選ぶことは許容されるべきである、という主張によって強められうるだろう。とりわけ他の薬物、つまり酒とタバコに関しては、個人による自己決定が許容されているのだから。

3　子供には携帯電話よりも大きな危険がある

1　**結論**：結論表示語の「だから」が第6段落に現れて、結論は「優先順位をはっきりさせる」べきであるということ、つまり「私たちは、親が運転中に携帯電話を使うのをやめさせるべきなのであって、子供が街で携帯電話を使うのをやめさせるべきだというのではない」ことを指し示している。

2　**理由／仮定**：理由は以下のように要約できる：

1　携帯電話使用の影響としては、次の3つのことだけが実証されている。
　　この理由と結びついているのは、その3つはどれも、子供が携帯電話を使うのをやめさせなければならないほど心配なものではない、という仮定である。
　　第1の影響は、脳がわずかに熱を帯びることである。これは、「子供に帽子をかぶらせないようにするほうがよいことになるだろう」ということを根拠として退けられる。したがって、携帯電話を使用して脳が熱を帯びる度合いは、帽子をかぶって脳が熱を帯びる度合いを越えない、と仮定されているわけである。
　　第2の影響は、反応時間の短縮化である。これは確かに心配なことであり、「さらなる調査と用心が必要である理由となっている。」
　　第3の影響は、「運転中の携帯電話使用がもとで死傷事故を起こす危険が、増大したこと」である。これは明らかに、子供が携帯電話を使ってよいかどうかという問題には関連がない。というのは、子供は自動車の運転をしないからである。しかし、結論の最初の部分、すなわち、わ

れわれは親が運転中に携帯電話を使うのをやめさせるべきであるということを支持する証拠にはなっている。
　2　子供の健康に対する重大な脅威がある。
　　　脅威として挙げられているのは、10代の少女の妊娠、麻薬、誘拐である。こういったことが、子供の健康に対しては、子供が自分で携帯電話を使用することによってもたらされるどの影響よりも重大な脅威である、ということが仮定されているのである。
　3　子供が自分自身で選択し、責任を持って行動することを許容すべきである。
　　　この点は、はっきりと述べられているわけではないが、第7段落で暗示されている。
　4　携帯電話を使用することによって、10代の子供はいくらかの自立性を得ることができる。

　さらに仮定されていることがある。それは、携帯電話の使用によってもたらされる影響で、まだ発見されていないものがあるかもしれないとしても、それについて心配するにはおよばない、ということである。
　理由として、携帯電話の使用について言われたことと、テレビを見ることについてテレビが普及し始めた頃に言われたかもしれないこととの比較を挙げた読者もいるかもしれない。確かに、この比較をしたコメントは、携帯電話の使用について用心するのはばかげている、と考えるようにわれわれを誘導しようとしている。このコメントが文中の推論にどのくらい貢献しているかを評価するためには、テレビを見ることと携帯電話を使用することの相違点をよく考えてみる必要がある。
　3　**理由／仮定の正しさを評価する**：携帯電話使用の影響に関する情報の源を吟味しなければ、主張が正しいかどうかを評価するのは不可能である。しかしながら、仮定の中には、その正しさが疑わしいものもある。まず、「さらなる調査と用心が必要である理由となっている」ところの「生物学的影響」、すなわち反応時間の短縮化が見られるのに、この影響が子供に携帯電話を使うのをやめさせなければならないほど心配なものではない、となぜ仮定できるのかわからない。さらに、子供の健康に対する他の脅威はより重大なものである、と

いう仮定は、反応時間の短縮化が重大な問題の存在を本当に指し示しているのかどうかわからなければ、立証できない。

　理由3は、子供が選択する多くのことに関しては、あてはまる。だが、中には、たとえば麻薬使用や飲酒など、子供に選択の余地を与えるのは正しくないとわれわれが考える領域もある。もしも、携帯電話の使用が深刻な危険性を持つものであることが示されれば、この領域に携帯電話の使用を含めること、すなわちそれを子供に選択させないことが理にかなっているだろう。

　理由4は、携帯電話が10代の子供を「目に見えない電子のへその緒でつないでおきながら」自立することを許すひとつの手段を提供するかぎりでは、正しい。

4　**引き合いに出されている権威**：この記事は、「著名な専門家たち」による報告に言及している。しかし、その専門家たちが誰なのかは語られていない。原則的には、この報告の出所をたどって、その著者たちは信頼できるのかどうかについて適切な問いかけをすることが可能だろう。

5　**さらなる証拠**：さらに研究を進めることが可能だろう、とあなたは思ったかもしれない（著者もそう示唆している）。また、もっと多くのことがわかるまでは子供に携帯電話を使わせないのが賢明だ、とも思ったかもしれない。これは「予防原則」に訴えることであり、この原則はリスクについての議論でしばしば言われている。最近では、「予防原則」は、牛海綿状脳症（BSE）に感染した牛の肉を食べてクロイツフェルト・ヤコブ病（CJD）にかかる危険性に対して適用されてきた。また、遺伝子組換え作物が環境に悪影響を及ぼす危険性に対しても適用されてきた。この原則が用いられる場合には、現に生じている悪いことがどれほど危険なのかということ（これはいつでも評価できるとはかぎらない）だけではなく、恐れている帰結がどれほどひどいものなのか、そして回避措置をとることがどれほど費用のかかる、ないしは不便なものであるか、ということもよく考えてみるのが、理にかなっている。たとえば、BSEおよびCJDに関しては、骨付き牛肉を食べてCJDにかかる危険性がどれほど大きいかはわからないが、生じうる帰結が恐ろしいものであるということ（おそらく多くの人々が、ぞっとするような脳の病気で死ぬこと）のほうが、骨付き牛肉を売ることを禁止するために費用がかかることを、重要さという点で上回ると

いうことが理解された。子供の携帯電話使用に関して予防原則を用いるなら、次のように言うことになるだろう。すなわち、もたらされるかもしれない悪影響、つまり子供に脳腫瘍ができることは、携帯電話を使用する便利さという利点を上回る問題だろうから、子供に携帯電話を使用させないようにすべきである（あるいは、少なくとも、強く反対するべきだ）と。

6　説明：運転中の携帯電話使用がもとで死傷事故を起こす危険が増大するという問題が、なぜハンズフリーで通話できる場合にもあてはまるのか、ということに関して、説明がある。これは、「運転者は通話相手の姿を思い描いているため、道路や路上の障害物が見えていない」からである、と言われている。この説明はもっともであるように思えるし、運転者が同乗者に語りかけることで事故の起こる率が高まるようには思えないのはなぜかを説明する助けにはなるだろう。けれども、これが正しい説明なのかどうかを評価するのは難しいのである。いずれにせよ、事故の危険性が増大することについての説明は、主張そのもの、すなわち運転中に携帯電話を使用する場合には事故を起こす危険性が増大するということが真であるかどうかという問題ほどには、論証にとって重要ではない。

7　結論の支持：運転中の携帯電話使用が自動車事故の危険性を増大させることに関する証拠は、もしも的確なものならば、親に（そして他の誰であれ）運転中は携帯電話を使用させないようにすべきだと結論づけるための、よい理由になる。しかしながら、この証拠は子供に携帯電話を使用させないようにすべきかどうかに関する問題に対しては、まったく貢献しない。この２つの問題に関して「優先順位」という観点から考える理由はないのである。しかるべき配慮と注意力を持たずに運転する大人の車によって子供が死傷させられる危険性よりも、子供が携帯電話を使用することによって健康被害を受ける危険性のほうが低いということが事実だとしても、このことは、子供に携帯電話を使用させないようにすべきではないということを示してはいないだろう。結論の後半部分に関する決定的に重要な問いは、子供にとって携帯電話の使用がどれほど危険なのかということ、そしてその危険は携帯電話使用の利点を上回るものなのかということである。

提示されている証拠からは、何らかの危険があるとは判断できない。しかし、子供が携帯電話を使えるということが決定的に重要であるわけではないのならば、もっと理にかなった結論はこうなるだろう。すなわち、われわれは用心するに越したことはないということ、そして、せめてもっと多くのことがわかるまでは子供に携帯電話を使わせるのをやめさせるよう努めるべきだということである。記事の中で言及されている携帯電話の利点、すなわち10代の少年少女に、「目に見えない電子のへその緒でつないでおきながら」いくらかの自立性を与えることが可能になるという利点は、リスクを十分に上回っているとは思えない。10代の少年少女はいつの世でも、何とかしていくらかの自立性を勝ち得るものだからである。

　携帯電話より大きな危険があることについての主張は、関連がないものである。というのは、ここでも優先順位という観点から考える必要はないからである。理由3（子供が自分自身で選択し責任をもって行動することを、許容すべきであるということ）による支持が弱いことは、すでに述べた通りである。すなわち、子供が自分自身に深刻な害を及ぼすであろうことをするのをやめさせる、ないしは強く反対することは、理にかなっているのである。

　記事は全体にわたって、子供たちが携帯電話を使うのをやめさせるべきではないという結論を、強力に支持しているわけではない。もちろん、文章には楽観的な調子があり、また、新聞記事というものは面白く読めるように書いてあるため、そこで真面目な推論がおこなわれていることを期待すべきではない、とあなたは思うかもしれない。しかし、この携帯電話の問題は真面目な主題であり、結論は重要なものである。本書の初版〔1996年刊〕では、BSE問題を扱った記事を取り上げた。その記事は、狂牛病がまたニュースになったことについて楽観的なコメントをしていた。だが、その後、一連の出来事によって、BSEという感染症の深刻さが示されることになったのである。このような事例からわれわれは、たとえ「冗談めかした」推論であっても、それが重要なものでないかどうかをしっかりと見極める目をもって見なければならないことを、肝に銘じなければならない。

第 3 章

練習問題14　結論を引き出す

1　夜のうちに気温は氷点下に下がったに違いない。
2　ジッタはインフルエンザにかかっているらしい。
3　今年はおそらく水仙が咲くのは遅いだろう。
4　ジェーンの車はジムの車より速く走ったに違いない。
5　ブラウン氏がその殺人事件の犯人ならば、ブラウン氏は被害者に毒を飲ませたのに違いない。

練習問題15　含意を評価する

1　(a) **おそらく偽**：この文章では、皮膚がんの発生率は肉体労働者より専門職従事者のほうが高い、と述べられているが、それは、肉体労働者にもいくらかは症例が見られることを示唆している。

(b) **不十分な情報**：もし20%の症例が20歳から39歳の間に、そして、80%が40代以上で発生する（20代未満の症例もあるかもしれないので80%未満かもしれないが）ならば、むしろ40代以上のほうがリスクは大きいように見える。しかし、(b)が偽であると結論できるほど十分な情報はない。なぜならまず第1に、(b)は一般的な主張を行っているが、われわれが手にしているのはスウェーデンにおける発生率だけだからであり、第2に、40代以上で発生する割合のほうが高いことを説明できるような、2つの年齢集団の間の生活様式の違いについて、われわれは何も知らないからである。

(c) **偽**：かつてより多くのスウェーデンの人々が日照のよい気候の地域で休暇を取るようになっているかもしれないので、スウェーデンにおける皮膚がんの発生率上昇の原因はやはり太陽光線にさらされることでありうる。もちろん、太陽光線にさらされることが皮膚がんの唯一の原因ではないということは真であるかもしれないが、スウェーデンにおける数字がこのことを示しているというのは偽である。

(d) **不十分な情報**：20歳から39歳の間に発生する症例は20％に過ぎないと述べられており、また、太陽光線にさらされることは皮膚がんの重要な原因であるとも述べられている。しかし、40代以上の症例のほうが多いのは、この年齢のグループの人々が太陽光線にさらされることが多いことによるのか、あるいは若い人と同じだけ太陽光線にさらされていたとしても年長の人ほど皮膚がんになりやすいことによるのか、はわからない。

(e) **真**：スウェーデンにおける皮膚がんの発生率上昇は日照のよい気候の地域で休暇を楽しむ人の数が増えていることによるのかもしれない。(e) に「真」と答えることは、これが原因であると結論することではない。(e) は単に、そうであるかもしれない、と試みに述べているに過ぎない。

2 (a) **不十分な情報**：ここではドライバーのサンプル600人について述べられているだけである。彼らのほとんどがドライバーとして自らの安全について慢心しているとしても、その情報は、ほとんどのドライバーが自らの安全について慢心しているという主張を支持するわけではない。このサンプルに属するドライバーは、ドライバー一般を代表するものではなかったかもしれない。たとえば、彼らはふるまいが普通のドライバーとは異なっていたために選ばれたかもしれないのだ。

(b) **おそらく真**：もし実験グループ内のほとんどの人が自分の運転技術を過大に見積もっているならば、高速道路を時速80マイルで運転するつもりであると答えた50％のうちのいくらかは、やはり自分の運転技術を過大に見積もっているにちがいない。時速80マイルというのは速すぎるということと、ドライバーたちが自分で言ったとおりに行動するということを仮定すれば、これらのドライバーは、たしかに高速道路で速すぎる運転をする傾向にあると言える。これらの仮定は決して法外なものではないから、自分の運転技術を過大に見積もるドライバーの中には、速すぎる運転をしがちなものもいると言えるだろう。

(c) **おそらく偽**：自らの運転技術に対して過大評価をしがちなのは若い男性たちである、と述べられている。若い男性たちはたった数年の運転経験しかないのがむしろ普通であるから、たった数年の運転経験しかない人々が自分の技術を過信したりはしない、というのは、おそらく偽である。

(d) **真**：ドライバーに深刻な事故を起こしたことを強制的に想像させることによって、一部の人は運転するつもりのスピードについての判断を変える、ということが研究によって示された。彼らの態度に対するこの影響が長期間にわたって続くものであり、また、彼らが改めた判断にしたがって行動すると仮定すれば、一部の人は、将来、スピードに関して、より責任を持った運転をするだろう。したがって、彼らに事故を想像させることで、将来、より責任を持った運転をさせることになるかもしれない。

(e) **不十分な情報**：ドライバーは深刻な事故を起こした場合に経験するであろう自信の喪失を想像するように求められた、と述べられている。しかし、このことは、その結果として彼らが実際に運転において自信を失うことを含意しない。

3 (a) **おそらく真**：文章では、雌羊が「自分が産んだ子羊」ときずなを固める、と述べられているが、これは、雌羊が自分の子羊のうちの「一頭」としかきずなを固められないということを示唆しているわけではない。雌羊が「他のものをすべて排除する」という言明は、自分の子羊以外をすべて排除するということだと理解するのが最も適切だろう。

(b) **不十分な情報、あるいは、おそらく偽？**：厳密に言うと、この文章には、雌羊が他の子羊を持ち込まれた場合自分の子羊を排除するかしないかを結論するための十分な情報は含まれていない。しかし、いくつかの仮定をすれば、(b) がおそらく偽であると結論できる。まず第 1 に、もし雌羊が本当に自分がもう一頭子を産んだと思うのなら、彼女は双子の子羊に対して（上で仮定したように）きずなを固めるのと同じように、自分の子羊と孤児となっていた子羊の両方に対

してきずなを固めることができるだろう。そして第2に、酪農家の人々がこの技法を、自分の子羊が誕生直後に死んでしまった雌羊に対してのみ用いるのでない場合、もし育ての母が孤児となっていた子羊を受け入れるのと同時に自分の子羊を排除してしまうことになるとしたら、そもそもこの技法を用いることに全く意味がなくなってしまうだろう。

(c) **真**：母親との触れ合いが欠けていることは、子羊の異常な行動の原因になりうる、と述べられている。

(d) **偽**：酪農家の人々が、孤児となった子羊を育てなければならない、と述べられている。そのような子羊は、行動に異常が見られるかもしれないが、それでも大人へと成長する可能性はある。

(e) **真**：もし、雌羊をだましてもう一頭子を産んだと思わせる技法を酪農家が用いれば、雌羊が孤児となった子羊を受け入れ、その子羊ときずなを固める確率は80%である。

4 (a) **不十分な情報**：文章で明らかにされているのは、疥癬やクロバエの攻撃が羊皮に損害を与えるということである。酪農家が洗羊液を用いたいと思うための理由としては、それで十分だろう。しかし、さらなる情報がなければ、これらの寄生体が、羊に苦しみを与える原因となるかどうかはわからない。

(b) **偽**：調査された症例のうち58人について、関連の可能性を示す証拠がある。

(c) **不十分な情報**：洗羊液を用いることによって症状が生じた可能性のある3人は、防護服を着ていた。これら3人の症状が確かに洗羊液によって引き起こされたものであるならば、防護服は洗羊液を用いる際に生ずる健康被害を防げない、したがって、(c) は偽である、と結論できるだろう。しかし、彼らの症状が確かに洗羊液によって引き起こされたものであるかどうかはわからない。

(d) **偽**：洗羊液にさらされることによる影響は知られていない、と述べられている。だから (d) は偽であると結論しなければならない。しかし、それは、洗羊液の使用を禁ずることは正当化できないと言う

ことと同じではない。健康に対する潜在的なリスクがある以上、使用は禁じられるべきだ、と論ずる人々もいるだろう。
(e) **おそらく真**：潜在的なリスクについての証拠がある。また、農業省はそのことに関心を持ち、洗羊液が資格証明を持つ人によってのみ扱われるように制度を整えた。

練習問題16 相似論証を見定める

1 　正解は（d）である。2つの論証はともに次のような構造を持っている：
　　　XはYという特徴を持っているのが普通であり、
　　　ZはYという特徴を持っているから、
　　　ZはおそらくXであろう。
　もとの論証では、
　　　X＝ヘロイン中毒者
　　　Y＝腕に針のあとがある
　　　Z＝ロバート
　（d）においては、
　　　X＝学生
　　　Y＝25歳以下である
　　　Z＝ハロルド
　（a）の構造は：
　　　XはYであるのが普通であり、
　　　ZはXであるから、
　　　ZはおそらくYであろう。
　（b）の構造は：
　　　XのさんしゃはYであるのが普通であるから、
　　　XはおそらくYを引き起こすのだろう。
　（c）の構造は：
　　　XはYであり、
　　　Yである人々はZを行っているから、
　　　XはおそらくZを行っているだろう。

(e)の構造は：
　　　　Xは特徴Yを持っているのが普通であるから、
　　　　ほとんどのXはおそらくZを行っているだろう。

2　正解は（b）である。最後の文と（b）は両方とも次のように論じている：
　　　　XがYを引き起こした（引き起こす）のではなく、
　　　　YがXを引き起こした（引き起こす）。
　　もとの文章では、
　　　　X＝高い乳幼児死亡率
　　　　Y＝親が子供に対して無関心であること
　　（b）においては、
　　　　X＝産業経済における貧しい諸部門で資格のある労働者が不足していること
　　　　Y＝低賃金
　　（a）の構造は：
　　　　Yを引き起こしたのはXではなく、
　　　　Yを引き起こしたのはZである。
　　（c）の構造は：
　　　　XがYを引き起こすのではなく、
　　　　Xが起ころうと起こるまいとYは起こるのである。
　　（d）の構造は：
　　　　Xは、X自身とYとを害しているのである。
　　（e）の構造は：
　　　　Xにとって、Yを行うことは価値のあることだと考えられていたわけではないが、
　　　　多くのXがYを行った。

3　正解は（a）である。（a）およびもとの文章は、ともに次のような基礎構造を持っている：
　　　　ある場合（ないしは、いくつかの場合）には、Xがないことは、Yと

いう、損害の大きい結果が起こることを妨げることはなかった。
したがって、Xはそれが引き起こすとされている損害の大きい諸結果を実際には引き起こさない。

もとの文章では、
　　X＝急速な人口の増加
　　Y＝政治的経済的衰退
（a）においては、
　　X＝タバコを吸うこと
　　Y＝慢性の呼吸器疾患

（b）は、構造的には、もとの文章における最初の言明と類似した言明から始まっている：

　高価なペンキを用いること（安いペンキがないこと）は、重ね塗りをする必要を取り除きはしなかった。（重ね塗りをしなければならないという損害の大きい結果が起こることを妨げなかった。）

しかし、（b）の結論では、安いペンキが、それが引き起こすとされている損害の大きい諸結果を実際には引き起こさない、と述べられているわけではない。

（c）もまた、もとの文章と類似した仕方で始まっていると見なせるだろう。

　より少ないエネルギーしか使わないこと（高いエネルギー消費がないこと）は石油輸入量の増加を妨げないだろう。

しかし、より少ないエネルギーしか使わないことが損害の大きい諸結果を引き起こしてきたなどと主張されているわけではない。

（d）や（e）は、もとの文章と類似した仕方で始まってすらいない。
　　（d）の始まりは：XはあるZに対してYを引き起こす。

(e) の始まりは：あるXは、YでありかつZである。

練習問題17　原則を適用し評価する

以下に原則の適用をいくつか提案する。あなたは異なる適用を思いついたかもしれない。これらの提案を唯一の「正しい」解答だと思わないこと。

1　税金のうち公共交通機関への助成金となる部分について、公共交通によって旅行したことがない人は払う必要がないようにすべきである。
2　われわれは、危険なスポーツに従事することを妨げたり、危険な活動への参加に際して安全のための措置をとることを義務付けたりするような法律を持つべきではない。（「他人に危害を加える」という句の多義性のために、当該の原則の適用には問題が含まれている。ある人に対する危害が、他の人には全く影響を与えない、というのは非常に考えにくい——たとえば、登山家が深刻な怪我をすることは、彼の家族になんらかの苦しみを引き起こすであろう。）
3　新聞は、特定のグループや個人を侮辱し攻撃するような見解であっても掲載することを許されるべきである。
4　医師は病気の深刻さや手術に関するリスクについて患者に真実を語るべきだ。
5　友人が犯罪に関わったことをあなたに告白し、あなたは誰にもそのことを告げないと約束したとしよう。その後、この犯罪で他の誰かが刑務所にいくことになりそうであること、また、友人が真犯人であることを知っているのは当の本人を除いてあなただけだということがわかる。しかし、当該の原則によれば、あなたは他の誰にも真実を話すべきではない。

第 4 章

練習問題18 単語または語句の意味を明確にする

1　この論証の結論は、美しくあるためには並外れた顔というよりむしろ平均的な顔でありさえすればよい、ということである。この主張を支持する証拠は、数多くの個人の、顔の一部分から顔写真を合成して見せたところ、本物の個人の顔のどれよりも魅力的だと大体の人に判断された、という実験から来ている。

　ここで明確にする必要がある単語は、「平均的」である。実験で合成された顔は、さまざまな人の顔の、小さな部分の総和であるという意味での平均だと言えるだろう（たとえば、鼻の高さは、16人の鼻の高さを足したものを16で割ることによって決められたかもしれない）。しかし、結論は、平均的であることを並外れていることと対比している。これは、ここでの「平均的」が「典型的」を意味すると見なされていることを示唆している。実験で合成された顔という「平均的」レベルの顔を持つ人は、典型的であるという意味での「平均的」ではないかもしれない。そういう人は、きわめて並外れているのかもしれない。

2　この文章の結論は、感情移入は善良な市民であるための必要条件となる特徴であって、十分条件となる特徴ではない、ということである。感情移入が善良な市民であるための必要条件であることを示すために、他人の苦痛に対する関心が欠如しているという意味で感情移入が欠如している人々の例が用いられている。

　しかし、感情移入が善良な市民であるための十分条件ではないことを示すための例（他人の感情を理解しはするが、その理解は他人を利用するために使うというビジネスマン）では、感情移入を、「他人の苦痛に配慮すること」というよりもむしろ「他人の感情を理解すること」として定義しているように見える。もしも感情移入がたんに他人の感情を理解することを意味するのならば、感情移入は善良な市民であるための十分条件ではない。しかし、感情移入が他人の感情や苦痛を理解することと配慮することの両方を意味するならば、感情移入は善良な市民であるためのよい基礎なのである。

3 この文章は、医師が患者に対して正直であるべきであることを、次の2つの理由から勧めている：

・嘘をつくことは信頼を崩すことにつながりうる。そして、
・患者は自分の病状についてあらゆることを知る権利を持っている。

2つ目の理由は、自分の病状について医師に尋ねる患者には、その質問に対して嘘のない回答が与えられるべきであるという主張を支持することにも用いられている。この主張は、次のことを示唆していると見なすことができるだろう。すなわち、自分の病状について尋ねない患者には病状を告げる必要はないということ、また、自分の病状について尋ねる患者には、その単刀直入な質問に対する誠実な回答を与えさえすればよく、そこに含まれている以上の情報を与える必要はないということを。

しかし、「正直であること」は、「嘘をつかないこと」であるだけでなく、「自分が持っているすべての情報を伝えること」でもあると見なすことができるだろう。第2の理由、すなわち患者は自分の病状についてあらゆることを知る権利を持っているという理由は、「正直であること」についての、この第2の解釈を支持しているように見える。もしも患者に対して「正直である」ことを医師に求めるのならば、「正直である」とは、たんに「けっして患者に嘘をつかない」ことを意味するのか、それとも「患者が尋ねるか否かにかかわらなく、すべての情報を伝える」ことを意味するのかを明確にしなければならないのである。

練習問題19　要約を書く

以下の解答例のどれにも、簡潔な要約が与えられていて、自分の書いた要約と比較できるようになっている。しかし、たとえ解答例とぴったり一致していなくても、あなたの要約はよいものである可能性がある。というのは、自分の言葉で要約を書くことが求められていたからである。

1 この文章は、2つの事柄を私に納得させようとしている。第1に、キツネ

狩りは不快な（いやな）活動である。その根拠は：

・キツネ狩りは、快楽のための殺害を含む。
・伝統に訴えても、弁護にはならない。そして、
・動物への同情は、社会がさらに文明化されつつあることの尺度である。

第２に、キツネ狩りはいやなものであるにもかかわらず、禁止すべきではない。その根拠は：

・他者に対する危害が圧倒的にひどいものでない場合には、国家は干渉すべきではない。そして、
・キツネ狩りが残酷だということを根拠とする反対論は、明確なものではない。

伝統に訴えても弁護にはならないという主張の支持は、今日では違法とされている他の「伝統的な」活動、すなわち穴熊攻めや闘鶏を挙げることによって、提供されている。

　キツネ狩りが残酷だということを根拠とする反対論は明確なものではない、という主張の支持は、２つの言明の中で提供されている。それは、キツネは「ふさふさした毛におおわれたかわいいもの」というイメージがあるにもかかわらず、肉食獣であって、何世紀にもわたって個体数管理が行われてきたという言明、および、キツネ狩り反対派の人々はキツネを虐殺するために用いられる他の方法が狩猟ほどは残酷でないということに関して、説得力のある根拠を示していない、という言明である。論証の中のこの部分は、農業従事者や土地所有者がキツネの個体数管理を継続することが必要であるという仮定をよりどころとしている。

２　この文章は、父親となった者に２週間の育児休業を与えることを、政府は雇用者に対して要求すべきであるということを、それが家族にとってよいことであり会社にとってもよいことでありうるだろうということを根拠として、私に納得させようとしている。

家族にとってよいことであるという主張は、以下の理由によって支持されている：

- 父親こそが支援の要である。なぜならば、母親は可能な限り早く産科病室を出なければならず、多くの母親は大家族の中で暮らしているわけではないため、子育ての支援を受けられないからである。
- 産後の抑鬱状態は、父親が積極的に育児にかかわる場合にはあまり見られない。
- 母乳による育児は、父親が育児の知識をより多く持ち、より多くの支援を行えば、よりうまくいく。
- 父親は、赤ん坊が生まれて最初の2週間に、家庭を訪れる保健師から育児について学ぶことができる。
- ますます多くの子供が、より多くの時間、父親ひとりの手で世話を受けている。
- 無知な父親は、子供にとって危険である。

父親の育児休業が会社にとってよい（もしくは、少なくとも悪くはない）ものでありうるという主張は、以下の主張によって支持されている：

- 父親となる社員に2週間の休暇を与えて、そのあいだに彼らが自分の子のことをよく知るようになってから会社の仕事に復帰させるということを許容することは、（会社にとって）何の害ももたらさないだろう。なぜならば、イギリスで新たに父親となる者は労働時間を増やしていて、彼らの労働時間はヨーロッパの中で最長である。そして、
- オーストラリア最大の保険会社では、父親となった社員に6週間の有給育児休業を与えることにより離職率が減少して会社の金が節約される、ということがわかった。

3　この文章は、人々が自分の腎臓のうちひとつを、移植を必要とする他の誰かに売ることを許容すべきであるということを、以下のことを根拠として私に納得させようとしている：

- 移植用の臓器は非常に供給が少ない。
- ドナーから摘出した臓器を移植することは、私たちの身体は神聖であって身体からは何も取り去られるべきでない、という考えを否定するものである。
- 人々が自分の身体を好きなように扱うことは、許されるべきである。
- 自分の腎臓を売って金を得ても、他の誰かを傷つけることにはならない。
- 貧乏な人々は、自分の腎臓をひとつ売ることによって、なにがしかの金を得られるだろう。そして、
- 自分の腎臓を売るという行為に対しては、私たちが労働力を切り売りして金を稼ぐことに対して統制があるのと似た仕方で、濫用を防ぐよう法的規制を行うことができるだろう。

人々が自分の身体を好きなように扱うことは許されるべきであるという主張に対しては、患者が自分の身体に関する諸権利をもっているということ、および、医療の世界では患者の自律性が重視されているということを示唆することによって、いくらかの支持が提供されている。さらに、人々が自分の身体を危険にさらすのを許される場合について、他の例がいくつか提示されている。

第5章

練習問題20　評価を練習するための、長めの文章10篇

　この練習問題の解答例は、3つの文章、すなわち1番、6番、9番の文章に対してのみ与えておく。どの解答例も、文章の分析としてありうるひとつのものを示している。したがって、たとえあなた自身の分析が解答例と異なっていても、それはよい分析であるかもしれない。文章に対してあなたが行った評価も、取り扱っている事柄が時事問題であるために、解答例と異なっていることがありうる。また、評価を行うときに、新たな証拠が明るみに出てきていることに気づくこともありうるのである。

文章1　泣く赤ん坊とコリック

1　**結論と理由**：この文章は、生後3か月のあいだ絶えず泣く赤ん坊がいるという事実は「コリック」によるのではなく、母親の神経質さと不安によってひき起こされる苦しみによるのである、ということをわれわれに受け入れさせようとしている。この論点を支持すべく与えられた理由は、以下の通りである。

- 「コリック」泣きは、生後3か月から4か月ごろに……赤ん坊が自分の母親を、よく知っている個人として見分けることができるようになり始める、まさにその時期に、まるで魔法の力の働きであるかのように止む。
- よく泣く赤ん坊の母親は、赤ん坊に接するとき、ためらいがちで、神経質で、不安である。これに対して、あまり泣かない赤ん坊の母親は、ゆったりと構えて、落ち着いていて、穏やかである。そして、
- 赤ん坊は「安全」で「安心」な感触と、「危険」で「不安」な感触との差異を、鋭く感じ取っている。

2　**仮定**：説明に関係する仮定が2つある。上記の第1の理由に付け加えられなければならない仮定は、赤ん坊が生後3か月で泣き止むことについての正しい説明とは、赤ん坊と母親との間に絆ができたということだ、というものである。上記の第2の理由に付け加えられなければならない仮定は、赤ん坊が泣く

ことと母親が神経質で不安であることとの間にある関係についての正しい説明とは、母親の不安が原因となって赤ん坊は泣くということだ、というものである。

3　**理由／仮定を評価する**：いわゆる「コリック」泣きが生後3か月で止むというのは、本当なのだろうか。この点は、「よく泣く赤ん坊」をかかえた数多くの母親が裏づけをしてくれるだろう。生後3か月で赤ん坊は母親と絆を結ぶというのは、本当なのだろうか。この点は、その感じを赤ん坊に聞いてみるわけにはいかないから、われわれは赤ん坊の行動から判断しなければならない。心理学者は、アイコンタクトや、親しい人の顔を見ての微笑、親しい人が離れて行ってしまうときの苦しみの表情などの行動を観察する。多くの心理学者は、赤ん坊が母親に愛着を持つようになる過程は徐々に進むが、生後3か月という早さですでに母親に愛着を持っていることを示す証拠がある、ということを認めている。

　よく泣く赤ん坊をかかえる母親は不安だが、あまり泣かない赤ん坊の母親は落ち着いている、ということは、本当なのだろうか。この文章は、母親たちを対象とした観察が行われたとはっきりは言っていないが、そのような観察が行われたことを示唆しているように思える。もしもそういった研究が行われていないとしたら、これから行うことができるだろうし、多数の母親を代表として選んで研究すれば、上の主張を支持する、あるいは反証する強力な証拠を提供できるだろう。

　赤ん坊が「安全」で「安心」な感触と「危険」で「不安」な感触との差異を感じ取っているということは、本当なのだろうか。この主張の場合も、赤ん坊の行動を観察することに基づいてのみ結論できるのであり、この主張の正しさを評価するためには、心理学者が提示する証拠が何かあるならばわれわれはそれを検討すべきなのである。2で特定した2つの仮定は、説明に関係するものだったから、それがもっともなものかどうか後の6でよく考えてみることにしよう。

4　**引き合いに出された権威**：この文章はいかなる権威にも言及してはいないが、理由が正しいものであるかどうかを評価するためにわれわれはおそらく、

赤ん坊の行動を観察した心理学者の権威に頼らなければならないだろう。

5　**さらなる証拠**：あなたは、結論を強める、あるいは弱めると思われるさらなる情報を、何か思い浮かべただろうか。

6　**説明**：われわれは2つの説明を見出した。最初の説明は、生後3か月で赤ん坊が泣き止むのは母親との間に絆が結ばれるからだ、というものである。このような絆が結ばれることについての十分な証拠をわれわれが見つけたとしても、その絆こそが泣き止む原因であるという結論が導き出されるわけではないだろう。赤ん坊が泣き止むことについての、代わりとなりうる説明として、生後まもない赤ん坊の中には身体に問題を持つものが実際にいて、痛いから泣くのだ、というものがある。この説明は通例、赤ん坊がよく泣くという問題を「コリック」と呼ぶ人々が前提しているものである。彼らの前提によれば、生後まもない赤ん坊の場合、胃や腸で大量のガスが生じて痛みをひき起こすことがあるが、このような問題は赤ん坊が成長するにしたがって解消する。

　第2の説明は、よく泣く赤ん坊の母親は赤ん坊に接するとき、ためらいがちで、神経質で、不安であるのに対して、あまり泣かない赤ん坊の母親は、ゆったりと構えて、落ち着いていて、穏やかであるという事実についてのものである。その説明では、母親の不安が原因となって赤ん坊は泣く、ということが当然のことと見なされている。その代わりとなりうる説明としては、赤ん坊が泣くことが原因となって母親は不安になる、というものがある。おそらく、どちらの説明が正しいのかテストする方法のひとつは、「コリック」があると思われる赤ん坊を対象とし、落ち着いていて穏やかな人に世話をしてもらって泣くのが減るかどうかを調べることだろう。また、泣かない赤ん坊を対象とし、不安で神経質な人に世話をしてもらって泣くのが増えるかどうかを調べることによって、さらなる証拠を得ることが、原理的には可能だろう。だが、おそらく後者を実行するのは前者を実行するのに比べて倫理的に受け入れがたいことだろう。

7　**比較**：文章では何の比較も行われていない。

8　**さらなる結論**：文章から確かな結論を導き出すことはできない。

9　**相似な推論**：おそらくあなたは、文章中の推論が、XとYは同時に生じるのだからXはYの原因である、という仮定をよりどころとしていることに気づいただろう。あなたはたぶん、XはYの原因であるという結論が必ずしも導き出されないことを示す事例を思い浮かべられるだろう。

10　**一般的原則**：文章では、いかなる一般的な原則も用いられていない。

11　**理由は結論を支持しているか**：文章中にある推論の主な弱点は、結論のよりどころとなっている説明がなぜ正しい説明なのかということに関して、何の証拠も提示されていないということである。おそらく著者は、正しい説明であるということに関して十分な証拠があることを知っているのだろうが、そのような証拠は文章中には提示されていないのである。

文章6　生者のために死者をリサイクルすべきである

1　**結論と理由**：この記事は、「死体のすべての臓器は同意を要することなく死の時点で自動的に利用可能にすべきである」ことを、そのような制度が多くの命を救うものであり、また支払うべき相当のコストがあるとしても、それらは「まっとうな社会における価値観と両立不可能なものではない」という理由に基づいてわれわれに納得させようとしている。

　理由をより詳しく述べると以下のようになる。

(a) 臓器移植は危機に瀕している。
(b) ドナーカードという制度はうまく働いていない。
(c) ドナーとなる可能性のある人（およびその親族）とレシピエントとなる可能性のある人（およびその家族）は、双方ともが気にかけられてしかるべきである。
(d) われわれはこれら2つの集団の双方に同等の配慮を示したことがない。
(e) 臓器を、同意を要することなく利用可能にすることは、これら2つの

集団を等しく気にかけているということを表現することになるだろう。
- (f) 死者は彼らの臓器をもはや必要としない。生者にはそれらが必要なのである。
- (g) （同意の必要をなくすという）この提案は多くの利点を持っているだろう。
- (h) 宗教の立場から多くの反論があるだろうという考えは疑わしいと思われる。
- (i) 自己の利益についてじっくり考えると、死者の臓器を自動的に利用可能にするほうがよいことがわかる。
- (j) 「良心に基づく拒否」を受け入れつつも、ドナーの臓器が不足するために死につつあるすべての人々の命を救うことがほとんど確実に可能だろう。

　理由（a）および（b）は、数字（5000人が腎臓移植を必要としていること、その要求を満たすために登録されているドナーの数はその半分にも満たないこと、そして、親族の30%が同意を拒否していること）によって支えられており、英国で毎年何百もの人々がドナーの臓器が足りないために死んでいっているということを示そうとしている。

　理由（d）は、われわれが社会全体として、ドナーとなる可能性のある人とその親族が悩んだり不安を感じたりしないように、彼らをできる限り確実に守ろうとしてきた、という言明によって支持を与えられている。おそらくこれは、ドナーカードを持っている人についてさえ、その臓器を使用するために親族に同意を求め、もし同意がなければ臓器を使用しない、という手続きを行っていることを指しているのだろう。

　理由（e）は、それぞれの集団の望むところが尊重されなければ失われることになるものを対比させることによって、支持が与えられている。レシピエントになる可能性のある人は、その命を失うことになる。ドナーになる可能性があるが提供を望まない人は、たくさんある望みのうちのひとつが尊重されないと知ることになるだけなのである。

　理由（g）を支持するために述べられている利点は、より多くの臓器が利用

可能となり、死にゆく人々や嘆き悲しむ親族に対して医師が臓器利用への同意を求める必要がなくなるだろうというものである。

理由（h）は、臓器提供に対する同意を不要とする制度を、死者の親族が拒否することのできない検視官命令での検死解剖と比べることによって支えられている。両方の場合について、同意を求める必要がないとか、誰も離脱が許されない、ということには、大きな公共の利益が存在すると示唆されている。いままで強制的検死解剖に対して抗議などなかったのだから、強制的臓器提供に対しても抗議は起こりそうにないと主張されている。

理由（i）を支持するために、著者は、患者の臓器が求められる場合でも、医師が彼らを生存させ続けようと努力しなくなるかもしれないと恐れる必要はないと言える2つの理由を提示している。それらは：

- ドナーカード所有者が最善の治療を受けられなかったことがあるなどという証拠はない。
- われわれのうちの誰についてであれ、病気になり適切な治療を受けられないという事態よりは、臓器を必要としつつもそれを得ることができないという事態のほうがよっぽど起こる可能性が高い。

理由（j）に対する支持は、自分の臓器提供を良心に基づいて拒否することを認める制度が兵役を良心に基づいて拒否することを認める制度と同様に実行可能だと示唆することによって与えられている。

2　**仮定**：理由（c）と（d）に結び付けられた仮定がある。それは、ドナーになる可能性がある人とレシピエントになる可能性のある人に同等の配慮を示すためには、たとえそれがドナーになる可能性がある人の望みをくつがえしてしまうことになるとしても、レシピエントになる可能性のある人の命を救うために処置を講ずることが必要なのだ、という仮定である。

理由（g）に結び付けられているのは、死にゆく人々や嘆き悲しむ親族に対して医者が臓器利用への同意を求める必要がなくなるなら、それはよいことだろう、という仮定である。ただし、それが医者の視点からよいことであると考えられているのか、それとも患者や親族の視点からよいことであると考えられ

ているのかは、はっきりしない。

3 **理由／仮定を評価する**：理由（a）や（b）に結び付けられた主張——つまり、引用されている数字や、とりわけ、もっと多くの臓器が利用可能ならば移植によって救えたはずの人がたくさん死んでいるという主張を疑うべき理由はない。数字は原理的にはチェック可能だろう。

　理由（c）は疑いなく真である。すなわち、ドナーとなる可能性のある人とレシピエントとなる可能性のある人は、双方ともが気にかけられてしかるべきである。しかし、理由（d）には論争の余地がある。2つの集団に同等の配慮を示していない人とはいったい誰であり、同等の配慮を示すためにはいったい何がなされなければならないのだろうか。著者は、医療スタッフが、移植を必要とする人に対して同等の配慮を示していない、ということを意味しているわけではない。看護師と医師は、たとえ移植が可能でない場合でも、臓器のレシピエントになる可能性のある人を配慮のもとで治療することができる。著者が言おうとしているのは、ドナーとなる可能性のある人が臓器を提供するかどうかの選択を許されており、その親族が提供に拒否権を持っているのに対し、「社会」が［レシピエントとなる可能性のある人に］それと同等の配慮を示していない、ということである。理由（e）はどうすれば同等の配慮を示すことになるのか、という問いに対する著者の回答を与えている。それは、臓器を同意なしで利用可能にすること、である。理由（c）（d）（e）——すなわち、臓器提供に関して、生命を救うという義務は同意を得るという要求より重要であるということ——には論争の余地がある。医療従事者に両方の義務が課せられているのは明らかだが、2つの義務が衝突したときにどちらが優先されるべきかという問題には、決着がついていない。

　「臓器を必要とする」を「臓器の機能によって身体的に利益を得ることができる」という意味に解するならば、理由（f）は明らかに真である。

　理由（g）に関して言えば、もし提案された方策が実行されれば移植のための臓器がより多く利用可能になるのはほとんど確実に真である。想定されているほかの利点は議論の余地がより大きい。死にゆく人々や悲しんでいる家族に困難な質問を問う必要がないのであれば、それはおそらく医師にとってはよりよいことであろう。しかし、それは一般の人々に対してもよりよいことなのだ

ろうか。その答えは、人々が自分の臓器を提供するか否かについて選択の余地がないほうが好ましいと考えるか、それとも悲しみのさなかに困難な質問を問われることのほうが好ましいと考えるかに依存している。

　理由（h）——宗教の立場から多くの反論があるだろうという考えは疑わしい——が正しいかどうかは疑問である。この点については、以下の「さらなる証拠」や「比較」のところでより詳しく議論する。

　理由（i）を支える2つの主張が見つかる。これらのうち最初のものは、ドナーカードを持っている人が病気や事故にあったとき、他の人と同等の治療を受けられるということを疑うべき理由はない、という主張である。もしこのことが病気や事故の人はみな「適切な治療を受けられる」ということを含意するならば、もう一方の主張——病気になり適切な治療を受けられないという事態よりは、臓器を必要としつつもそれを得ることができないという事態のほうがよっぽど起こる可能性が高いという主張——もまた真である。しかし、なかには移植が必要となるリスクが非常に小さい人がいるかもしれないから、われわれすべてについて「自己の利益についてじっくり考えると、死者の臓器を自動的に利用可能にするほうがよい」かどうかは明らかではない、ということには注意しておくべきだろう。

　理由（j）が正しいかどうかは「良心に基づく拒否」の意味に依存するだろう。著者は、宗教的な信念や文化的な習慣によって生じたものとしてそれらに言及している。おそらくそういった拒否は非常に少ないので、拒否する人々を免除してもなお要求を満たすのに十分な臓器を得られる、という見通しは正しいだろう。著者は、免除されるためにいかなる基準を満足していなければならないかを正確に規定してはいない。また、おそらく、実際には、良心に基づいて臓器提供を拒否する人と単に自分の臓器が使われるのが嫌なだけの人とを区別するのは難しいだろう。

4　引き合いに出されている権威：記事ではいかなる権威にも言及されていない。数字の出処は与えられていないが、著者がそれらの数字によってわれわれを欺こうとしているなどと考えるべき理由はない。

5　さらなる証拠：この主題についてのさらなる証拠に関しては、重要なこと

がらが三点挙げられる。

・この記事が書かれた1999年には、死んだ子供の臓器を医学研究のために用いることに対して、親たちが反対していることが知られていた。より最近になって、アルダー・ヘイ病院が死亡した子供たちの臓器や身体の諸部分を親たちに同意を求めることなく大量に保管していた、というニュースに対して、怒りが巻き起こった。その後、移植に利用可能な臓器がより少なくなったことが報じられたが、それはおそらく親族が同意しようとしないことによるのだろう。こういったことから考えると、ジョン・ハリスの提案しているような種類の制度には、大規模な反対が生ずることが予想される。

・アルダー・ヘイのような「スキャンダル」は、身体の諸部分の所有権に関する問題を提起した。なにかを所有できるのは生きているものだけだから、死んだ人間が死後自分の臓器を所有しないのは当然である、と簡単に述べることもできる。しかしまた、人が死ぬときに自分の財産を好きなように処分する権利を持っていることをわれわれは十分認めている。腎臓と、金銭的な財産——それで人工透析機や健康管理のための支払いをすることによって寿命をのばすことができる——とで、なぜ違いがあるべきなのだろうか。さらに、自分の死体をどのように処分してもらいたいか——埋葬なのか火葬なのか——を前もって述べておく権利、そして、親族が死者のためにそのようなことがらを決定する権利についてもわれわれは十分に認めている。アルダー・ヘイ病院で死んだ子供たちの親の多くは、子供を「不完全に」しか埋葬できなかった、子供をきちんと安らかに眠らせることができなかった、と考えて深く悲しんだのである。このようなことから示唆されているのは、ハリスの提案が一般に受容されるためには人々の態度に大きな変化が必要である、ということだろう。

・提案された制度が目指しているのが、移植の需要を満たすために臓器の供給を増やすことであるなら、他の国がこの問題をどのように解決しているかを考えてみることができるだろう。練習問題19のルイス・ウォルパートの記事（124-125頁）によれば、スペインとオーストリアには、個人

が、ドナーになることではなくドナーをやめることを選択できるような制度がある。自分がドナーになることに反対ならば、あなたはそのことを書いたカードを携帯する。もしカードを携帯していなければ、同意しているとみなされるのである。ウォルパートは、この制度によって、英国におけるよりも多くの臓器が移植のために利用可能になっている、とも主張している。ハリスはその可能性について考察していないが、もしかすると、この制度によれば、一般の人々に強く反対されることなく、臓器不足に対処することができるかもしれない。

6 **説明**：この文章では説明は提供されていない。

7 **比較**：検視官の命令する強制的な検死解剖と強制的な臓器提供の間の比較が行われている。両方の場合において明白で重要な公共の利益が関わっていると主張されており、強制的臓器提供に対してほとんど拒否はないだろうからその点でも両者が似ることになるとの結論にわれわれを導こうとしている。

　この比較は、おそらく、強制的な臓器提供を拒否すべきではないとわれわれを説得するために行われたものであろう。しかし、それは同時にそんなに多くの拒否はないだろうというための根拠としても用いられている。これに対して疑いを投げかける、さらなる証拠があることはすでに示唆した。もしかすると強制的な臓器提供によって影響を受ける人より、検視官の命令する検死解剖によって影響を受ける人のほうが少ないという理由で、これら二つの実践への態度が異なるかもしれない。また、公共の利益の程度が、両方の場合で同等だとは考えない人が多いかもしれない。

8 **さらなる結論**：明らかで確かな結論は導けない。しかし、以下の11において議論されるように、問題に対するよりよい解決法がありうる可能性がある。また、原則の含意に関する10のコメントも参照せよ。

9 **相似な推論**：相似論証には思い当たらない。しかし、あなたは思いついたかもしれない。

10　**一般的原則**：論証の基礎に横たわっているのは、「配慮の平等性」の原則である。そしてこれは明らかに重要な原則である。臓器移植によって治療できる病気を持つ人と、病気であるか死に瀕しているのだが自分の臓器は提供したくない人、それぞれの幸福についてわれわれは同じように気にかけなければならない。この原則を適用することの難しさは、一方の集団にその要求するものを与えてしまうと、他方の集団にその要求するものを与えられないという場合に明らかになる。この困難は、2つのさらなる原則——命を救う（ないしは延長させる）ためには常に可能なすべてのことをなすべきだ、という原則と自分の身体に何が起こるかに関する人々の選択は常に尊重すべきだ、という原則——の衝突として、表現されうるだろう。臓器移植に関しては前者の原則が後者の原則より優位にあるとハリスが考えていることは明らかである。はっきりしないのは、命を救う（ないしは延長させる）ためには常に可能なすべてのことをなすべきだという原則が一般に広く適用できる優位の原則として考えられているかどうかである。もしそうであるなら、たとえば、政府は個人の財産をとりあげてそれをより貧しい国々における命を救うために用いるべきだ、というようなことになりうるだろう。そのような問題はわれわれを哲学や倫理の難しい領域へと導く。それらについては、私の本『倫理におけるクリティカル・リーズニング——その実践的入門』において議論されている。

11　**理由は結論を支持しているか**：なんらかの方策を推奨している論証に関しては、次のようなことを考慮しなければならない：

- 推奨された方策ないしは行動によって、望まれた目的を達成することができそうであるか。
- それは望ましくない結果を持たないだろうか。
- その目的を達成する他の、さらにはよりよい方法はないだろうか。

臓器の提供が移植のための要求を確実に満たすようにすること、あるいは少なくとも移植が必要な人の命をもっと救うことがその方策の目的だと仮定しよう。たしかにその方策によってより多くの命が救われる可能性は高くなりそうであり、ハリスはこのことを支持するために議論の余地が多々あるような推論

を行う必要はなかったのである。もし、良心に基づく拒否を認めるための基準が十分厳しければ、この方策はおそらく移植のための要求を満たすことになるだろう。

　望ましくない結果は伴っていないだろうか。そのような方策を導入することに対しては、ハリスが考えるよりずっと多くの反対がありそうだし、アルダー・ヘイ「スキャンダル」での親たちの反応から判断すると親族の側にある程度の嘆きや悲しみも生じるだろう。良心からの拒否を認めるための条件を決定するのは困難であろうし、除外を許されなかった人々は、自分の権利が侵害されたと感じるかもしれない。

　目的を達成するよりよい方法はあるだろうか。もちろん、時とともに人々の態度が変化して、自分の身体が自分に「属して」いるのではなく、それらの諸部分を他人の利益のために用いる権利を国家が有する、ということをわれわれの大部分が受け入れるようになる可能性もある。しかし、現在のところこういう考えに対しては抵抗がありそうなことを考えると、よりよい解決法は、死後自分の臓器が使用されるということについて、それを禁止するカードを携帯していない限り同意しているものとして扱われるスペインやオーストリアの制度を採用することかもしれない。この制度が試行されれば、それが臓器に対する要求を満たせるかどうかを明らかにすることができる。現在のような不信の雰囲気の中では、その要求は満たせないかもしれない。しかし、ひょっとしたら、その制度によって十分な臓器が供給されるかもしれない。そしてもしそうなったら、多くの人々を混乱させる——たとえ彼らの悲しみがあまり論理的なものだとは言えないとしても——強制的な制度より、たしかによい制度だと言えるだろう。

　ここで、ハリスの推論を最初に要約した部分へと戻る必要がある。そこには、ハリスが提案した制度には大きなコストがあるにもかかわらず、それらは「まっとうな社会における価値観と両立不可能なものではない」という考えが含まれている。著者は明らかに臓器の供給が不足している問題を解決したいと思っているのだが、彼の目的は単にこの実践的問題を解くことだけではないように思われる。彼は社会が持つべき価値観に関する倫理的な主張をも行いたいと思っている。彼のコメントが示唆するところによれば、人々が臓器の不足のために死につつあるときに、まっとうな社会は、臓器提供をしないという選択

を（良心に基づいて拒否する若干の人々の場合を除いて）許すべきではない。しかしながら、まっとうな社会はまた、そのすべての住民の関心のことを考えに入れるべきなのであり、とくに自分の身体の利用についての望みは尊重されるべきであるという人々の関心は考慮されなければならない。スペインやオーストリアのような、選択の自由を否定しない制度でこの実践的問題が解決できるとするならば、それこそがまっとうな社会がなすべきことなのではないだろうか。

文章9　問題の心臓部へ

1　**結論と理由**：主結論への手がかりは記事の見出しとなっている導入部のコメント——「赤ワインを飲むことが長生きのために役立つだって？　それは誤謬である」——において与えられている。

　ここで「誤謬」という言葉で意味されているのは正確には何であろうか。この語は、ときに「間違った言明」を意味するために用いられる。この解釈によれば、結論を「赤ワインを飲むことは長生きのためには役立たない」と要約できることになる。

　しかし、「誤謬」の（論理学者やクリティカル・シンキングの専門家が用いるような）より正確な意味は、推論の過程が健全でないことに関わっているのである。この解釈によれば、結論の要約は、「赤ワインを飲むことが長生きのために役立つという考えは、健全でない推論ないしは証拠に基づくものである」ことになる。この解釈は、「赤ワインを飲むことが長生きのために役立つ」という言明が偽であるということを含意しているわけではない——単にその言明のために提示されている証拠ないし論証が言明の正しさを確立していない、ということを含意しているだけなのだ。

　記事は、明らかに、「誤謬」の2番目の解釈に依拠している。最初の5つの段落で、赤ワインに関する主張を支えるために通常提示される論証が述べられている。そして、そのどこがおかしいのかを示すことが試みられる。しかしおそらく記事は、赤ワインを飲むことが長生きにつながるというのはおそらく正しくないということも示そうとしている。なぜなら、赤ワインを飲むことによって起こるかもしれない有害な結果についてもいくつか挙げているからである。

この推論をより強い主張と関連させて考えてみよう——この推論は「赤ワインを飲むことはおそらく長生きを妨げる」という結論を支持するだろうか。
　一般的な推論の主題は3つある。それらはそれぞれ次のような中間結論を支持することを目指している。

- 赤ワインは、ビール［や白ワインやスピリッツ］と同じ程度によいものであるにすぎない。
- ある集団に属する人々にとっては、赤ワインを飲むことは不利益となる。そして、
- 赤ワインはフランス人の心臓病発生率が低いことには何も関係ない。

(a) 赤ワインは、ビール［や白ワインやスピリッツ］と同じ程度によいものであるにすぎない。

この、中間結論のうち最初のものへの推論は、段落4および5で要約されている論証——とくに、その論証においてなされた、フランスにおける赤ワインの消費と低い心臓病発生率との間の結びつきが因果的なものである、という仮定——に何か間違いがあることを示そうとするものでもある。
　この中間結論を支持するために与えられている理由は以下のようなものである。
　白ワインが赤ワインと同じくらい効果的であるという主張を支持するのは：

- このことは赤ワインだけを飲んだ人と白ワインだけを飲んだ人を比較した研究によって初めて証明された。

そして、ビールやスピリッツが赤ワインと同じくらい効果的であるという主張を支持するのは：

- アルコールが心臓病に効くのは、血液の塊の形成を妨げることによるらしい。
- アルコールには血液をサラサラにする効果があるが、それは24時間未満

しか続かない。
- ビールやスピリッツを飲む人は週に1、2回、一度にたくさん飲みがちであるが、ワインを飲む人は分散させて飲むことが多い。

これらの理由が次の2つの中間結論を支持している：

- 毎日少しずつ飲む人のほうが、一度にたくさん飲む人よりも、その恩恵をこうむりやすい。

および、

- ［飲み方のパターンの違いを］考えに入れると、飲む酒の種類によってその恩恵が他と比較して異なるということはない。

そして、赤ワインの効果が他のアルコール飲料の効果と変わりがないという主張を支持するための付加的な理由として以下のものがある：

- たとえ飲む酒の種類が違っても同じ量のアルコールを摂取している人々の血液サンプル間にはあまり違いが見つからないのである。
- アルコールのよい効果そのもの——血液のさまざまな成分の中でコレステロール値のバランスをとること、血液を凝固させにくくすること——が、すべてのアルコール飲料に共通なのだ。
- 酸化防止作用を持つことで知られている赤ワイン中のフェノール化合物が、赤ワインを飲むにしたがって血流中でも実際に増加する、ということの証拠は誰もまだ見つけていない。

(b) ある集団に属する人々にとっては、赤ワインを飲むことは不利益となる。

この二番目の中間結論に対して与えられる理由は以下の通りである。

まず、アフリカに関連した理由：

- この地域では心臓病で死ぬ人の2倍の人が暴力によって死んでいる。
- この状況では、赤ワインを飲んだところで、殺されなくなるわけではないだろう。

これらが次の中間結論を支持するために提供されている：

- アルコール飲料（赤ワインを含む）は、サハラ以南のアフリカではそれほどよいものではない。

次に、女性に関連した理由は：

- そもそも女性の心臓病のリスクは低い。
- また、女性の場合、飲酒のリスクが男性の場合より早く増大する……たとえば、女性は肝機能障害になりやすいし、乳がんのリスクも1日に1杯余計に飲むごとに10%増加するのである。

これらが次の中間結論を支持するために提供されている：

- アルコール飲料（やはり赤ワインを含む）は、男性にとってそうであるほどには女性にとって恩恵のあるものではない。

そして、フランス人男性に関連した理由は：

- 英国における心臓病による死亡率はフランスの3倍である。
- しかし、アルコールに関連した原因（口腔のがん、肝硬変、そしてアルコールが関係した自動車事故）での死亡率は、フランスのほうが英国の3倍なのである。

これらが次の中間結論を支持するために提供されている：

- アルコール飲料（しつこいようだがやはり赤ワインを含む）は、フランス

人男性にとっても必ずしも恩恵のあるものとは限らない。

さらにアルコール消費の結果に関連した付加的な理由として以下のものがある：

- （そして、ついでながら、英国ではアルコール消費が増加しているが、それとともに肝硬変による死亡率もまた上昇しているのである。）
- （そして、40代半ばより若く、したがって心臓病のリスクが低い人については——少なくともこの意味においては——アルコールの恩恵はおそらく全くないだろう。）

(c) 赤ワインは、フランス人の心臓病発生率が相対的に低いことと何も関係はない。

この中間結論は、短い論証と、フランス人の心臓病発生率が低いことについての別の説明とによって支えられている。

論証は次のようなものである。

理由：
- フランスにおいてアルコール消費が多いのは、飲む人が多いのではなく、飲む人1人当たりの飲酒量が多いことによる。
- すべてのアルコール飲料に心臓病を防ぐ効果があるが、その効果を最大にするには1日に1ないし2杯飲むのがよい。

結論：
- したがって、フランス人のアルコール消費が多いからといって、それは彼らを病気からよりよく守ることになるわけではない。

フランス人の心臓病発生率が低いことについての別の説明——2人の疫学者によって与えられているが——によれば、比較的最近になるまで、フランス人の食事は脂肪やコレステロールをそれほど含んでいなかったので、現在の英国に

おけるほどに心臓病発生率を高くすることはなかったのである。

2　**仮定**：以下のような仮定が認められるだろう：

- 赤ワイン消費と白ワイン消費の結果を比較した研究は信頼できるものだ。
- 心臓病からわれわれを守るという点において、もし赤ワインのほうが、他のアルコール飲料よりも効果が大きいのならば、赤ワインを飲んだ人の血液サンプルは、他のアルコール飲料を摂取した人のそれとは異なっているだろう。
- 酸化防止作用を持つフェノール化合物が、赤ワインを飲むことによって血流中に入るなどということはありそうにない。
- 40代半ばより若いときに酒を飲むことで、後の人生において心臓病になりにくくなる、というようなことはありえない。
- 二人の疫学者によって与えられた、フランス人の心臓病発生率が低いことについての説明は正しいものである。

3　**理由／仮定を評価する**：たいていの場合、科学的な知識や統計データを確認することなしには、理由や仮定の正しさについて評価することはできない。アルコールが血液に与える効果に関する主張があるが、それは科学的な証拠から導き出された情報である。また、原理的にはチェック可能な統計に関連する主張がある——たとえば、さまざまな種類の酒としてのアルコールの消費パターン、さまざまな原因による死亡率、さまざまな病気によって生ずるリスクの程度など。また、フランス人の食事の変化に関する主張もある。

4　**引き合いに出されている権威**：アルコールの効果に関する研究については、権威への言及はなされていない。科学的な証拠の正確さについて判定したければ、さまざまな研究について、それを行ったのが誰であるかを見つけ出し、特定の種類の酒を飲んでアルコールを摂取することが心臓病のリスクを減らすことになると人々に信じさせることによって、彼らが何らかの特別な利益を得ることになるかどうか、考えてみる必要があるだろう。たとえば、赤ワイン製造業者から報酬を受け取っている科学者は、公共医療施設から研究資金を提供さ

れている科学者に比べて、より大きな特別な利益を得ることになると言えるだろう。また、証拠の補強の重要さについても思い出しておこう——同じ結果が数多くの異なる研究で報告される場合、その主張の正確さについてわれわれはより確信がもてるだろう。

フランスの心臓病発生率についての説明に関連して2人の科学者——ロンドン聖バーソロミュー病院にあるウォルフソン予防医学研究所のマルコム・ローとニコラス・ウォルド——が言及されている。彼らは疫学者（病気のパターンに関する専門家）であるから、その専門的意見を疑う理由はない。また、彼らが病気の正しい原因を見出すことが目的である機関に勤務していることを考えれば、彼らが特別な利益を得ていると考える理由もないだろう。そして彼らの論文はきちんとした学術雑誌（『英国医学雑誌』）に掲載されており、ピアレビュー（すなわち、他の科学者による批判的評価）も受けているはずだから、研究が適正に行われていなかったのではないかと疑う理由もないのである。

しかしながら、彼らの説明が可能な説明でしかないことに気をつけよう。われわれは以下の6番目の項目において、さらにそれを評価する必要がある。

5　**さらなる証拠**：心臓病になる率が異なることについての可能な説明に関連して、さらなる証拠を求めることができる。もし、あなたがすでに思いついていなければ、ここで、次の項目を読む前に考えてみよ。

6　**説明**：3つの相異なる事実の説明がある。

- ワインを飲む人とビールやスピリッツを飲む人の間の、心臓病になる率の違い
- 酒を飲むことによって女性は男性ほどには恩恵を受けないという事実
- フランス人の心臓病発生率が低いこと

はっきりと述べられているわけではないが、ワインを飲む人はビールやスピリッツを飲む人よりも心臓病になる率が低い、とほのめかされている。そのことの説明は、飲酒のパターンが異なることによる、というものである。ビールやスピリッツを飲む人がワインを飲む人ほどしばしば飲まないということと、ア

ルコール消費によって血液に生じる好ましい変化が24時間しか続かないということが正しいならば、これは筋の通った説明である。

「アルコール飲料（やはり赤ワインを含む）は、男性にとってそうであるほどには女性にとって恩恵のあるものではない」ということで何が意味されているのか、完全に明らかというわけではない。しかし、与えられている説明は、恩恵がより少ないということがありうる2通りの仕方を示唆している。女性が男性より心臓病になる率が低いというコメントが示唆するところによれば、説明されているのは、酒を飲む女性が酒を飲む男性と同程度に心臓病になるリスクを減らしているわけではないということである。これが正しいという証拠（男性女性双方および飲酒をする人しない人双方の心臓病発生率の統計のようなもの）は与えられていないし、また、女性が最初からより低いリスクしか持っていないことによってこれが説明されうるものなのかどうかも明らかではない。たとえそれがよい説明であったとしても、それは、女性が酒を飲むことには恩恵がないということまでは示さないだろう。なぜならアルコールはある程度はリスクを減らしているのだから。

女性が男性ほど恩恵を受けていないということのもう1つの説明は、他の病気にもっとかかりやすくなるという意味での——飲酒のリスクが、男性に比べて女性のほうがより急速に大きくなる、ということである。このことが示唆するところによれば、説明されているのは、酒を飲む女性が酒を飲む男性と同程度に長生きする確率を増やしているわけではないということである。しかしこれに対しても、証拠（この場合、男性および女性の、飲酒する人およびしない人の平均寿命に関する統計）は与えられていない。もし正しいとしたら、そのことは女性が肝臓障害や乳がんに、よりなりやすくなるということによって説明されうるだろう。

フランス人の心臓病発生率が低いことに対する説明は、この記事の主要な話題の1つである。赤ワインを飲むことの好ましい効果といったものによる説明は退けられる。以下の主張が正しいと仮定するならば、そのことに対するよい推論が与えられていることになるだろう。

- フランスにおいて、アルコール消費が多いのは、飲む人が多いのではなく、飲む人1人当たりの飲酒量が多いことによる。

・すべてのアルコール飲料に心臓病を防ぐ効果があるが、その効果を最大にするには1日に1ないし2杯飲むのがよい。

　全人口のうちアルコールを消費する人の割合が双方の国で同じならば、そして、心臓病を防ぐ効果を最大にするために（フランス人にせよ英国人にせよ）1日に2杯しか必要でないのならば、フランスでのアルコール消費がより多いことによって、心臓病になる率の違いを説明することはできない。（ただし——著者も認めるだろうが——ワインを飲む人とビールを飲む人の飲み方のパターンが異なることによって説明することは可能だろう。）
　食事が、心臓病になるかどうかに影響を与えることは知られており、それゆえ、記事の中で与えられている別の説明——すなわち、過去における食事の違いが心臓病にかかる率の違いを説明するというもの——は、よりもっともらしくなる。もし、これが正しい説明ならば、そして脂肪やコレステロールの消費がいまや双方の国で同様になっているならば、将来的にフランスにおいて心臓病にかかる率が上昇することが予想できる。もしそうなれば、それはこの説明の確証の助けになる。もしそうならなければ、他の説明の可能性を探らなければならない。たとえば、2つの国の人々の間の遺伝的な違いや、運動習慣の違い、あるいは、食事に関する他の面での違い——もしかしたらフランス人は脂肪消費の増加を埋め合わせるような食物を食べているのかもしれない——などのように。

7　**比較**：記事では、異なる国々（フランス、英国そして合衆国）の間の比較や男女の間の比較、そして異なる種類のアルコール飲料間の比較について議論している。しかし、大筋において、結論を支えるために、単純で分析を欠いた類推に依存しているわけではない。
　たとえば、この記事は、フランス人は多くの赤ワインを消費していて心臓病になる率が低いのだから、英国人ももっと赤ワインを消費すれば心臓病になる率を下げることができる、というような考えに対して、異議を申し立てようとしているのである。
　またこの記事は、赤ワイン、白ワイン、ビールやスピリッツが心臓に及ぼす効果において同等であることを認めている。それは、科学的研究の結果を受け

入れることによるのであり、比較が適切かどうかは、証拠の出処の信頼性を考慮することによって評価する必要がある。

　明示されていないが、疑いの余地のある比較が存在する。フランス人男性に対するアルコールの有害な効果に言及する眼目は、アルコールが必ずしも男性一般に対して恩恵のあるものではない、とわれわれに受け入れさせることである。それゆえ、われわれは酒を飲むフランス人男性と酒を飲む英国人男性が重要な点において同等であるということを受け入れるように導かれている。しかし、英国人男性にとって赤ワインが好ましいものではないと結論するために、同等でなければいけないのはどのような点であるかというと、彼らが同じくらいの量を消費していなければならないという点なのである。しかしながら、文章の終わりの方を読むと、フランスでは飲む人1人当たりの飲酒量が多いことによってアルコール消費が増えている、ということを教えられるのだ。したがって、英国人が口腔のがんや肝硬変のリスクを避けながら、心臓に恩恵がある程度に赤ワインを飲むことは可能かもしれない。

8　**さらなる結論**：上の7番目の項目の最後の文は、著者が自分自身で書いたことから導き出すことができたはずの結論である。そして、それは著者自身の論旨の1つと相容れない。

9　**相似な推論**：明らかな相似論証は思い浮かばない。

10　**一般的原則**：この論証はいかなる一般的な原則にも依存していない。

11　**理由は結論を支持しているか**：以下の3つの主な主張のそれぞれについて考えてみよう。

(a) 赤ワインは、ビール［や白ワインやスピリッツ］と同じ程度によいものであるに過ぎない。

赤ワインの持つ効果を他のアルコール飲料の持つ効果と比較する研究から得られる証拠が力強く支持するのは、（研究が信頼できるものであると仮定すれば）

心臓病のリスクを減らすという点において、赤ワインを飲むことが他の何らかのアルコール飲料以上に効果的なわけではない、という結論である。しかし、この証拠は主結論を支持するわけではない。なぜなら、赤ワインを飲むことが、アルコールを消費しない場合に比べて、あなたを長生きさせるわけではない、ということを示してはいないからである。

(b) ある集団に属する人々にとっては、赤ワインを飲むことは不利益となる。

サハラ以南のアフリカにおける死に関する記述は、中間結論にも主結論にも支持を与えるわけではない。しかしおそらく著者はそれらを真剣な理由として挙げているわけではないのだろう。赤ワインが殺人事件の犠牲者を長生きさせるわけではないという事実は、赤ワインがある人々を心臓病になりにくくすることによって長生きさせるわけではないという主張を支持しえない。結論すなわち「赤ワインを飲むことはおそらくあなたを長生きさせるわけではない」を解する適切な仕方は、それが「赤ワインを飲むことで、早期の死を防ぐことはできない」ということではなく、「赤ワインを飲むことは、長生きする可能性を増やすわけではない」ということを意味しているものとして解することである。

　女性の健康に対するアルコールの効果に関する証拠は、赤ワインを飲むことは女性にとって長生きを結果しないことがあるかもしれない、という結論を支えうるにすぎない。しかしながら、述べられている証拠はこの限定的な結論を支えるのにも不十分なものである。なぜなら、われわれは、肝臓障害や乳がんにつながるようなアルコールの摂取レベルについて情報を与えられていないからである。女性が、1日に少量ずつ赤ワインを飲むことによって、肝臓障害や乳がんを避け、同時に心臓病を防ぐいくばくかの効果をも得るということが可能かもしれない。

　フランス人男性についての記述は、おそらく、アルコールが必ずしも男性一般に対して恩恵のあるものではない、とわれわれに受け入れさせることが意図されている。しかしながら、女性に関する主張に関連して上で述べたのと同じ批判をあてはめることがここで可能である。健康に有害な影響を与えるために必要なアルコール摂取のレベルがどの程度であるか、われわれは何も教えられ

ていない。フランス人1人当たりの飲酒量が多い、と教えられただけなのである。そこで、口腔のがんや肝硬変になるリスクを避けながら、恩恵が得られる程度に赤ワインを飲むことは可能かもしれない。交通事故による死についての記述は無関係である。飲酒運転によって引き起こされた交通事故で死ぬ人が、酒を飲む人ではないかもしれないし、車の運転もしないかもしれない。また、赤ワインを毎日少量たしなむ人が、必ずしも酒酔い状態で運転するとは限らない。

(c) 赤ワインは、フランス人の心臓病発生率が相対的に低いことと何も関係はない。

この部分の推論は、2人の疫学者によって提供された説明のもっともらしさに部分的に依存している。彼らの説明は、明らかに怪しいというわけではないが、確実なものにするためにはもっと証拠が必要である。

それはまた、フランスにおける赤ワインの消費が多いのは1人当たりの量が多いことによる、という主張にも依存している。それは、もし正しければ、この中間結論に対して強い支持を与える。

しかしながら、この中間結論自体が主結論「赤ワインを飲むことはおそらくあなたを長生きさせるわけではない」に強い支持を与えていない。なぜなら、たとえ赤ワイン消費における違いがフランス人の心臓病発生率の低さに対する正しい説明ではないとしても、赤ワインがある程度の予防効果を持つということは可能だからである。そして、実際、著者は、赤ワインが他のアルコール飲料と同程度には効果を持っている、と認めているのである。

訳者あとがき

　本書は、クリティカル・リーズニングの理論書であり、かつトレーニングブックである。体系的で詳細な説明とともに、豊富な例題と練習問題が用意されていて、順を追って読み、また問題に取り組むことで、自然にクリティカル・リーズニングのスキルが身につくようになっている。練習問題の多くには、これまた詳細な解答例がつけられているので、自学自習が十分可能であるが、教室での使用が想定された問題も含まれており、教科書・参考書としても適していると考えられる。

　「クリティカル・リーズニング」というのは、いまだ耳慣れない言葉だろうが、「クリティカル・シンキング」については、広く知られつつあると言えるだろう。著者は、クリティカル・リーズニングをクリティカル・シンキングのひとつのあり方として位置づけている。
　ここ数年クリティカル・シンキングに関する書物が数多く出版されている。それらの著者のバックグラウンドは、心理学、経営学、法律学、社会学などさまざまだが、書物自体の性格としては、人間の思考パターンに関する心理学的な知見に基づいた理論をベースとしたものや、実践的な——とくにビジネスの場面などでの——応用を念頭において書かれたものを多く目にするように思われる。
　本書がこれらの類書の多くと異なるもっとも重要な点は、論理学という分野の基本的アイディアをその基軸においていることである。目次を一瞥すれば、「推論（reasoning）」ないしは「論証（argument）」という言葉がすぐ目に入る。理由（および仮定）にもとづいて結論を導き出すこと、すなわち「推論」「論証」は、論理学が扱う主要な対象である。
　現在、単に論理学というとき、それは形式論理学（あるいは記号論理学）を指すことが多い。形式論理学においても論証は主要な対象であると言うこ

とができるが、そこでは個々の具体的な論証ではなく、記号を用いて抽出された論証の形式が扱われることになる。たとえば、ある与えられた論証形式が妥当であるかどうか（すなわち、その形式をもつ任意の論証が妥当になるかどうか）といったことがらが、厳密に議論される。

　これに対して、本書と関連の深い（あるいはむしろ本書が依拠している）非形式論理学と呼ばれる分野では、実際の日常的な場面で、日本語や英語を用いて行なわれる具体的な論証が、いわば、なまのまま取り扱われる。話されたものにせよ、書かれたものにせよ、アクチュアルな文章を題材にして、そこに含まれる論証を取り出し、それを評価することが目指されるのである。

　論証というものを手がかりにして文章、あるいはその文章で表現されている思考内容を扱おうとするのが、クリティカル・シンキングのアプローチのひとつとしてのクリティカル・リーズニングの特徴であると言えるだろう。ここには、他の種類のアプローチにはない、ある種のシンプルさがある。それは、論理学の持つ、主題中立性という特徴と関連していると考えられる。論証を見分け、それを評価する際に、その論証の主題、すなわちその論証が何についてのものであるか、という点は、それほど大きな意味を持たない。記号化することで内容を捨象し、論証形式のみを対象とする形式論理学ではもちろんのことであるが、非形式論理学においても、論証を見分け、評価する際の方法が、その論証の主題によって大きく左右されるようなことはないのである。

　著者によれば、

> 本書において、専門的な知識は要求されない——推論を含む文章の主題は、新聞で議論され、一般の人々にも理解可能な、一般的な関心事である。しかし、本書によって、あなたは、推論の本性について考えさせられるだろう。そして、どんな主題に関する推論についてもこの批判的で分析的な仕方で扱う傾向を身につけることになるだろう。言い換えれば、これらの推論スキルは、あらゆる分野に応用することができる。
>
> 　　　　　　　　　　　　　　（本書「はじめに」、xiii頁）

本書の練習問題に含まれる長めの文章の多くは、主として英国のジャーナリストや学者が書いた、新聞の記事・コラムから採られている。文章のテーマの中には、たとえばキツネ狩りや、英国の学校制度など、日本の読者にあまりなじみがないものも含まれている。また、なじみのあるテーマであっても、具体的な事例・人名などについては、日本ではあまり知られていないようなものが多い。

　しかし、論理の主題中立性という特徴を考慮すると、むしろ、内容になじみがなくても、その文章を理解し、それに対処することができるようなスキルこそが、クリティカル・シンキングにおける論理部門＝クリティカル・リーズニングで目指されるべきものだと言えるだろう。だから、読者のみなさんには、目新しいテーマが取り扱われている練習問題にも、ぜひ怯むことなく——むしろ異文化に触れることを楽しみながら——取り組んでいただければ幸いである。

　翻訳は、まず訳者2人がほぼ等分に分担して訳稿を作成したのち、共同で訳文の検討・修正をおこなう、という形で進められた。

　訳語について、1つ注意を述べさせていただきたい。"assumption（assume）"は、「仮定（する）」と訳出した（本書27頁以降参照）。この"assumption"という語は、論証に現れてはいないが、結論を導くときに、理由とともにはたらく言明のことを意味する。

　論理学の文献において、この「仮定」と「理由」は、しばしばともに「前提（premise）」と呼ばれる。そして、これら両者を区別すべき文脈では、「仮定」に相当するものとして「隠れた前提」という表現が用いられる。すなわち、その場合、論証は単に「前提から結論を導き出すこと」と定義され、前提のうちいくつかが隠れた前提であることもある、ということになる。

　本書においても、文脈によっては、"assumption"を「仮定」ではなく、「（隠れた）前提」と訳したほうが自然なように思われるところもあるため、文脈に応じて訳語を使い分けるかどうかを含めて大いに迷った末、最終的に、一貫して「仮定」という訳語を用いることとした。

この他にも、訳語の決定においては、さまざまな選択の余地があったが、論理学関連の用語については、なるべく一般的な用法にあわせ、かつ、全体を通じて同一の訳語を用いることを心がけた。

　最後に、この翻訳に際してお世話になった方々にお礼を申し上げたい。まず、この実用的価値の大きな良書を翻訳する機会を与えてくださった野矢茂樹氏に。また、イタリア人の学者名については、伊藤しゅう氏にご教示いただいた。そして、春秋社の小林公二氏は、ずいぶん長くなってしまった翻訳作業の全期間にわたって、忍耐強く見守り、また、時には強く励ましてくださった。訳稿に対する的確なアドバイスを含め、氏の支えがなかったら、この翻訳がこのような形で世に出ることはなかったであろう。

　　2007年12月25日

訳者しるす

参考文献およびさらに進んで学びたい人のための文献

Copi, I. M. and Burgess-Jackson, K.（1992）*Informal Logic*, 2nd edn, New York: Macmillan.
Dewey, J.（1909）*How We Think*, London: D. C. Heath & Co.〔邦訳：ジョン・デュウイー『思考の方法』植田清次訳，春秋社，1950年3月〕
Ennis, R. H.（1995）*Critical Thinking*, Englewood Cliffs, New Jersey: Prentice Hall.
Fisher, A. E.（1988）*The Logic of Real Arguments*, Cambridge: Cambridge University Press.
Freeman, J. B.（1988）*Thinking Logically*, Englewood Cliffs, New Jersey: Prentice Hall.
Glaser, E.（1941）*An Experiment in the Development of Critical Thinking*, New York: Teachers College, Columbia University.
Govier, T.（1985）*A Practical Study of Argument*, Belmont, California: Wadsworth Publishing Company.
Norris, S. P. and Ennis, R. H.（1989）*Evaluating Critical Thinking*, Pacific Grove, California: Midwest Publications.
Paul, R.（1990）*Critical Thinking*, Rohnert Park, California: Center for Critical Thinking and Moral Critique, Sonoma State University.
Phelan, P. and Reynolds, P.（1996）*Argument and Evidence: Critical Analysis for the Social Sciences*, London: Routledge.
Scriven, M.（1976）*Reasoning*, New York: McGraw Hill.
Scriven, M. and Fisher, A. E.（1996）*Critical Thinking: Defining and Assessing It*, Point Reyes, California: Edge Press.
Siegel, H.（1988）*Educating Reason*, London and New York: Routledge.
Swartz, R. and Parks, S.（1992）*Infusing Critical and Creative Thinking into Content Instruction*, Pacific Grove, California: Critical Thinking Press and Software.
Thomson, A.（1999）*Critical Reasoning in Ethics - a Practical Introduction*, London and New York, Routledge.
Warburton, N.（2000）*Thinking from A to Z*, 2nd edn, London and New York: Routledge.〔邦訳：ナイジェル・ウォーバートン『思考の道具箱——クリティカル・シンキング入門』坂本知宏訳，晃洋書房，2006年5月〕
Weston, A.（1992）*A Rulebook for Arguments*, 2nd edn, Indianapolis and Cambridge: Hackett Publishing Company.〔邦訳：アンソニー・ウェストン『論理的に書くためのルールブック』古草秀子訳，PHP研究所，2005年9月〕

著者

アン・トムソン *Anne Thomson*

英国イースト・アングリア大学経済学・社会科学部名誉講師・フェロー。著書に、*Critical Reasoning: A Practical Introduction*, 2nd edition（本書）, *Critical Reasoning in Ethics* がある。

訳者

斎藤浩文 *Hirofumi Saito*

平成6年、東京大学大学院理学系研究科博士課程単位取得退学。現在、滋賀大学教育学部教授。専門は、言語哲学、数学・論理学の哲学。論文に、「ウィトゲンシュタインと構成主義数学」「分子論的な意味の理論——ダメットの議論をめぐって」など、訳書に、J・ノルト＋D・ロハティン『現代論理学（II）』（共訳）などがある。

小口裕史 *Hirofumi Oguchi*

平成8年、東京大学大学院総合文化研究科博士課程単位取得退学。現在、早稲田大学、武蔵野美術大学、日本大学講師（非常勤）。専門は、言語哲学、論理学、倫理学。論文に「『ムーアのパラドックス』とフィッチの『認識可能性のパラドックス』との関係について」「デューイの価値論と道徳的実在論」など、著書に、『21世紀の倫理』『21世紀の論理』（ともに共著）がある。

CRITICAL REASONING, 2nd edition
by Anne Thomson
Copyright © 2002 Anne Thomson
All Rights Reserved. Authorized translation from English language edition
published by Routledge, a member of the Taylor & Francis Group.
Japanese translation published by arrangement with Taylor & Francis Book Ltd.
through The English Agency (Japan) Ltd.

'Girls doing well while boys feel neglected' 26/08/1995 Guardian by Donald Macleod
Copyright © GUARDIAN
Permissions arranged with Guardian Newspapers Ltd.
through The English Agency (Japan) Ltd.

'Cry-babies and colic' from *The Naked Ape* by Desmond Morris,
published by Jonathan Cape.
Peprinted by permission of The Random House Group Ltd.
through The English Agency (Japan) Ltd.

論理のスキルアップ──実践クリティカル・リーズニング入門

2008年2月1日　第1刷発行
2025年7月10日　第13刷発行

著　者―――――アン・トムソン
訳　者―――――斎藤浩文＋小口裕史
発行者―――――小林公二
発行所―――――株式会社　春秋社
　　　　　　　〒101-0021東京都千代田区外神田2-18-6
　　　　　　　電話03-3255-9611
　　　　　　　振替00180-6-24861
　　　　　　　https://www.shunjusha.co.jp/
印　刷―――――株式会社　シナノ
製　本―――――ナショナル製本　協同組合
装　丁―――――芦澤泰偉

Copyright © 2008 by Hirofumi Saito and Hirofumi Oguchi
Printed in Japan, Shunjusha.
ISBN978-4-393-32306-9
定価はカバー等に表示してあります

現代哲学への招待

Basics　E・コニー＋T・サイダー
小山虎 訳
形而上学レッスン 存在・時間・自由をめぐる哲学ガイド

神の存在、必然性と可能性、自由意志と決定論など、古代から哲学者を悩ます難問中の難問を分析。哲学の手法で読者と一緒に楽しく考えるアメリカン・スタイルの全10章。
3520円

Basics　A・ローゼンバーグ
東克明＋森元良太＋渡部鉄兵 訳
科学哲学 なぜ科学が哲学の問題になるのか

科学になぜ哲学が必要か？ ヘンペルやファン・フラーセンからパラダイム論やソーカル事件、フェミニスト科学哲学まで、すべての哲学ファンに贈る概説書。
4180円

Great Works　D・デイヴィドソン
清塚邦彦＋柏端達也＋篠原成彦 訳
主観的、間主観的、客観的

外界と心の二分法を否定し人間の内面を消去する「外部主義」で新しい知識観を構築。「懐疑論」や「他者の心」の謎の全面解決を試みた、現代最高の哲学者の論文14編。
4840円

Great Works　E・ソーバー
松本俊吉＋網谷祐一＋森元良太 訳
進化論の射程 生物学の哲学入門

進化論誕生から150年。なぜ神の創造ではなく進化なのか。人間の行動を進化論で説明できるのか。進化論とは一体何か。進化論の本質と多彩な哲学的問題を探究。
4950円

Great Works　B・ストラウド
永井均 監訳／岩沢宏和＋壁谷彰慶＋清水将吾＋土屋陽介 訳
君はいま夢を見ていないとどうして言えるのか 哲学的懐疑論の意義

近代哲学は懐疑論を克服できたのか？ カント、オースティン、ムーア、カルナップ、クワインらの解答を吟味。未だ解決されぬ側面を明らかにし、知の根拠を揺るがす問題作。
4840円

Japanese Philosophers　加地大介
穴と境界〈増補版〉 存在論的探究

存在と無、具象と抽象、ものとことの間でうごめく奇妙なやつらを通して、存在の秘密へと誘う野心作。本書への反響や議論の発展をまとめた追記を増補。
3300円

◆価格は税込（10％）